幻灯之美——PPT 设计艺术(进阶篇)

李发展　编著

北京航空航天大学出版社

内 容 简 介

本书以 PPT 设计艺术(基础篇)为铺垫,采用趣味十足的对话形式和丰富的实例、大量配图、直观的操作步骤,向读者形象地讲解了如何快速提升 PPT 设计感、PPT 排版技巧、PPT 商业或企业应用设计、iSlide 超强 PPT 插件处理等相关内容。

本书读者对象为渴望提高办公效率的职场新人、日常与 PPT 为伴的行政人员、其他经常使用 PPT 的职场达人,以及相关培训机构和各大院校相关专业师生等。

图书在版编目(CIP)数据

幻灯之美 :PPT 设计艺术. 进阶篇 / 李发展编著. 北京 :北京航空航天大学出版社,2024. 7. -- ISBN 978-7-5124-4479-9

Ⅰ. TP391.412

中国国家版本馆 CIP 数据核字第 2024HH6774 号

幻灯之美——PPT 设计艺术(进阶篇)

李发展 编著

策划编辑 杨晓方 责任编辑 杨晓方

*

北京航空航天大学出版社出版发行

北京市海淀区学院路 37 号(邮编 100191) http://www.buaapress.com.cn

发行部电话:(010)82317024 传真:(010)82328026

读者信箱:copyrights@buaacm.com.cn 邮购电话:(010)82316936

北京富资园科技发展有限公司印装 各地书店经销

*

开本:787×1 092 1/16 印张:15.25 字数:390 千字

2024 年 8 月第 1 版 2024 年 8 月第 1 次印刷

ISBN 978-7-5124-4479-9 定价:79.00 元

若本书有倒页、脱页、缺页等印装质量问题,请与本社发行部联系调换。联系电话:(010)82317024

前　言

编写本书的目的

2003 年 3 月，我在厦门一家计算机培训机构担任办公软件的讲师，为初入职场的学员讲解 PowerPoint 软件的使用，由于当时可选用的 PowerPoint 教材非常少，经常自己整理、制作一些配套教学素材。

目前，市场上 PPT 教材书籍琳琅满目，可归为两个流派：操作派和设计派。其中 90%的 PPT 书籍都是操作派的教程。在这类的教程里，作者会详细地列出每一步操作所需要的参数，只要把数值设置对了，就能做出和教程一模一样的效果。但是这些教程不会告诉读者为什么要那么做。

另外，10%的称之为设计派的教程会告诉读者设计、排版方面的基本原理和技巧，以及如何利用这些技巧设计精美的幻灯片，并且还会提供原稿和设计稿的对比图，但这个流派的教程又过于“清高”，似乎不屑于向读者讲解原稿到设计稿之间的具体步骤。

如果能将这两个流派的理念结合在一起，那么不仅可以学习 PPT 设计理论，还可以掌握动手实践的技巧，从而更好地将 PPT 设计理论融会贯通，达到学以致用的目的。我们这本教材不仅向读者细致讲解 PPT 设计原则和技巧，还会耐心讲解应用这些设计原则和技巧的每一步操作，让读者学得省心、学得放心，学有所成！

本书特点

从零开始：无论读者是否接触过 PowerPoint，都能从本书获益，快速掌握软件操作方法。

强调设计：详细讲解如何美化 PPT 中的文字、图片、形状、表格、图表、动画等元素。

真实案例：全书内容均以真实案例为主线，在此基础上适当扩展知识点，使读者真正实现学以致用。

情景对话：通过老师和小王两个人物的趣味对话，把相应的 PPT 设计知识点融入情景对话当中，降低 PPT 设计和制作的学习难度，让初学者更加容易理解。

原理图解：为复杂的原理讲解配有生动、形象的思维导图，以帮助读者轻松理解相关的概念。所有实例的每一步操作，均配有对应的插图和注释，以便读者在学习过程中能够直观、清晰地看到操作过程和效果，提高学习效率。

配套资源：本书有配套的互动教程和视频教程，购买本书的读者可凭购买凭证联系客服：QQ　3068527144 免费获取，以方便读者扩展学习。

本书人物

小王：原名王家伟，公司职员，急于寻找高效制作精美 PPT 的方法。

老师：原名李皓，办公软件相关课程的资深老师，拥有十多年的 PowerPoint、Excel 和 Word 软件的教学经验。

读者对象

本书适合急需提高办公效率的职场新人、日常与 PPT 为伴的行政人员、视 PPT 为生命的项目经理、渴望升职加薪的职场老将，同时还可以作为相关培训机构和高等院校相关专业的教学用书。

练习素材

本书每节示例的源 PPT 和编辑后的 PPT 可以通过如下地址获得：

http://hdjc8.com/download.html。

勘误和支持

如果您遇到有关 PowerPoint 版本兼容性的问题请联系我们，我们会发布更新并进行修改。

如果您对本书的内容有任何建议，或发现了本书的一些谬误，希望尽快联系我们，这将对提高本书的后续版本质量有很大的帮助。我们非常愿意听取任何能使本书变得更加完善的宝贵建议，并会不断改进让本书更加完美。

如果您有关于本书的任何评论或者疑问，请联系客服，其 QQ 号为 3068527144，也可以致信编者邮箱：fzhlee@163.com。

致　谢

感谢北京航空航天大学出版社相关人员给予的支持和帮助，为推动本书出版付出的心血。

感谢互动教程网的小伙伴、广大读者朋友及时提出的各种反馈建议。

感谢冉玉玲、李爱民、谢美仙、李晓飞、朱娟、李红梅、翟海岗、金善众、蔡银珠、金依灵、郑大翰、戴永威、李天阳、金展弘、郑智鑫、胡涛、邓义忱、方木之易、洪焕宇、甘训泓、朱夏楷等在我写作过程中给予的支持和鼓励！感谢我的爱人金兵兵女士耐心帮忙校对书稿并提出改进意见！感谢儿子李金诚、女儿李开颜时常带给我新的灵感和创意，愿你们健康快乐成长，用自己的努力，去实现人生的一个个梦想！

最后，感谢这个时代，给予每位有理想的人实现人生价值的机会！

编　者

2024 年 3 月 30 日

目录

第 1 章　设计:快速提升幻灯片的设计感　/1

1.1　幻灯片中的基本设计理论　/2

1.1.1　幻灯片设计过程中的七个常见技巧　/2

1.1.2　基本设计理论:页面边距、页面重心和阅读顺序　/5

1.2　幻灯片中的颜色搭配技巧　/7

1.2.1　颜色搭配:幻灯片常用的配色技巧　/8

1.2.2　颜色搭配:推荐和不推荐使用的颜色搭配　/10

1.2.3　颜色搭配:配色万金油之饱和度配色方案　/13

1.2.4　颜色搭配:配色万金油之色相配色方案　/15

1.2.5　颜色搭配:配色万金油之亮度配色方案　/16

1.3　幻灯片背景的设计技巧　/18

1.3.1　幻灯片背景:使用颜色和渐变作为幻灯片的背景　/19

1.3.2　幻灯片背景:使用纹理和照片作为幻灯片的背景　/21

1.4　提升观众对幻灯片的第一印象　/23

1.4.1　幻灯片的第一印象很重要:打破常规　/24

1.4.2　幻灯片的第一印象很重要:目的明确　/26

1.4.3　幻灯片的第一印象很重要:融入情感　/28

1.5　提升幻灯片的设计感　/30

1.5.1　提升设计感:关联幻灯片中的元素　/30

1.5.2　提升设计感:利用人物的视线引导重点内容　/31

1.5.3　提升设计感:在版面上添加半透明的色块　/33

1.5.4　提升设计感:在标题文字的底部添加小色块　/34

1.5.5　提升设计感:将图片填充到若干个分离的图形　/35

1.5.6　提升设计感:使用矩形边框塑造版面的焦点　/36

1.5.7　提升设计感:在图片的下方添加圆形色块　/38

1.5.8　提升设计感:使用飘带来装饰标题文字　/39

1.5.9　图文相搭技巧:将文字嵌入到图像中　/40

1.6 将幻灯片中的文字视觉化 /42
1.6.1 文字视觉化:使用图表来表达文字内容 /43
1.6.2 文字视觉化:使用图片来诠释文字的含义 /45
1.6.3 文字视觉化:使用道路来表达具体的步骤 /47
1.6.4 文字视觉化:使用地图来形象地表达主题 /48
1.6.5 文字视觉化:通过数据轴表达时间序列 /50
1.7 解决幻灯片画面太空的问题 /51
1.7.1 画面“太空”怎么办:使用小元素填充空旷的版面 /52
1.7.2 画面“太空”怎么办:运用体型较大的色块 /54
1.7.3 画面“太空”怎么办:通过投影来增加画面的层次感 /55
1.7.4 画面“太空”怎么办:使用水印文字填充留白区域 /56
1.7.5 画面“太空”怎么办:使用液态色块拼贴传达幻灯片的时尚感 /57

第2章 排版:拿来即用的排版技巧 /61

2.1 排版的四项基本原则 /62
2.1.1 排版的四项基本原则:对齐性原则 /62
2.1.2 排版的四项基本原则:亲密性原则 /63
2.1.3 排版的四项基本原则:重复性原则 /65
2.1.4 排版的四项原则:对比性原则之大小的对比 /67
2.1.5 排版的四项原则:对比性原则之形状的对比 /68
2.1.6 排版的四项原则:对比性原则之数量的对比 /69
2.1.7 排版的四项原则:对比性原则之远近的对比 /70
2.1.8 排版的四项原则:对比性原则之颜色的对比 /71
2.2 分割式布局 /73
2.2.1 分割式布局:横向居中分割版面 /73
2.2.2 分割式布局:纵向居中分割版面 /74
2.2.3 分割式布局:倾斜式分割版面 /76
2.3 使用线条辅助幻灯片的排版 /78
2.3.1 线条辅助排版:使用线条分隔元素 /78
2.3.2 线条辅助排版:使用线条关联相关的元素 /79
2.3.3 线条辅助排版:使用线条描述内容的层级关系 /80
2.3.4 线条辅助排版:使用线条装饰空旷的版面 /81
2.4 幻灯片的单图排版技巧 /83
2.4.1 单图排版:单图全屏背景的排版 /83
2.4.2 单图排版:使用表格对图片进行拆分 /84

2.4.3 单图排版:使用马赛克拼贴的方式装饰图片 /86
2.4.4 单图排版:使用巨型字母分隔整个版面 /88

2.5 幻灯片的双图排版技巧 /91

2.5.1 双图排版:两张图片左右并列排版 /91
2.5.2 双图排版:两张图片并列靠边对齐 /92
2.5.3 双图排版:两张图片的错位叠加 /93
2.5.4 双图排版:两张图片一大一小对比排版 /95

2.6 幻灯片的三图排版技巧 /96

2.6.1 三图排版:三张图片并列排版 /96
2.6.2 三图排版:三张图片交错对齐排列 /98
2.6.3 三图排版:三张图片交错对齐排列 /100

2.7 幻灯片的四图排版技巧 /101

2.7.1 四图排版:四张图片交错对齐排列 /102
2.7.2 四图排版:四张图片两两一组并行排列 /104

2.8 幻灯片的五图排版技巧 /106

2.8.1 五图排版:五张图片并列排版 /107
2.8.2 五图排版:只有一段文字的一大四小式布局 /108
2.8.3 五图排版:一张背景四张图片交错排列布局 /110

2.9 幻灯片的多图排版技巧 /113

2.9.1 多图排版:一张背景六张图片拼合布局 /113
2.9.2 多图排版:一主多次式布局法 /114
2.9.3 多图排版:经典的九宫格布局法 /115
2.9.4 多图排版:文字处于中心位置的C型布局法 /117

第3章 商业融资计划书PPT /119

3.1 商业融资计划书:幻灯片的版式设计 /120

3.1.1 创建商业融资计划书封面幻灯片的版式 /121
3.1.2 商业计划书封面幻灯片的制作 /124
3.1.3 给封面幻灯片中的元素添加动画效果 /126
3.1.4 制作商业计划书的目录页面 /128
3.1.5 目录页幻灯片的制作 /130
3.1.6 给目录页幻灯片中的元素添加动画效果 /133

3.2 商业融资计划书:幻灯片的版式设计 /134

3.2.1 制作过渡页幻灯片的版式 /134

3.2.2 完成过渡页幻灯片版式的制作 /136
3.2.3 制作第一张过渡页幻灯片 /138
3.2.4 制作商业计划书内容页面的版式 /139
3.2.5 制作商业计划书市场分析幻灯片 /140
3.2.6 给市场分析幻灯片中的元素添加动画效果 /142
3.2.7 制作商业计划书的用户痛点幻灯片 /144
3.2.8 往用户痛点幻灯片中添加文字内容 /145
3.2.9 给用户痛点幻灯片中的元素添加动画效果 /147

3.3 商业模式 /149

3.3.1 制作过渡页幻灯片 /149
3.3.2 制作商业计划书的商业模式幻灯片(一) /151
3.3.3 制作商业计划书的商业模式幻灯片(二) /152
3.3.4 给商业模式幻灯片中的元素添加动画效果 /154
3.3.5 制作商业计划书的产品服务幻灯片 /155
3.3.6 完成产品服务幻灯片的制作 /157
3.3.7 给产品服务幻灯片中的元素添加动画效果 /158
3.3.8 制作商业计划书的盈利模式幻灯片 /160
3.3.9 往盈利模式幻灯片中添加文字内容 /161
3.3.10 给盈利模式幻灯片中的元素添加动画效果 /163

3.4 团队介绍 /164

3.4.1 制作过渡页幻灯片 /165
3.4.2 制作商业计划书的团队介绍幻灯片 /166
3.4.3 完成团队介绍幻灯片的制作 /168
3.4.4 给团队介绍幻灯片元素添加动画效果 /169
3.4.5 完成公司简介幻灯片的图片和形状的设计 /171
3.4.6 往公司简介幻灯片中添加文字内容 /173

3.5 融资需求 /176

3.5.1 制作过渡页幻灯片 /176
3.5.2 制作商业计划书的财务分析幻灯片 /178
3.5.3 给财务分析幻灯片中的元素添加动画效果 /179
3.5.4 制作商业计划书的发展规划幻灯片 /181
3.5.5 完成发展规划幻灯片的制作 /182
3.5.6 给发展规划幻灯片中的元素添加动画效果 /184
3.5.7 融资用途幻灯片的图片和图形的设计 /186
3.5.8 往融资用途幻灯片中添加文字内容 /187
3.5.9 制作商业计划书的封底并实现动画效果 /189

第 4 章 iSlide：PowerPoint 的给力神器 /191

4.1 iSlide:让 PPT 设计简单起来 /192
4.1.1 iSlide 的安装并使用 iSlide 统一演示文稿中的字体 /193
4.1.2 使用 iSlide 统一所有幻灯片的段落样式 /195
4.1.3 使用 iSlide 的统一色彩命令统一修改某种颜色 /196
4.1.4 使用 iSlide 对幻灯片中的多张图片进行矩阵布局 /197
4.1.5 使用 iSlide 对幻灯片中的多张图片进行环形布局 /199
4.1.6 使用 iSlide 的裁剪图片命令统一调整图片的尺寸 /201
4.1.7 使用 iSlide 的增删水印工具在同一位置添加图片 /203
4.1.8 使用 iSlide 的幻灯片诊断工具优化幻灯片中的图片 /205
4.2 iSlide 资源库:快速创建 /206
4.2.1 使用 iSlide 的模板快速创建专业的演示文稿 /206
4.2.2 使用 iSlide 的图示库创建漂亮的图文版面 /208
4.2.3 使用 iSlide 的图标库往幻灯片中插入图标 /209
4.2.4 使用 iSlide 的图表库往幻灯片中插入精美图表 /211
4.3 iSlide 的动画功能:创建幻灯片动画 /212
4.3.1 使用 iSlide 的补间工具实现补间动画的制作 /213
4.3.2 使用 iSlide 创建两个形状平滑切换的动画效果 /215
4.3.3 使用 iSlide 的序列化工具设置动画的延迟时间 /216
4.4 iSlide 的导出功能 /218
4.4.1 使用 iSlide 的全图 PPT 命令将所有内容都转为图片 /218
4.4.2 使用 iSlide 将每张幻灯片分别导出为图片 /219
4.4.3 使用 iSlide 将所有幻灯片拼贴成一张图片 /220
4.5 幻灯片的辅助设计神器 /221
4.5.1 使用 Ribbons 2 生成漂亮的随机线条背景 /221
4.5.2 使用 Silk 互动生成流光艺术图片 /223
4.5.3 使用 Gradient Wave Generator 创建漂亮的渐变波浪 /225
4.5.4 使用 Voxelize Image 制作体素化图像 /227
4.5.5 使用 Paper Cut Art Generator 创建剪纸艺术图像 /228
4.5.6 使用 Star Emission 生成动态的粒子流图像 /230
4.5.7 使用 Psychedelic Waves 生成梦幻般的波纹图像 /231
4.5.8 使用 Biomes 生成类似于生物群落的艺术图像 /232

第 1 章

设计：快速提升幻灯片的设计感

您将在本章收获以下知识：

❶ 幻灯片设计过程中的七个常见技巧

❷ 幻灯片常用的配色技巧和配色方案

❸ 幻灯片背景的设计技巧

❹ 提升观众对幻灯片的第一印象

❺ 提升幻灯片的设计感

❻ 将幻灯片中的文字视觉化

❼ 解决幻灯片画面太空的问题

……

1.1 幻灯片中的基本设计理论

随着 PPT 的普及,观众对 PPT 的要求越来越高,现在已经不单单是排版那么简单了。请老师传授一些在 PPT 中可以使用的设计元素和设计技巧,也好满足观众和领导对我的 PPT 作品的期待!

在设计演示文稿时,的确需要掌握一些设计技巧。一个优秀的 PPT 能够更好地说服观众,激发他们的兴趣并且让他们清楚了解到 PPT 的内容,而这样的幻灯片就需要高标准的设计来实现。

1.1.1 幻灯片设计过程中的七个常见技巧

❶ **使用标准色系**:在制作演示文稿时,需要掌握一些常见的设计技巧。例如对于如图 1-1-1 所示的幻灯片的配色来说,要尽量使用企业 VI 中的标准色系。

右侧幻灯片的背景颜色,也是取自企业 Logo 中的标准色。

图 1-1-1 使用标准色系

大多数公司,包括互动教程网,都有自己品牌的主题颜色和字体。这可确保每个人在其所有文档中使用一致的颜色和字体样式,并帮助人们识别公司品牌。

❷ **一张幻灯片一个主题**:一张幻灯片应只讲述一个主题,本小节示例幻灯片只有市场分析这个主题。如果一张幻灯片包含多个主题,会让观众感到思维混乱,抓不到重点,如图 1-1-2 所示。

❸ **使用目录**:如果演示文稿拥有较大的幻灯片,那么就需要提供一个清晰的目录,好让观众了解整个演讲的流程,如图 1-1-3 所示。

❹ **文字和背景对比清晰**:需要确保文字的颜色和底色对比清晰,容易阅读,如图 1-1-4 所示。

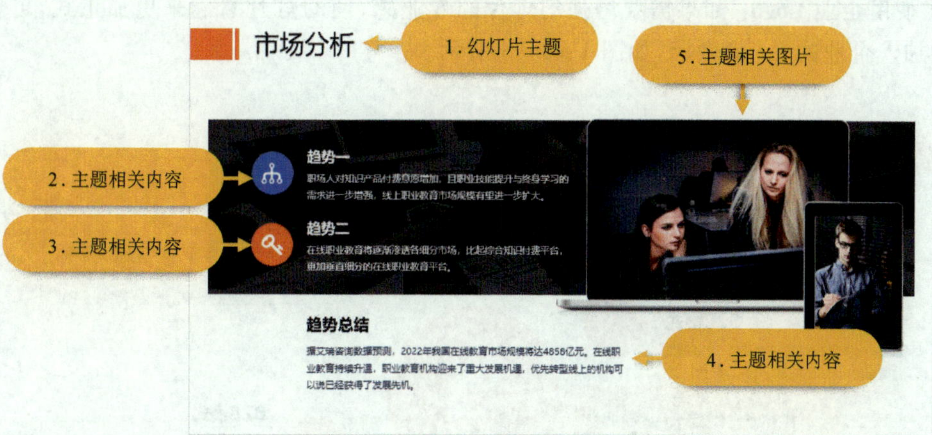

图 1-1-2　一张幻灯片一个主题

图 1-1-3　使用目录

图 1-1-4　文字和背景对比清晰

❺ **使用企业 Logo：** 如果需要增强幻灯片的专业感，使幻灯片看起来更加正式，可以在幻灯片中加入企业的 Logo 徽标，如图 1－1－5 所示。

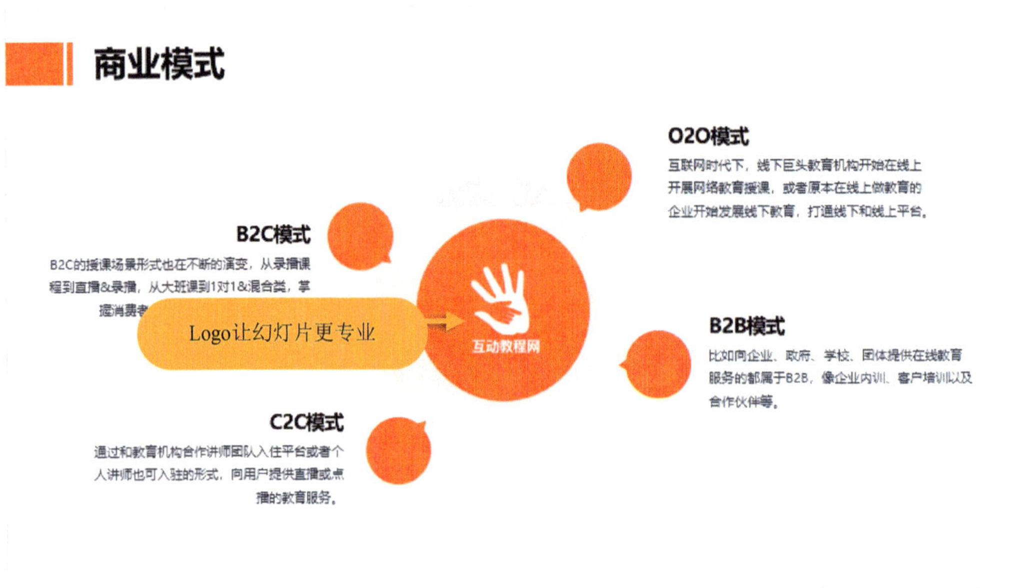

图 1－1－5 使用 Logo

❻ **活用表格：** 如果幻灯片中文字内容较多，可以使用表格对这些内容进行整齐排列，如图 1－1－6 所示。

类目	2019	2020	2021	说明
营业收入	20,000,000	30,000,000	50,000,000	从事主营业务或其他业务所取得的收入。 指在一定时期内，商业企业销售商品或提供劳务所获得的货币收入。
营业成本	10,000,000	15,000,000	20,000,000	企业所销售商品或者提供劳务的成本。 营业成本应当与所销售商品或者所提供劳务而取得的收入进行配比。
营业利润	10,000,000	15,000,000	30,000,000	营业利润率代表了企业通过生产经营获得利润的能力，营业利润率比率越高，说明企业的盈利能力越强。
净利润	8,000,000	10,000,000	20,000,000	在利润总额中按规定交纳了所得税以后公司的利润留存，一般也称为税后利润或净收入。

图 1－1－6 活用表格

❼ **多用数字：** 最后一点是要多使用数字，数字具有准确描述事物动态的特性，充分将数字语言的力量最大化，学会通过数字来思考、决策和说服观众，如图 1－1－7 所示。

图 1-1-7　多用数字

1.1.2　基本设计理论:页面边距、页面重心和阅读顺序

在幻灯片的版面设计中,要注意页面边距的设置。
本小节示例幻灯片没有考虑页面边距的因素,导致版面沉闷压抑,现在我们优化一下这张幻灯片,如图 1-1-8 所示。

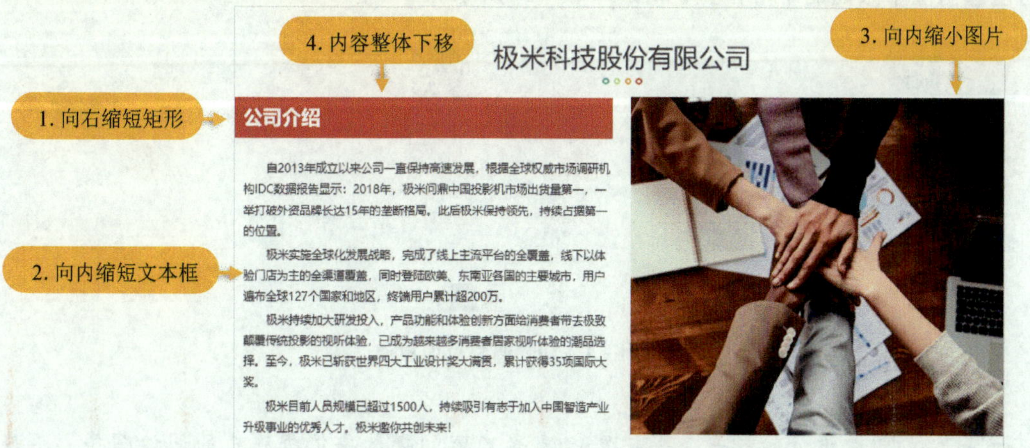

图 1-1-8　调整页面边距

❶ **调整标题文本框:** 选择**公司介绍**四字所在的文本框。缩小文本框的宽度,使文本框和幻灯片的左边保持适当的间距。

❷ **调整下方文本框**：接着来调整下方文本框和幻灯片左边的间距。选择公司介绍详文所在的文本框。缩小文本框的宽度，以与上方标题所在的矩形保持相同宽度。

❸ **删除不重要的文字**：在制作幻灯片内容时，需要注意不要在一张幻灯片上放太多的文字。

❹ **增大字号**：幻灯片的内容是用于演示的，尽量使用较大字号的文字。

❺ **调整图片**：缩小图片的尺寸，并使图片和幻灯片的右边、底边保持适当的间距。

❻ **下移主体内容**：将幻灯片的主体内容向下移动，以与上方的标题保持适当间距调整后如图 1－1－9 所示。

图 1－1－9　调整页面边距的前后对比

页面重心是指幻灯片的主体内容需要位于版面的中心位置，否则就会出现画面失衡的视觉问题。

本小节的示例幻灯片的主要内容过于偏右，现在来修复示例幻灯片重心失衡的问题。

❼ **调整页面重心**：选择幻灯片标题和左侧二维码除外的所有内容。将所选内容向左移动，使它们位于版面的中心位置，如图 1－1－10 所示。

图 1－1－10　调整页面重心

幻灯片设计的另一个基本理论，就是内容的摆放要依据观众的阅读顺序。不应让观众阅读内容时，发生视线频繁大幅跳跃的现象。

现在来根据这个理论，调整示例幻灯片中的内容，如图 1－1－11 所示。

❽ **移动联系方式**：将位于右下角的**联系方式**向上移动。将**学历和毕业学校**等内容移到联系方式的下方。这样将个人信息放在一起，可以减少观众视线的跳跃，同时也符合排版关于亲密性的基本原则，也就是将功能相似的对象放在一起。

❾ **移动教育背景**：将**教育背景**和**工作经验**向下移动，与个人信息保持适当的距离。

❿ **移动个人介绍**：将**个人介绍**向右上方移动，使它和个人信息放在一起。然后将文字的颜色修改为黑色。

图 1－1－11　遵守阅读顺序

这样就完成了版面的优化，用户的视线只要从左到右，然后再从上到下滑动，即可完成主要内容的浏览。

1.2　幻灯片中的颜色搭配技巧

老师，我没有接受过美学教育，美学素养也是一般水平，所以在设计 PPT 时，总是遇到配色方向的问题☹。

当下颜值的重要性被无限放大，“看脸”成了现代社会的热词，“颜值”成为附加在人或物上的一种身份象征，可谓“颜面值千金”。为了提高 PPT 的颜值，颜色搭配起到了举足轻重的作用。

一份配色好的 PPT 会提升 PPT 的质量，达到事半功倍的效果。准确地运用色彩，能使 PPT 产生更好的信息传达效果。基于配色的重要性，下面将通过大量的实例讲解 PPT 色彩搭配的原则和技巧。

我们的世界包含千千万万种颜色，每种颜色有其独特的作用，令人产生不同的情感：

- **白色**：这种颜色代表着和平、纯净、阳光、正面。
- **黄色**：快乐，明亮，积极，也可用于警告或冲突。
- **棕色**：用于产生自然或木质的效果，赋予深度，以及严肃的事物。
- **橙色**：这种颜色可激发创造力，有趣又温暖。
- **蓝色**：代表冷静、忠诚、值得信赖的颜色。
- **红色**：这是一种非常强烈的颜色，可用于描述危险、激情、爱情或行动。
- **粉红**：这种颜色代表着纯真、美丽、温柔、花香和女性气质。
- **紫色**：这种颜色经常用于形容神秘的事物。
- **绿色**：绿色代表清新、舒缓、生命、休息，当然还有自然和环保。
- **灰色**：用于营造气氛或保持中性，可以很容易与其他颜色相辅相成。
- **黑色**：被认为是一种复杂、邪恶和强大的大胆颜色。

1.2.1 颜色搭配：幻灯片常用的配色技巧

配色是设计师的强力工具！它可以吸引观众的眼球、唤起情感，进而将信息传递到受众的脑海里。
第 1 个配色技巧：**只选一种颜色作为幻灯片的主色调。**

本小节示例幻灯片的配色很不专业，现在来修改这些图形的颜色。

❶ **修改圆形颜色**：选择位于人物背后的橙色圆形。将圆形的颜色修改为作为主要色调的蓝色。

❷ **修改圆角矩形颜色**：首先选择位于上方的圆角矩形。按下键盘上的 **Shift** 键。在按下该键的同时，单击下方的圆角矩形以同时选择两个对象。将所选图形的填充颜色修改为蓝色。

这样就完成了幻灯片配色的优化，如图 1－2－1 所示。

图 1－2－1　只选择一种颜色作为主色调

第 2 个配色技巧：限制颜色的数量。服装搭配有句谚语：**头色不过四，身色勿过三**。版面设计也有类似的原则，页面中的颜色数量不要超过四种。这样可以避免色彩杂乱，易于达到页面风格的和谐统一。

当幻灯片中的颜色过多时，可以将一些元素的颜色修改为白色、黑色或者灰色，如图 1－2－2

所示。

❸ **修改颜色**：选择并修改幻灯片左上角的矩形的填充颜色为橙色。选择并修改位于幻灯片中心位置上图标的颜色为黑色。

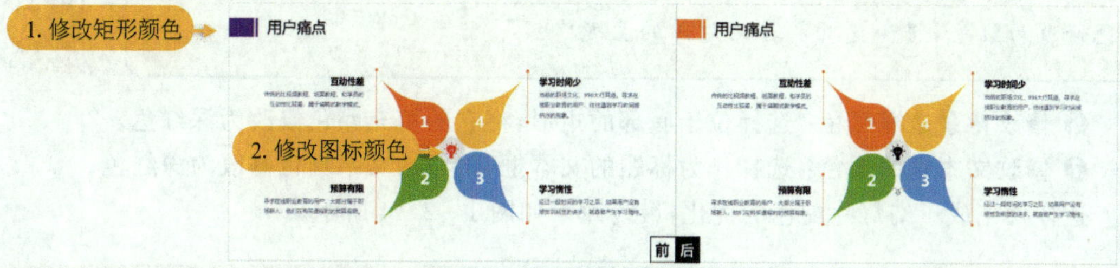

图 1-2-2　限制颜色数量

第 3 个配色技巧：前景和背景色彩要对比强烈。
如图 1-2-3 所示，幻灯片左侧的圆角矩形的颜色为黄色，而其上方的文字颜色为白色。俗话说：**青紫不并列，黄白不随肩**。黄、白两种颜色都是亮色，两者搭配使用就会增加阅读困难。

❹ **修改左侧形状颜色**：单击**形状格式**标签，显示形状格式功能面板。将圆角矩形的填充颜色修改为与左上角的小矩形相同的颜色。

如图 1-2-3 所示幻灯片右侧的圆角矩形的填充颜色为紫色，而文字颜色为红色。俗话说：红配紫，不如死！紫色不是容易就能搭配的颜色，它与红色搭配会让情况变得更糟。

❺ **修改右侧形状颜色**：将圆角矩形的填充颜色，修改为与左侧圆角矩形相同的颜色。将文字的颜色修改为白色。

图 1-2-3　前景和背景要对比强烈

第 4 个配色技巧是:**配色正确优于配色好看**。
示例幻灯片的配色并无多大问题,如 1-2-4 左图所示。主要问题是颜色与主题并不协调。元旦是新年的开始,给人的印象是喜庆、祥和,因此将主色蓝色修改为红色,将会更加契合幻灯片的主题。

❻ **修改背景边框颜色**:选择位于底部的矩形,将它的填充颜色修改为深红色。

❼ **修改文本框的颜色**:选择作为标题的文本框,将它的文字颜色修改为深红色。

这样就完成了幻灯片配色的优化,最终效果如图 1-2-4 所示。

图 1-2-4　配色正确优于配色好看

选择颜色时,一定要**考虑受众**!向政府机构提交的一份报告需要采用安静、严谨的设计;面向青少年的演讲,则需要一些明亮而引人注目的颜色。选择一种幻灯片主题颜色,为您的演示文稿定下基调并赢得观众的共鸣。

1.2.2　颜色搭配:推荐和不推荐使用的颜色搭配

老师,上面的配色技巧的确很实用,但是我觉得还要经过一段时间的消化才能灵活应用。现在有没有一些可以靠死记硬背就可以马上使用的颜色搭配技巧呢☹?

哈哈,问得好,小王!有很多朋友深受幻灯片配色的困扰,因此本节讲解常见的推荐配色方案,以及一些不推荐使用的配色方案,你很容易就可以记住这些配色方案,不会再被配色问题困扰了。

❶ **白配黑**:当您实在不知道如何配色时,可以使用白色的背景和黑色的前景,这种配色风格简单、纯粹,同时也符合大众审美,如图 1-2-5 所示。

❷ **黑配白**:与第一种配色方案相反,第二种配色文字使用黑色的背景,白色的前景。黑底白色也是一种非常通用和成熟的配色方案。

❸ **黑配黄**:保持黑色的背景不变,修改文字的颜色为黄色。黄色给人以一种明亮、积极向上的感觉,高亮度、高饱和度的黄色和黑色搭配,刚好降低黄色的亮度和温度。为了突出黄

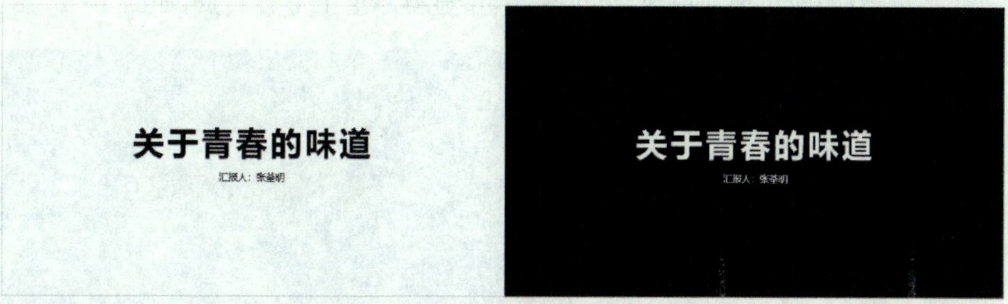

图 1-2-5 白底黑字和黑底白字

色，用蓝色作底也是一种不错的用法，即冷色和暖色的平衡。

❹ **蓝配白**：将背景的颜色修改为蓝色，文字的颜色修改为白色。蓝色给人一种纯净、理智的感觉，一提到蓝色，人们想到的就是天空，而天空中也有白云，所以大自然给出的配色方案就是蓝配白，如图 1-2-6 所示。

图 1-2-6 黑底黄字和蓝底白字

❺ **红配白**：红色最省心的配色是白色，给人清爽干净的印象。

接着来演示几种不推荐的配色方案，如图 1-2-7 所示。

❻ **红配绿**：红色和绿色的纯度、饱和度都非常高的时候，直接搭配在一起会产生强烈的冲撞，所以长期以来，红配绿是大多数人不敢尝试的高难度配色。

图 1-2-7 红底白字和红底绿字

❼ **红配紫**：紫色是红色与蓝色融合形成的色彩，根据色彩搭配原理，红色与紫色不是对比色，两个颜色一混合，就会产生很难看的色调。

接着演示在蓝色背景下的几种常见不协调配色。**黄白不同用，蓝紫不随肩**，蓝配紫的服装造型通常都是辣眼睛的，轻易不要去尝试。

❽ **蓝配黑**：蓝与黑并不搭配，就像蓝天和乌云从不共存一样。黑与蓝是厚重的组合，如

果一定要蓝和黑搭配，建议增加白色、金色等亮色，显得厚重中带有高贵，如图 1-2-8 所示。

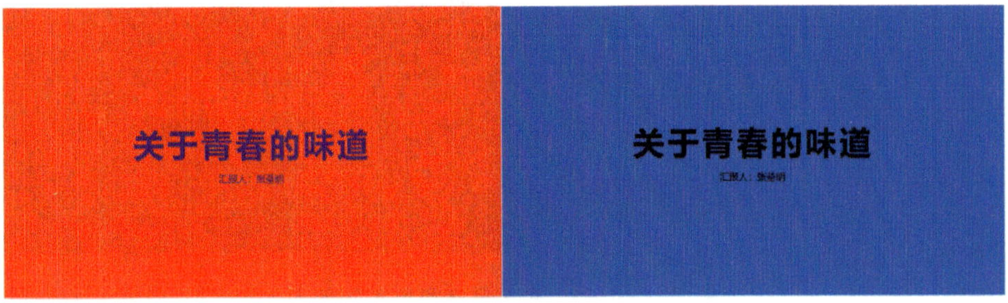

图 1-2-8　红底紫字与蓝底黑字

❾ **蓝配黄**：蓝色是冷色，选择任何暖色通常都能搭配得很好，但是蓝色和黄色搭配容易让画面变得脏乱。为了削弱互补色之间的强烈对比，可以降低蓝色的饱和度。

❿ **黄配白**：最后一个不推荐使用的颜色组合就是黄色与白色。两者都属于亮色，相互叠加就会导致阅读、识别困难，如图 1-2-9 所示。

图 1-2-9　蓝底黄字与黄底白字

以上演示了很多推荐与不推荐的配色方案，那么有没有万用的颜色呢？有的，这个万用颜色就是**浅灰色**。

⓫ **灰配紫**：浅灰色接近白色，与白色相比，浅灰色柔和而冷静。即使和紫色这个难以搭配的颜色也能愉快相处。

⓬ **灰配绿**：浅灰色和绿色也能很好搭配，使画面显得干净明亮、高贵淡雅！以上就是关于颜色搭配的一些常识和技巧，希望能够在幻灯片的设计工作中帮助到您，如图 1-2-10 所示。

图 1-2-10　灰底紫字与灰底绿字

1.2.3 颜色搭配：配色万金油之饱和度配色方案

颜色具有色相、亮度和饱和度三个元素。色相是指色彩的种类，亮度是指色彩的明暗程度，饱和度是指颜色的浓度。
通过调整三个元素中的任意一个，都可以产生一系列的配色方案。

小王，我先给你讲解饱和度配色方案。饱和度配色方案的原理就是首先选择一种颜色，然后通过修改该颜色的饱和度，获得若干个颜色相同、亮度相同，但是饱和度不同的色彩。

❶ **修改左上角形状颜色：**选择左上角的平行四边形。单击**设置填充颜色**图标，打开填充颜色设置面板。在打开的颜色窗口中，选择了一个具有高饱和度的黄色。单击**确定**按钮，完成颜色的拾取，如图 1-2-11 所示。

❷ **降低形状的透明度：**现在来增加这个形状的透明度，设置颜色的不透明度为 50%。单击**确定**按钮，完成不透明度的调整。

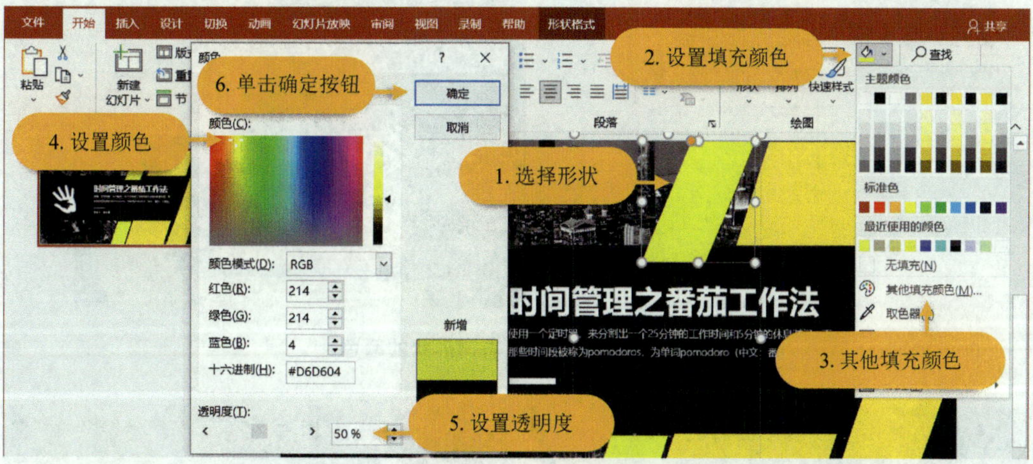

图 1-2-11 修改左上角形状颜色

❸ **设置中间形状的颜色：**接着选择中间的四边形，并设置它的填充颜色。在颜色拾取区域，选择一个具有中饱和度的黄色。单击**确定**按钮，完成颜色的拾取，如图 1-2-12 所示。

❹ **设置右侧形状的颜色：**选择位于右侧的四边形。选择一个具有低饱和度的黄色。由于所选四边形靠近幻灯片的边缘，所以给它设置较暗的颜色，如图 1-2-13 所示。

这样就完成了幻灯片的配色，从左到右依次为高饱和度的黄色、中饱和度的黄色和低饱和度的黄色，现在整张幻灯片的色调既统一又有层次感，如图 1-2-14 所示。

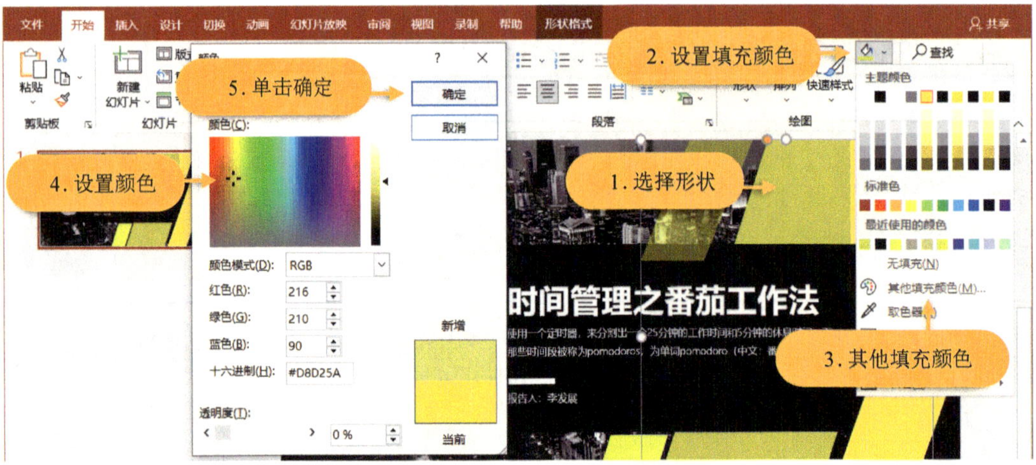

图 1-2-12　设置中间形状的颜色

图 1-2-13　设置右侧形状的颜色

图 1-2-14　饱和度配色

1.2.4　颜色搭配：配色万金油之色相配色方案

色相配色方案的原理就是首先选择一种颜色，然后通过调整该颜色的色相，获得一组饱和度相同、亮度相同，但是色相不同的颜色。

❶ **设置左侧形状颜色**：选择左上角的平行四边形。单击**设置填充颜色**图标，打开填充颜色设置面板。选择青色作为形状的填充颜色，如图 1-2-15 所示。

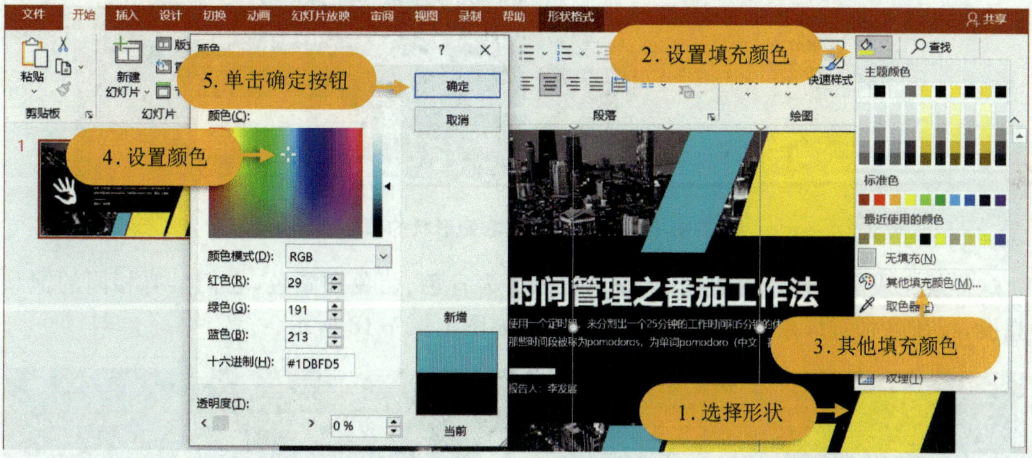

图 1-2-15　设置左侧形状颜色

❷ **降低形状的透明度**：现在来增加这个形状的透明度，设置颜色的不透明度为 50%。单击**确定**按钮，完成不透明度的调整。

❸ **设置中间形状的颜色**：接着选择中间的四边形，并设置它的填充颜色。我们上次拾取的是青色，所以这次选择位于青色右侧的具有同样饱和度、同样亮度的深蓝色，如图 1-2-16 所示。

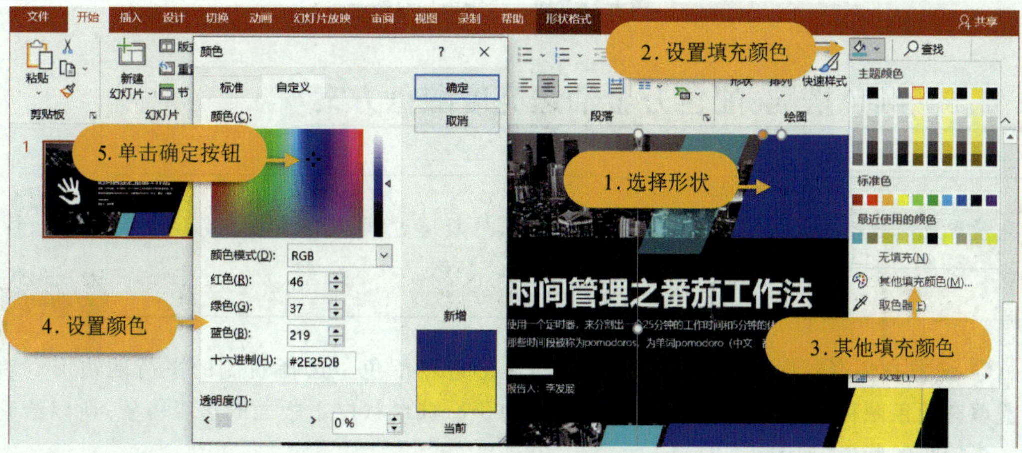

图 1-2-16　设置中间形状的颜色

❹ **设置右侧形状的颜色**：选择位于右侧的四边形，并设置它的填充颜色。在颜色拾取区域，选择位于蓝色右侧的具有同样饱和度、同样亮度的紫色。接着选择位于右侧的四边形，并设置它的填充颜色，如图 1-2-17 所示。

图 1-2-17　设置右侧形状的颜色

这样就完成了幻灯片的配色，从左到右依次为青色、蓝色和紫色，它们具有相同的饱和度和亮度，现在整张幻灯片的色彩既丰富又和谐，如图 1-2-18 所示。

图 1-2-18　色相配色方案

1.2.5　颜色搭配：配色万金油之亮度配色方案

> 亮度配色方案的原理就是首先选择一种颜色，然后通过调整该颜色的亮度，获得一组色彩相同、饱和度相同，但是亮度不同的颜色。

❶ **设置右侧形状颜色**：首先给右侧的四边形进行配色。选择右侧的平行四边形。单击**设置填充颜色**图标，打开填充颜色设置面板。由于所选形状位于版面的边缘位置，所以给它设置一个较暗的紫色，如图 1-2-19 所示。

❷ **复制填充颜色**：由于亮度配色方案中的系列颜色具有相同的色相，所以使用格式刷，

将当前形状的颜色复制到左侧的两个形状。

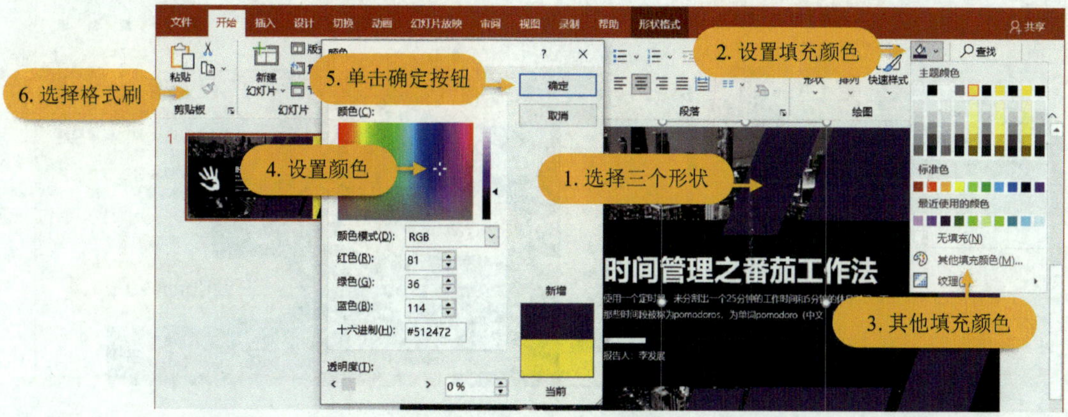

图 1-2-19　设置形状颜色

❸ **修改中间形状颜色亮度**：这些形状具有相同的色相，为了体现形状颜色的差异，接着来调整形状的亮度。在亮度竖条上单击，以增加颜色的亮度。单击**确定**按钮，完成亮度的调整，如图 1-2-20 所示。

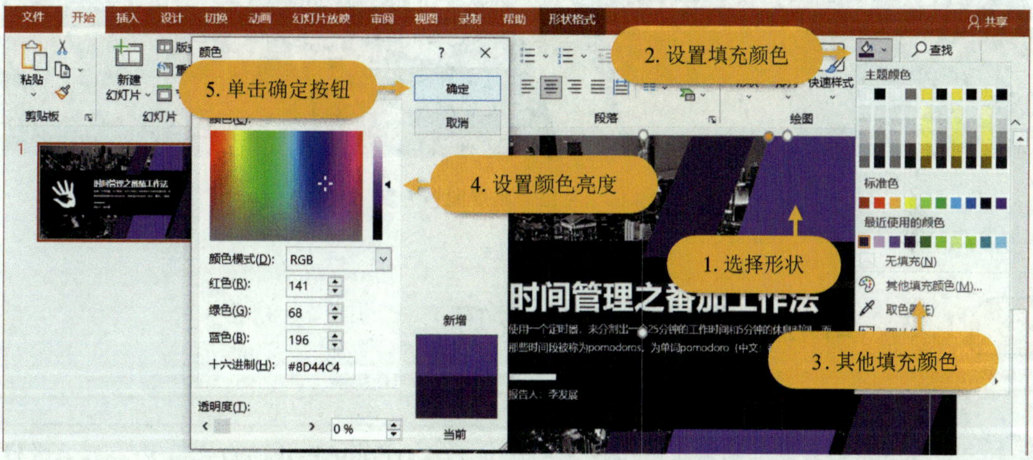

图 1-2-20　修改中间形状颜色亮度

❹ **修改左侧形状颜色亮度**：接着选择并修改左侧形状的亮度。在亮度竖条上单击此处，以增加颜色的亮度。单击**确定**按钮，完成亮度的调整。

❺ **设置左上方矩形透明度**：继续选择并设置位于上方的四边形的透明度。设置颜色的不透明度为 50%。单击**确定**按钮，完成不透明度的调整，如图 1-2-21 所示。

这样就完成了幻灯片的配色，从左到右依次为高亮度的紫色、中亮度的紫色和低亮度的紫色，现在整张幻灯片的色调既统一又有层次感，如图 1-2-22 所示。

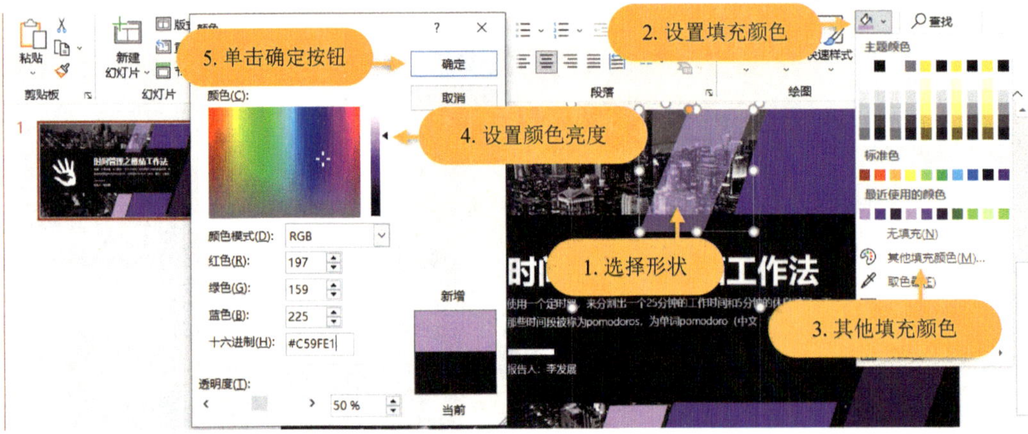

图 1－2－21　设置左上方矩形透明度

图 1－2－22　亮度配色方案

1.3　幻灯片背景的设计技巧

老师，我刚开始做 PPT 时，用的都是 PowerPoint 默认的白色背景。后来慢慢地学习修改 PPT 的背景颜色，甚至使用图片作为 PPT 的背景，可我对 PPT 背景的设计还是没有章法。

背景之于 PPT，就像底料之于火锅。刚开始大家使用清汤作为火锅底料，渐渐地，清香、麻辣、三鲜等各种各样的锅底越来越多。PPT 背景也类似有多种的选择。您可以使用纯色、渐变、纹理或图片作为幻灯片的背景。接下来我将为你讲解这些背景的设计技巧。

- **纯色：** 单一、均匀的颜色，您可以调整颜色的透明度。
- **渐变：** 两种或多种颜色，以相互渐变或混合的方式产生的颜色。
- **图片：** 您从互联网获得的或者是存储在电脑上的图片。

● **纹理**：一种统一的图案，给人的印象像是幻灯片展示在布料或石头等材料上。

1.3.1 幻灯片背景：使用颜色和渐变作为幻灯片的背景

幻灯片根据内容的不同，有不同样式的背景，首先演示如何给幻灯片设置纯色背景。当前示例幻灯片使用一个矩形作为其他对象的背景，现在来给矩形设置填充颜色。

❶ **修改背景颜色**：选择作为幻灯片背景的矩形。在颜色拾取窗口中，选取**黄色**作为幻灯片的背景颜色，如图1-3-1所示。

❷ **修改文字颜色**：当幻灯片的背景变化后，还需要修改前景的颜色。将所选文字的颜色修改为**白色**。

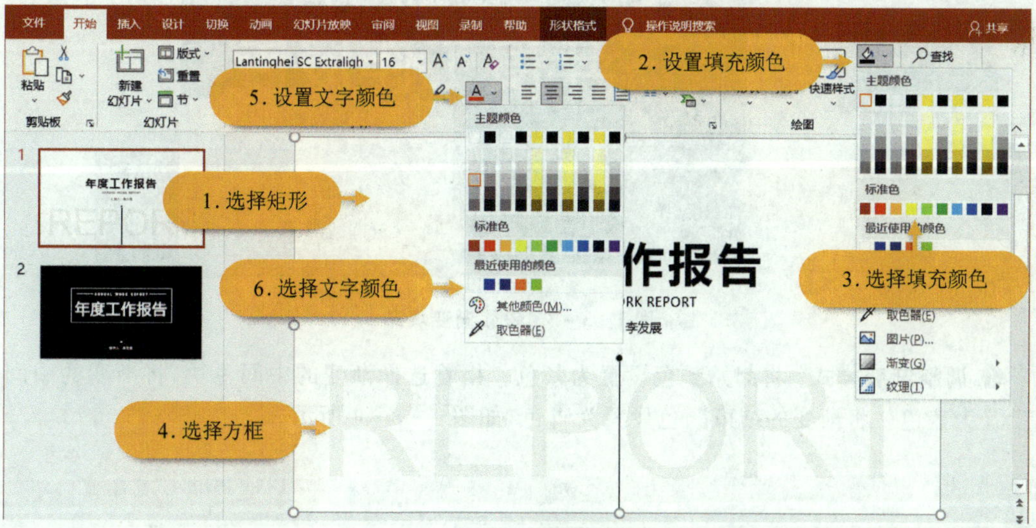

图1-3-1 修改背景颜色

这样就完成了纯色背景的制作，最终效果如图1-3-2所示。

图1-3-2 使用颜色作为幻灯片的背景

使用纯色作为背景可以使您的幻灯片看起来直观、明了。因为所有的幻灯片背景都是同色的，观众可以更好地专注于演示文稿本身，而不是眼花缭乱。

现在切换到第二张幻灯片，给该幻灯片设置渐变颜色的背景。

❸ **设置渐变填充**：首先选择作为背景的矩形。然后将矩形的填充设置为**渐变填充**，在渐变样式列表中选择**倾斜渐变**样式，如图 1-3-3 所示。

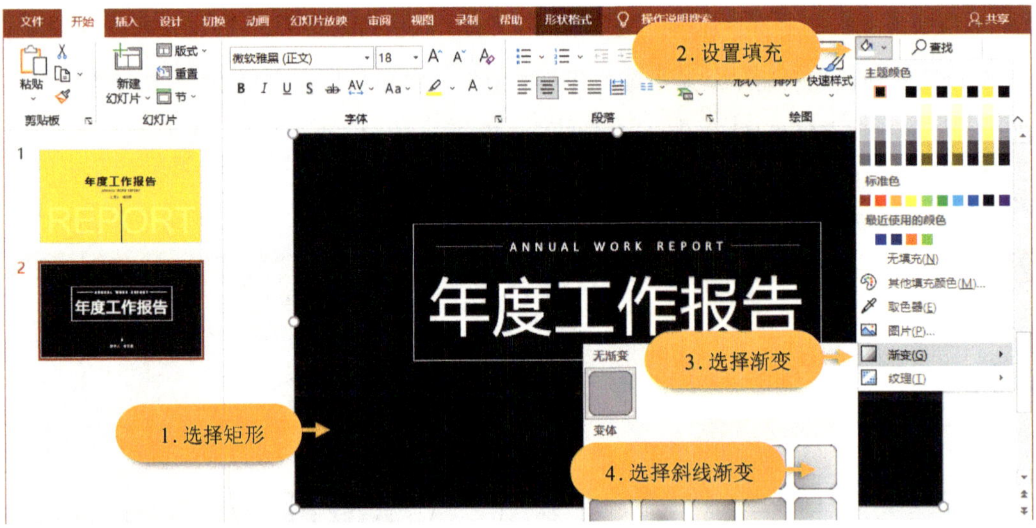

图 1-3-3　设置渐变填充

❹ **调整渐变样式**：将起始颜色设置为紫色。接着选择渐变的中间色块，将渐变的中间颜色设置为蓝色。将渐变的结束颜色设置为青色，如图 1-3-4 所示。

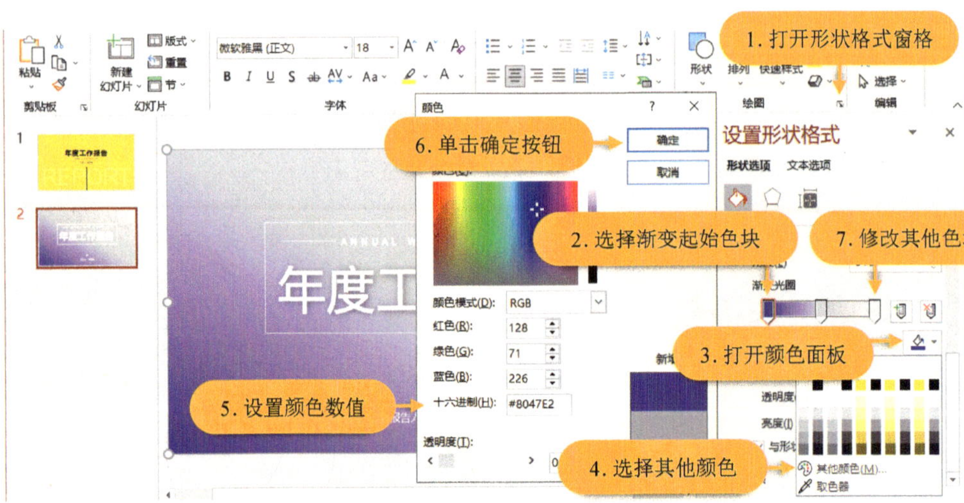

图 1-3-4　调整渐变样式

这样就给幻灯片创建了由紫色到蓝色，再由蓝色到青色的渐变背景，如图 1-3-5 所示。

图1-3-5 使用渐变作为幻灯片的背景

除了标准的线性渐变方向，您还可以选择射线、矩形或路径渐变方向。渐变背景看起来非常优雅，使用渐变是创建与众不同幻灯片背景的绝佳方式。

1.3.2 幻灯片背景：使用纹理和照片作为幻灯片的背景

幻灯片背景的另一个选择是使用纹理。
纹理给人的印象像是幻灯片显示在大理石或羊皮纸等材料上，从而构成非常优雅的幻灯片背景。

❶ **插入纹理图片**：单击**插入**标签，显示插入功能面板。单击**图片**命令，打开图片来源列表。选择**此设备**命令，往幻灯片中插入一张纹理图片，如图1-3-6所示。

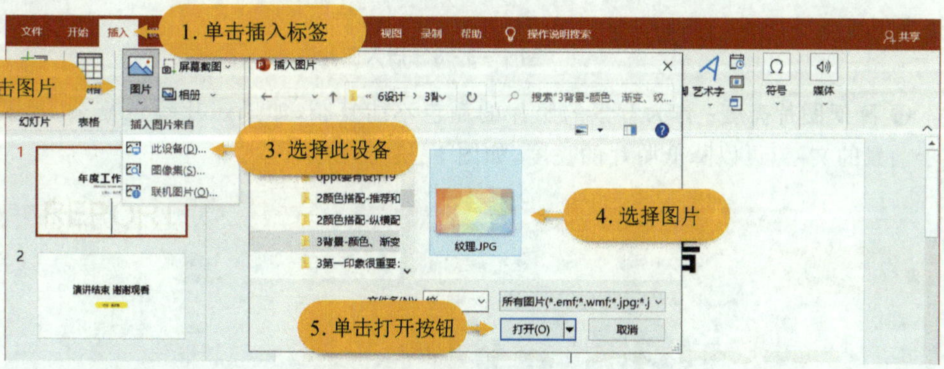

图1-3-6 插入纹理图片

❷ **置底纹理图片**：单击**图片格式**标签，显示图片格式功能面板。通过**下移一层**命令，将纹理图片移到其他对象的下方。

❸ **修改 REPORT 文字颜色**：修改当背景发生变化时，也需要修改处于前景的文字内容。将 REPORT 文字的颜色从浅灰色修改为白色，如图1-3-7所示。

图 1-3-7　使用纹理作为幻灯片的背景

接着演示如何将一张照片作为幻灯片的背景。

❹ **插入图片：**单击**插入**标签，显示插入功能面板。单击**图片**命令，打开图片来源列表。选择**此设备**命令，往幻灯片中插入一张照片，如图 1-3-8 所示。

❺ **置底图片：**单击**图片格式**标签，显示图片格式功能面板。通过**下移一层**命令，将图片移到其他对象的下方。

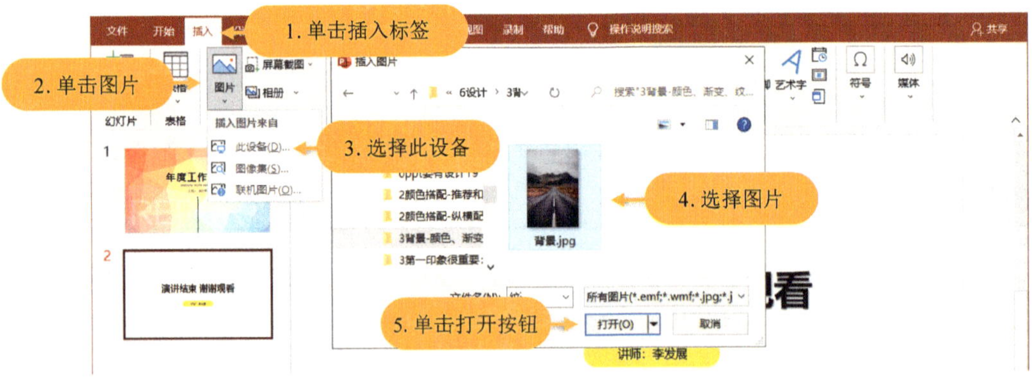

图 1-3-8　插入图片

❻ **降低图片亮度：**作为背景的照片的颜色不能复杂，如果照片颜色复杂，为了突出显示处于前景的文字，可以降低照片的亮度，如图 1-3-9 所示。

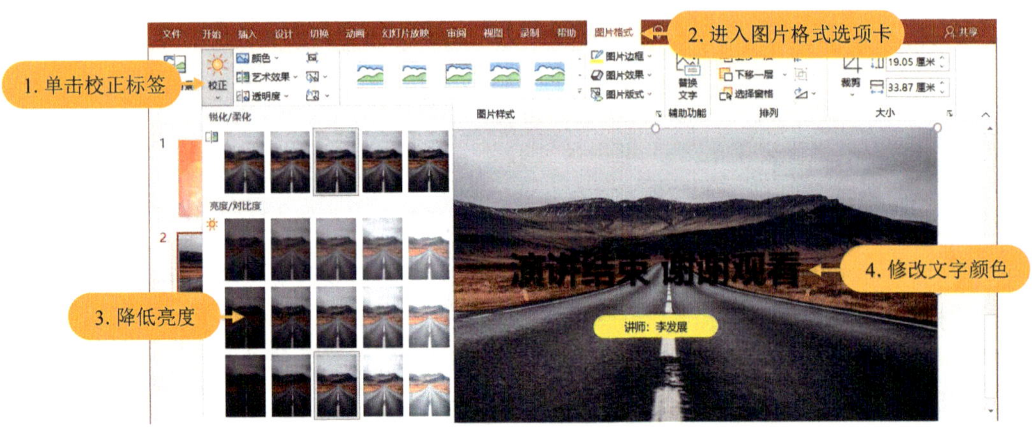

图 1-3-9　降低图片亮度

❼ **修改文字颜色**：接着来修改文字的颜色，将文字的颜色修改为白色。

这样就将一张照片设为幻灯片的背景，最终效果如图 1－3－10 所示。

图 1－3－10　使用图片作为幻灯片的背景

颜色太多的照片会使文本模糊，难以阅读。您可以通过图片格式选项卡中的颜色命令，使图片具有统一的色调来解决此问题；不过解决照片模糊文本问题的最佳方法是选择一张安静、柔和的图片。

1.4　提升观众对幻灯片的第一印象

老师，我觉幻灯片的第一印象跟人的第一印象同样重要。如果我想通过 PPT 让观众接纳我的观点，首先要让 PPT 给观众留下很深的第一印象，这样才能让观众继续有兴趣听我更深入的演讲。

顾名思义，第一印象就是当第一次看到人或者事物时所留下的印象。在 PPT 设计中则是以目的为导向对 PPT 的风格、氛围、情绪控制的表现，也是 PPT 画面与观众之间产生的一种交互作用。

第一印象固然重要，但是印象也是有好坏之分的，请问如何让 PPT 给观众留下一个好的第一印象，而不是坏的第一印象呢？

第一印象往往可以鲜明、牢固地影响着双方以后沟通交流的过程。如果 PPT 能给观众留下好的第一印象，就可以让观众愿意了解 PPT 更深层次的内容，这有助于提高用户转化率，或有利于推销自己的观点。

在商业设计中,往往没有第二次机会带给别人第一印象。因此我们在设计PPT时,要不断对画面尝试各种设计策略,在充分表达内容的基础上,做好视觉方面的冲击力。
接下来我将分享三个非常实用的优化PPT第一印象的技巧。

1.4.1 幻灯片的第一印象很重要:打破常规

我首先演示一下如何通过打破常规的方式,增强幻灯片的第一印象。本小节幻灯片的主题是两个业务部门的业绩对比,我们通常使用柱形图或饼形图进行两组数据的比较。

打破常规就是不走寻常路,由于部门A业绩是上升的,而部门B业绩是下降的,所以在我发挥想象力,决定使用高山和高山在水中的倒影,来形象表达两个部门的业绩状况。

❶ **翻转形状**:选择已有的山形对象。按下键盘上的快捷键 **Ctrl+d** 复制山形对象。将复制的图形进行垂直翻转,作为高山在水中的倒影,垂直如图1-4-1所示。

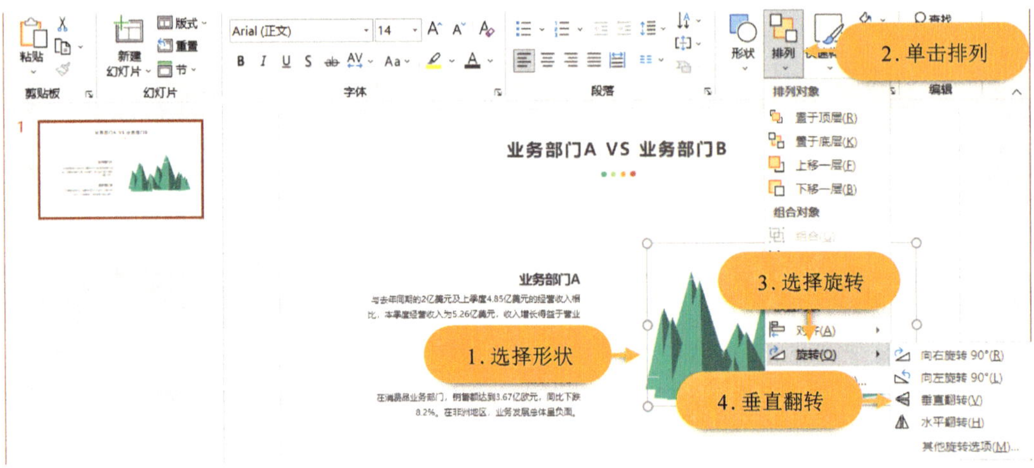

图1-4-1 垂直翻转形状

❷ **向下移动形状**:向下方拖动形状,将倒影移到高山的下方,并和上方的形状保持对齐,如图1-4-2所示。

❸ **绘制水面**:接着在高山和倒影之间绘制水面。在插入形状面板中选择**任意形状**工具。在幻灯片的左侧单击,作为水面路径的起点。继续添加路径上更多的顶点,以绘制微波荡漾的水面。

❹ **设置水体颜色**:单击**形状填充**命令,打开形状填充设置面板。在打开的颜色窗口上,选择**蓝色**。然后将蓝色的透明度设置为 **75%**,如图1-4-3所示。

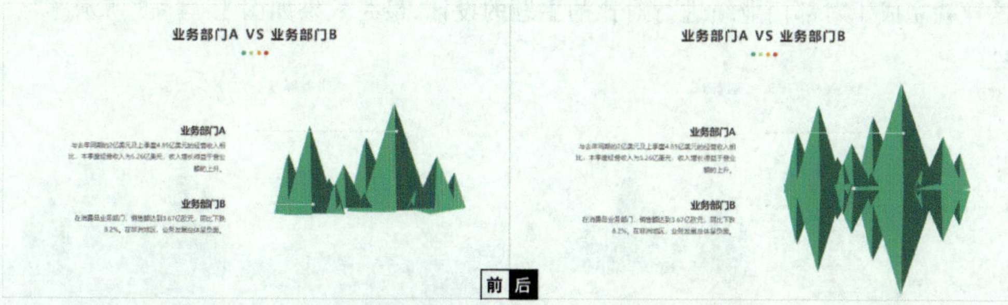

图 1-4-2　向下移动形状

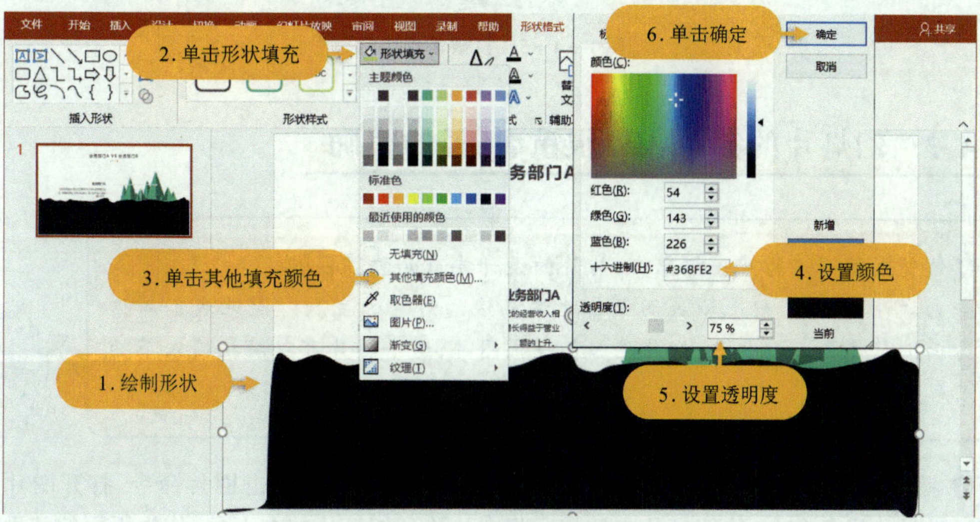

图 1-4-3　设置水体颜色

❺ **复制水体**:为了使水体更有立体感,使用 **Ctrl+d** 快捷键复制所选的水体。将新的水体形状移到第一个水体形状的下方。

❻ **设置水体透明度**:接着调整颜色的透明度,将透明度降低到 50%。经过透明度的调整之后,水体更有纵深感了,如图 1-4-4 所示。

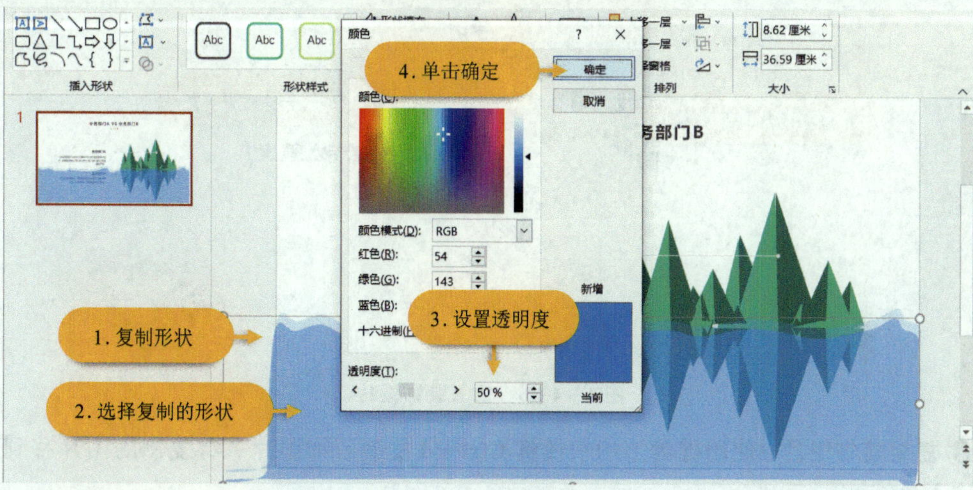

图 1-4-4　设置透明度

这样就完成了对部门业绩进行对比的主题的设计,最终效果如图 1-4-5 所示。

图 1-4-5　打破常规示例

1.4.2　幻灯片的第一印象很重要:目的明确

为了给观众留下好的第一印象,幻灯片的设计要有**明确的目的**。
示例幻灯片的字体、配色和版面等都无法表达幻灯片的主题。因此我们对这些方面进行优化,首先往幻灯片里添加一张图片,这个图片可以烘托情人节的节日气氛。

❶ **插入装饰图片:**打开**插入**选项卡,显示插入功能面板。单击**图片**命令,打开图片来源列表。选择**此设备**命令,往幻灯片中插入。将图片移到幻灯片的左上角,作为版面的辅助性配图,如图 1-4-6 所示。

图 1-4-6　插入装饰图片

❷ **复制装饰图片:**使用键盘上的快捷键 Ctrl+d 复制装饰图片。将复制的图片移到幻灯片的右下角。

❸ **编辑幻灯片背景颜色**:示例幻灯片的背景颜色是白色,与情人节这个主题不搭,现在来修改背景颜色。在空白位置单击鼠标右键,打开右键菜单。选择**设置背景格式**命令,打开设置背景格式窗格。然后将幻灯片的背景颜色修改为淡淡的乳黄色,如图 1-4-7 所示。

图 1-4-7　编辑幻灯片背景颜色

❹ **修改标题**:接着来修改看起来老气横秋的标题文字。把它的字体修改为纤细、圆润的幼圆字体。继续将文字的颜色修改为深红色。单击**取色器**命令,以选取屏幕上的颜色。吸取花朵上的深红色,作为所选文字的颜色,如图 1-4-8 所示。

图 1-4-8　修改标题

这样就完成了幻灯片的重新设计,已经可以给观众留下很好的第一印象了!最终效果如图 1-4-9 所示。

图 1-4-9　目的明确示例

1.4.3　幻灯片的第一印象很重要:融入情感

能够留下美好第一印象的幻灯片设计,不仅需要设计师的创造力,还需要融入设计师的感情。
和上一节相同,这张片子的主题也是情人节活动。幻灯片往往包含很多类型的元素,但最能传达幻灯片作者情感的,莫过于图片了。

❶ **插入主题图片**:打开**插入**选项卡,显示插入功能面板。单击**图片**命令,打开图片来源列表。选择**此设备**命令,往幻灯片插入了一张俏皮的爱神丘比特图片,被箭射中的恋人,将经历三个阶段才能得到永恒的爱情:欲望、容忍与依恋以及深厚的友情,如图 1-4-10 所示。

图 1-4-10　插入主题图片

加了图片后的版面情感仍然不够强烈,不用着急,我们继续往版面中加些元素。

❷ **绘制心形**:在**插入形状**面板中选择心形工具。在图片的位置绘制一个巨大的心形。将心形的填充颜色设置为半透明,将透明度设置为 **90%**,如图 1-4-11 所示。

❸ **调整心形**:将心形移到丘比特的中心位置。然后通过**排列**命令组中的**下移一层**命令,将心形放在丘比特的下方。

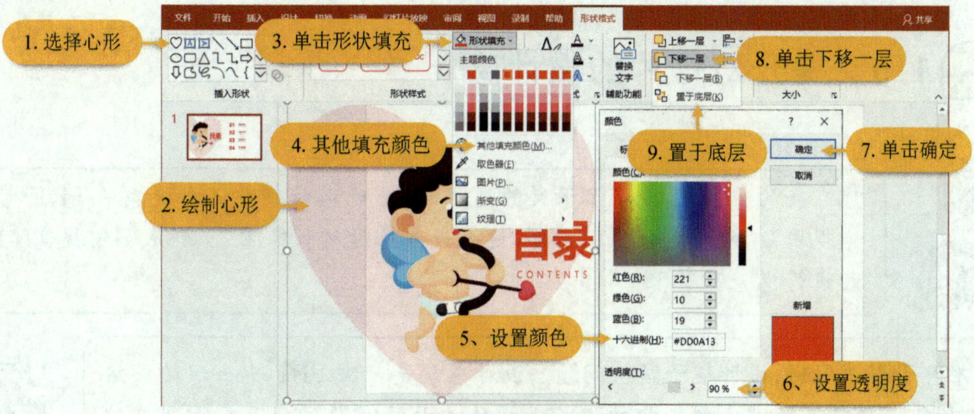

图 1-4-11　绘制心形

巨大的心形让版面有些左右失衡的感觉，因此在版面右下角也绘制一个心形。

❹ **再多一个心形**：在**插入形状**面板中选择心形工具。在幻灯片的右下角绘制一个较小的心形。将这个心形的填充颜色也设置为半透明。接着然后通过**排列**命令组中的**下移一层**命令，将心形移到文字的下方，如图 1-4-12 所示。

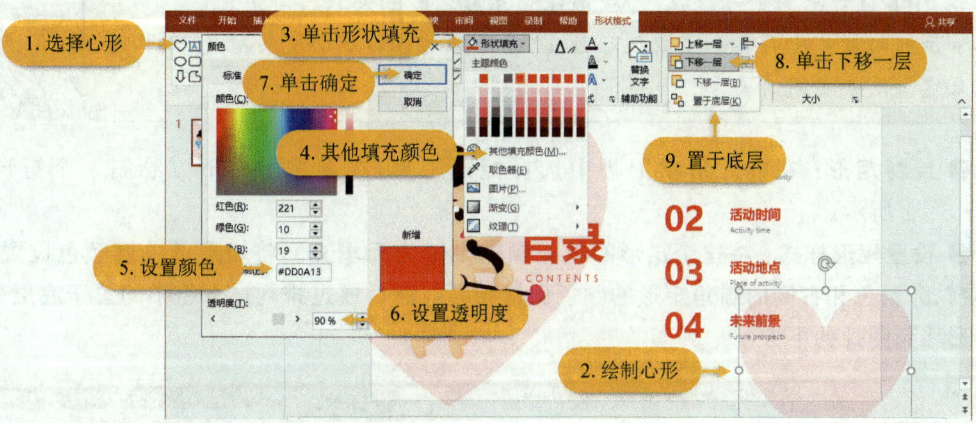

图 1-4-12　再多一个心形

幻灯片的作者要加强对情感元素的运用，注重情感元素的呈现，将自身的感情融入到作品中。最终效果如图 1-4-13 所示。

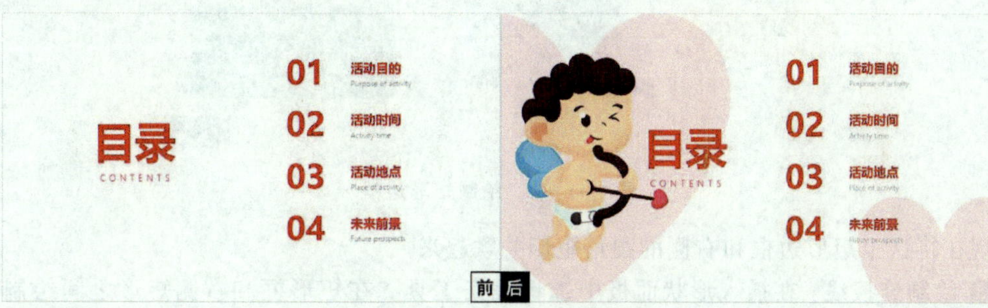

图 1-4-13　融入情感示例

1.5 提升幻灯片的设计感

现在我的 PPT 已经有了很大的进步，只是时不时领导还会说我的 PPT 有些中规中矩，缺少设计感。老师，这个设计感听起来很玄乎，到底如何提高 PPT 的设计感呢？

艺术在于表达思想，设计在于解决问题。设计感就是解决 PPT 中出现的虽然难以描述、但就是让人感到别扭的排版或设计方面的问题。今天我特别总结了九个具体的设计小技巧，它们易学易用，绝对可以提高你 PPT 的设计感！

1.5.1 提升设计感：关联幻灯片中的元素

提升 PPT 设计感的第一个技巧，就是**建立元素之间的关联**。
本节示例幻灯片中的各个元素彼此独立，导致幻灯片的版面支离破碎，我们现在来建立元素之间的关系。

❶ **绘制矩形**：在插入形状面板中选择**矩形**工具，在图片的右下方绘制一个矩形，如图 1－5－1 所示。

❷ **设置矩形样式**：将这个矩形的填充颜色设置为**无填充**。将矩形的轮廓颜色设置为**绿色**，使轮廓颜色和右侧的圆角矩形的颜色保持相同。然后通过**排列**命令组中的**置于底层**命令，将矩形移到图片的下方。

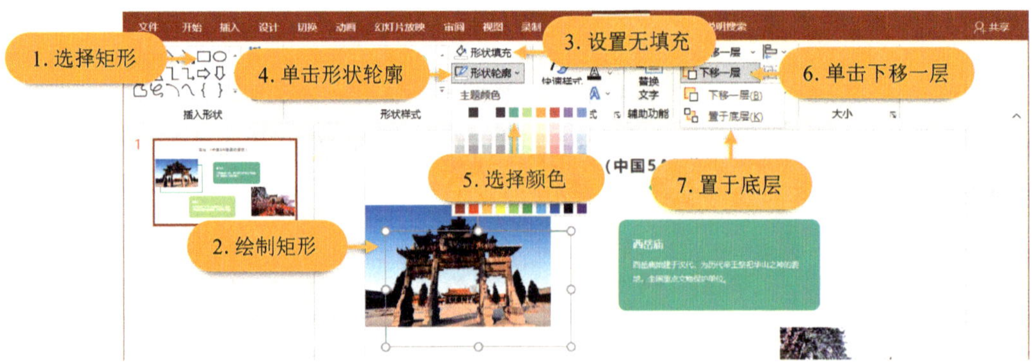

图 1－5－1 绘制矩形边框

现在将这个矩形边框和右侧的圆角矩形关联起来。

❸ **绘制连接线**：在插入形状面板中选择**线条**工具。在矩形框和右侧矩形之间绘制一条直线，如图 1－5－2 所示。

❹ **设置连接线样式**：将线条的粗细的值设置为 2.25 磅。单击**形状轮廓**图标，将直线的轮廓颜色，设置为和左侧矩形边框相同的颜色。

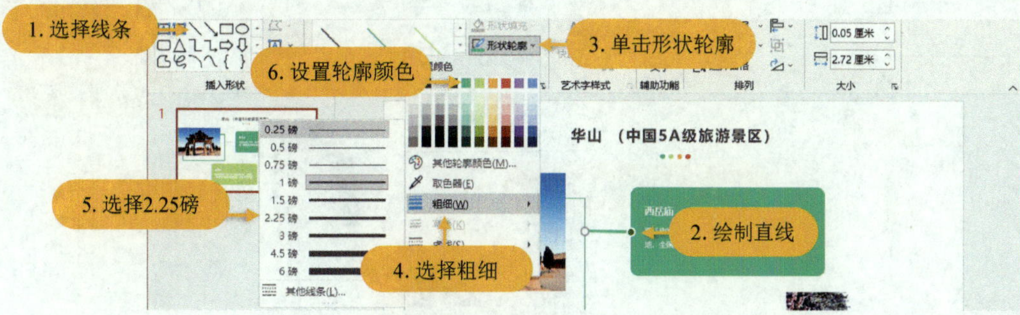

图 1-5-2　绘制连接线

❺ **绘制连接线**：在右侧图片的位置绘制另一个矩形框和连接线，并调整它们的颜色。此时版面上没有孤零零的对象，所有相关的对象都被关联起来了，如图 1-5-3 所示。

图 1-5-3　关联幻灯片中的元素

1.5.2　提升设计感：利用人物的视线引导重点内容

现在演示提升幻灯片设计感的第 2 个技巧：**利用图像中人物的视线，引导观众注视幻灯片中的重点内容**。

❶ **插入主题图片**：打开**插入**选项卡，显示插入功能面板。单击**图片**命令，往幻灯片中插入一张带有人物的图片素材。将人物移到幻灯片的右边，如图 1-5-4 所示。

❷ **翻转图片**：打开**图片格式**选项卡。单击**旋转对象**图标，打开旋转命令菜单。选择**水平翻转**命令，将图片进行水平翻转，使人物面朝左侧的文字内容。

这样观众的视线就会追随人物的视线，从而将重点关注在幻灯片左侧的文字内容上。如果只是将一张图片放在这里，会有些笨拙、不专业的感觉。而且版面的左右重心也不平衡，我们现在来对图片进行一些调整。

❸ **绘制遮挡形状**：在插入形状面板中选择**任意形状**工具，以绘制一个三角形，使用这个形

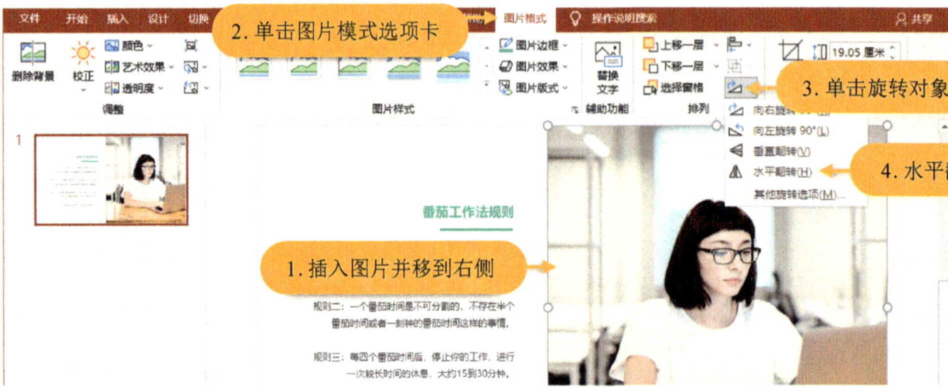

图 1-5-4　插入主题图片

状对图片进行一些遮挡。接着将形状的颜色设置为和幻灯片背景相同的白色,如图 1-5-5 所示。

图 1-5-5　绘制遮挡形状

由于形状颜色和背景相同,所以产生了图片被裁剪的视差效果,如图 1-5-6 所示。

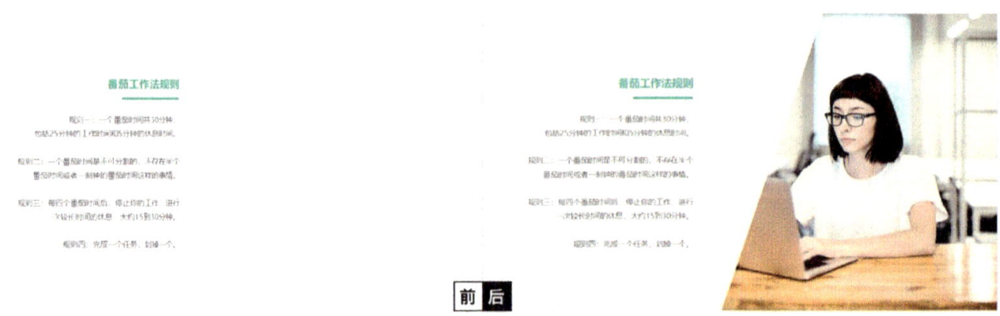

图 1-5-6　利用人物视线引导重点内容

1.5.3 提升设计感：在版面上添加半透明的色块

本节演示提升幻灯片设计感的第 3 个技巧，就是**在版面上添加半透明的色块**，活跃画面的气氛，提高 PPT 的设计品质。

❶ **绘制形状**：在插入形状面板时，选择**任意形状**工具绘制一个形状，如图 1-5-7 所示。

❷ **设置形状样式**：接着来设置形状的填充颜色。单击**其他填充颜色**命令，打开颜色设置窗口。在颜色拾取窗口中设置形状的颜色。将颜色的透明度设置为 10%。单击**确定**按钮，完成颜色的设置。

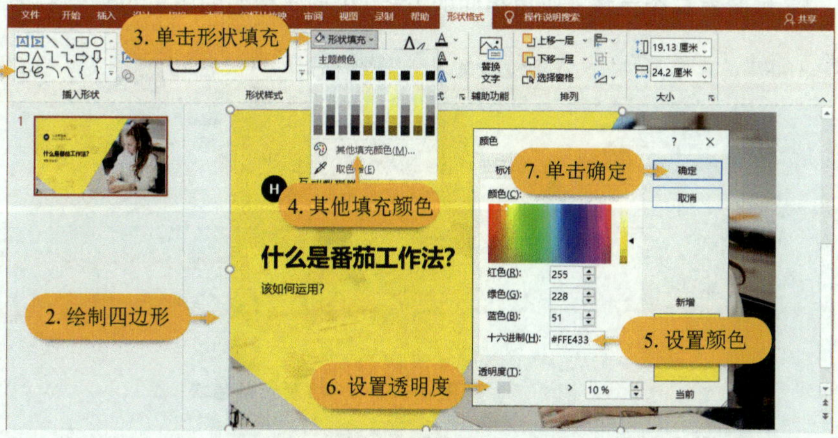

图 1-5-7　绘制形状

使用形状可以活跃画面的气氛，如果形状是半透明的，就可以显示出形状下方的图片内容，这样就可以获得更加漂亮的视觉效果！最终效果如图 1-5-8 所示。

图 1-5-8　在版面上添加半透明的色块

1.5.4 提升设计感:在标题文字的底部添加小色块

继续演示提升设计感的第 4 个技巧,这是增强 PPT 标题设计感的一种方式。单纯的文字标题难免显得单调,我们可以通过增加辅助元素,使它的形象变得更加丰富一点,比如**在文字底部添加小色块**。

❶ **绘制长条色块:** 首先在**视图比例**滑杆上单击,放大幻灯片的显示比例。在插入形状面板中选择**矩形**工具,在标题文字下方绘制一个矩形色块,如图 1-5-9 所示。

❷ **设置矩形颜色:** 色块的颜色最好来源于版面中的其他元素,这里选择黄色,是因为在配图中出现了黄色,同时黄色也可以更加突显绿色的标题文字。

❸ **绘制第二个色块:** 使用相同的方式,在英文标题的下方也绘制一个长条色块。

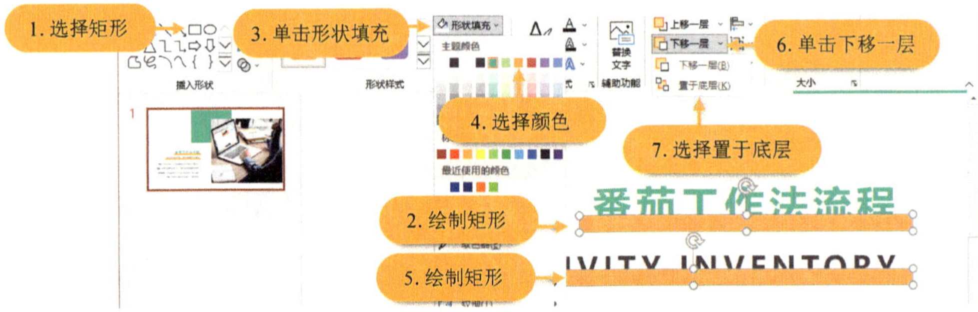

图 1-5-9 绘制长条色块

色块的高度要大,但要小于文字的高度。色块可在文字之上,也可在文字之下,从而产生标题一部分在色块内,一部分在色块外的对比效果。

❹ **置底色块:** 选择两个色块。通过**置于底层**命令,将它们移到文字的下方,如图 1-5-10 所示。

这样就创造出文字的一部分在色块内,一部分在色块外的对比效果,同时也使单纯的文字标题不再单调、乏味,变得更加有趣!

图 1-5-10 在标题文字底部添加小色块

1.5.5 提升设计感:将图片填充到若干个分离的图形

本节演示提升幻灯片设计感的第 5 个技巧:**将一张图片分割成若干个分离的版块**,其实就是将一张图片填充到若干个分离的图形中。

❶ **结合形状**:首先选择幻灯片中的这些矩形。选择**格式**选项卡,显示格式功能面板。在给图形填充图片之前,首先将所选形状结合成一个形状,如图 1-5-11 所示。

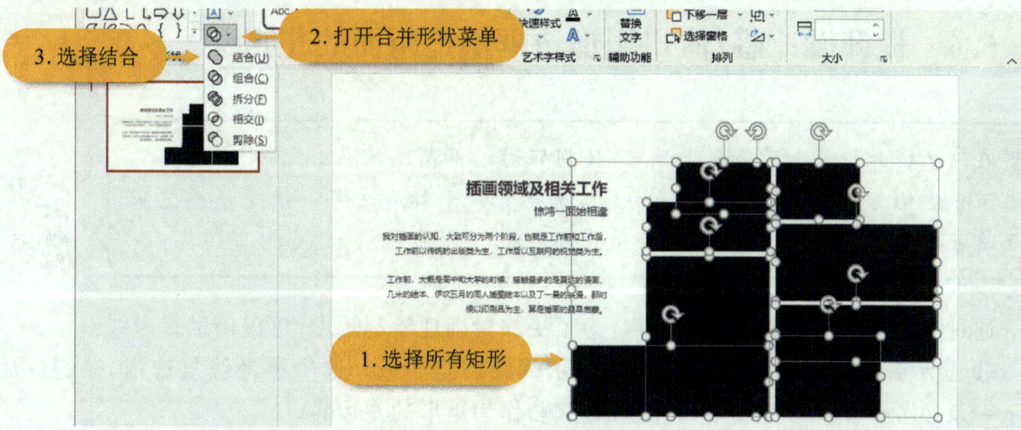

图 1-5-11 结合形状

❷ **填充图片**:接着将一张图片填充到这个结合后的形状中。单击**形状填充**下拉箭头,打开形状填充菜单。单击**图片**命令,选择一张图片来填充整个矩形,如图 1-5-12 所示。

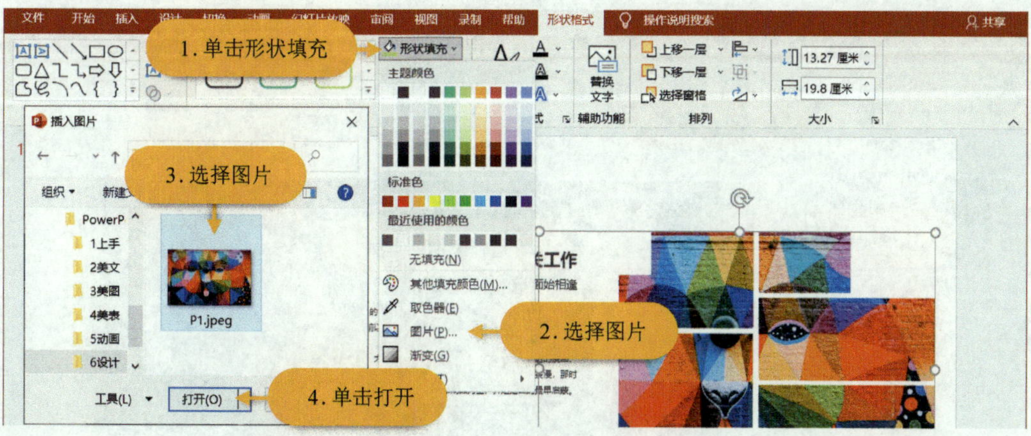

图 1-5-12 填充图片

和直接将图片插入到版面中相比,将图片添加到分离的图形中,可以增加配图的艺术性,使平淡无奇的版面变得更有创意,如图 1-5-13 所示。

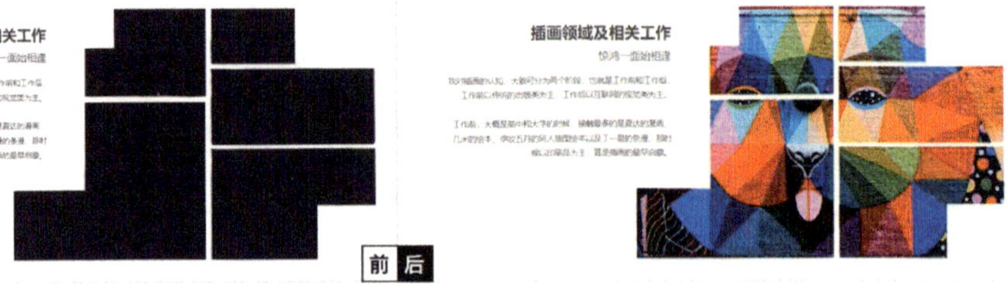

图 1-5-13　将图片填充到分离的图形

1.5.6　提升设计感:使用矩形边框塑造版面的焦点

现在演示提升设计感的第 6 个技巧:使用矩形边框塑造焦点。
本节示例幻灯片是很常见的一种版面:全屏背景+标题文字。但是总感觉版面有些不自然,这是因为版面缺少焦点的缘故。

通过矩形边框可以塑造这个焦点,为了更加精确地绘制矩形,可以借助参考线。

❶ **显示参考线**:打开**视图**选项卡,显示视图功能面板。选中**参考线**复选框,在幻灯片中显示一条参考线。将参考线移到标题的左侧,作为矩形的左边界。

❷ **增加参考线**:接着创建另一条垂直参考线,首先在参考线上单击鼠标右键。选择**添加垂直参考线**命令,生成一条新的垂直参考线。将参考线放在标题的右侧,作为矩形的右边界。使用相同的方式,创建另外两条水平参考线,并分别将它们放在标题的上方和下方,作为矩形的上边界和下边界,如图 1-5-14 所示。

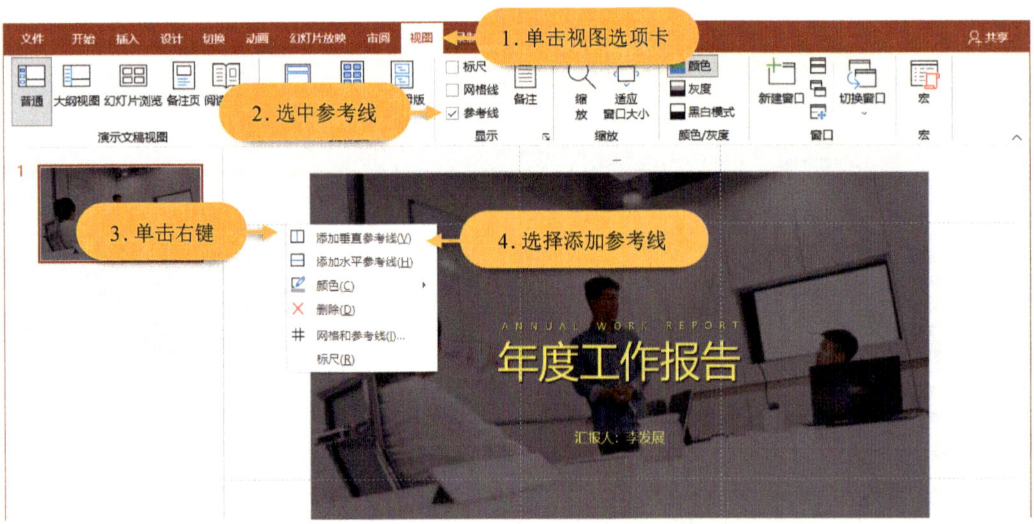

图 1-5-14　增加参考线

❸ **绘制矩形**：选择**矩形**工具，以参考线为界绘制一个矩形，如图 1-5-15 所示。

❹ **复制矩形**：使用键盘上的快捷键 **Ctrl+d**，复制刚刚绘制的矩形。缩小矩形的高度和矩形的宽度。根据智能辅助线的指引，将矩形移到第一个矩形的中心位置。

> 将一个对象与另一个对象对齐的快速方法，就是拖动第一个对象，直到它接近目标对齐方式。当对象到达正确的对齐方式时，会出现一条神奇的辅助线（智能辅助线），指示您找到了正确的对齐方式。此时松开鼠标，对象将对齐另一个对象。

❺ **剪除矩形**：我们需要从第一个矩形中剪去第二个矩形，首先选择第一个矩形。按下键盘上的 Shift 键。在按下该键的同时，单击此处以同时选择两个矩形。然后通过**剪除**命令，从第一个矩形中剪除第二个矩形。

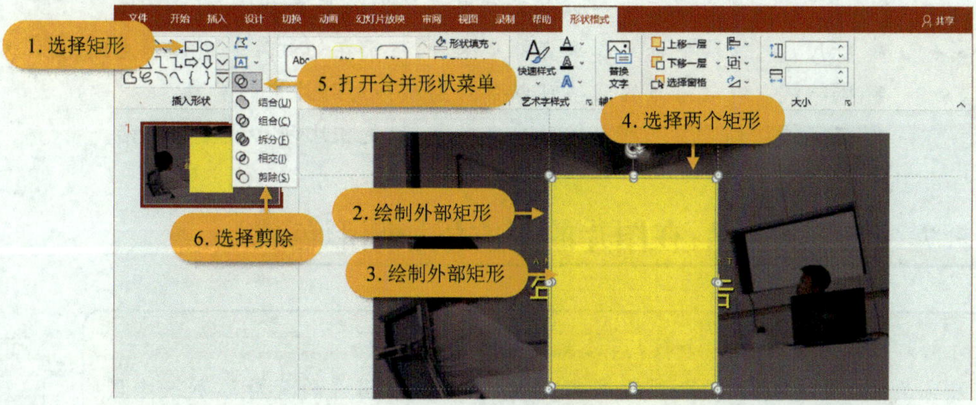

图 1-5-15　绘制矩形

由于矩形边框遮挡了部分文字，所以还需要剪除矩形边框中间的部分。

❻ **绘制矩形**：在插入形状面板中选择**矩形**工具。在矩形边框的上方绘制另一个矩形。

❼ **剪除矩形**：现在需要从矩形边框中剪去新的矩形，同时选择矩形边框和刚刚绘制的矩形。然后通过**剪除**命令，从矩形边框中剪除新的矩形，如图 1-5-16 所示。

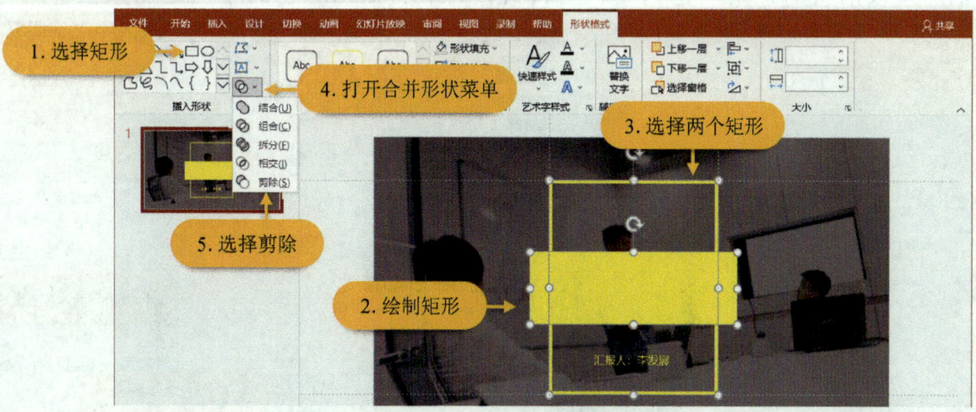

图 1-5-16　剪除矩形

使用矩形边框来塑造版面的焦点，使版面不再有空荡荡的感觉，如图 1-5-17 所示。

图 1-5-17 使用矩形边框塑造版面焦点

PowerPoint 提供了三个可以帮助您整齐绘图的屏幕功能：

- **标尺**：包括水平标尺和垂直标尺两种，位于在幻灯片的顶部和左侧。
- **网格线**：均匀分布的网格可以帮助您对齐幻灯片中的对象。
- **参考线**：参考线也可以辅助对齐对象，但是相比网格线更为灵活。

1.5.7 提升设计感：在图片的下方添加圆形色块

提升幻灯片设计感的第 7 个技巧：给图片添加圆形色块。
如果版面中的配图是没有背景的产品或人物，那么在图片的背后添加一个圆形的色块，可以创造出虚实对比、意想不到的效果！

❶ **绘制矩形**：在插入形状面板中选择**矩形**工具，然后在人物所在的位置绘制一个圆形，如图 1-5-18 所示。

❷ **渐变填充**：给圆形设置渐变填充。接着修改渐变的样式，首先打开设置形状格式窗格。然后修改渐变的开始颜色，在颜色数值输入框里，输入颜色的十六进制数值 # 34B29E。

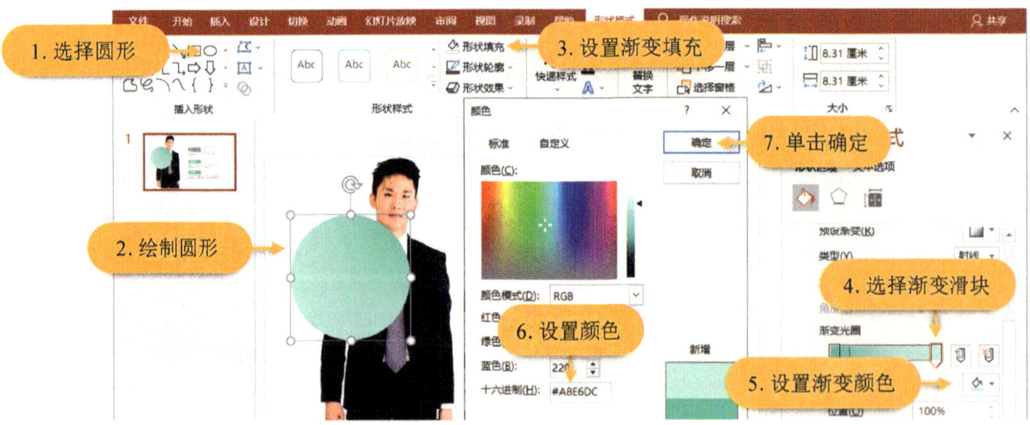

图 1-5-18 绘制矩形

接着删除渐变的中间色块。将渐变的结束颜色设置为较亮的青色,十六进制数值为#A8E6DC。

❸ **复制矩形**:使用键盘上的快捷键 **Ctrl+d**,将圆形复制一份。缩小第二个圆形。然后将圆形进行垂直翻转和水平翻转。将圆形向左下方移动一小段距离。

❹ **再次复制矩形**:使用键盘上的快捷键 **Ctrl+d**,将圆形再复制一份。将圆形移到版面的底部。

❺ **置底圆形**:接着将这三个矩形移到人物的背后,首先同时选择三个圆形。使用**下移一层**命令,将所选圆形移到人物的背后,如图 1-5-19 所示。

图 1-5-19 在图片的下方添加圆形色块

这个设计技巧的要点是:圆形放在图片的背后;圆形的直径至少要超出图片宽或高;图片与圆形需要错位排列;圆形的填充颜色最好来源于幻灯片中的其他对象。

1.5.8 提升设计感:使用飘带来装饰标题文字

大部分幻灯片页面都需要标题,所以提升幻灯片设计感的第 8 个技巧仍于标题有关:使用飘带来装饰标题文字。

❶ **绘制飘带**:打开**开始**选项卡,单击**形状**命令,在**星与旗帜**类型区域选择**飘带**形状。在标题文字的下方绘制一条飘带,如图 1-5-20 所示。

❷ **置底飘带**:打开**形状格式**选项卡,打开形状格式功能面板。使用**下移一层**命令,将飘带移到文字的下方。

❸ **调整飘带形状**:在右侧的黄色小圆点上按下并向左侧拖动,增加用来显示文字内容区域的宽度。在左侧的黄色小圆点上按下并向上拖动,可以增加飘带的高度,如图 1-5-21 所示。

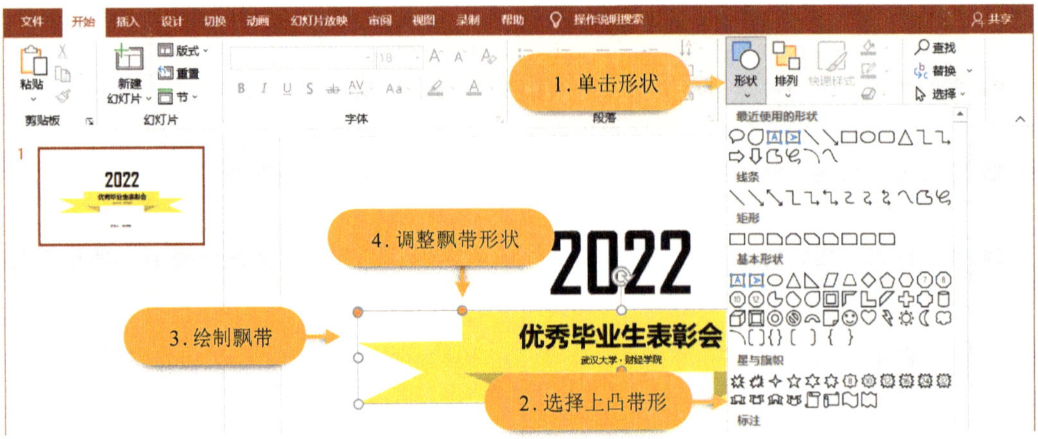

图 1-5-20 绘制飘带

图 1-5-21 使用飘带来装饰标题文字

飘带一般都是柔软的曲线，这与版面中的其他直线元素形成了鲜明的对比，加强了版面的灵活性。

您会发现很多包装上的产品名称、广告语等信息，都会摆放在一条飘带上。飘带有形式简单、有细节、变化丰富等特点，所以很适合用作装饰性元素。

1.5.9 图文相搭技巧：将文字嵌入到图像中

最后一个提升设计感的技巧，也是图文混排时的常用技巧：对于文字较少的图文混排，可以将文字嵌入到图像中。

❶ **图片变暗：**首先使用键盘上的快捷键 **Ctrl+c**，复制幻灯片中的背景图片，因为后面还要使用到这张图片。然后降低这张图片的亮度，单击**图片格式**选项卡，打开图片格式功能面板。单击**校正**命令，打开图片校正操作面板。在**亮度/对比度**预设面板中选择**亮度**－40%，**对比度** 0%选项，降低图片的亮度。

❷ **绘制文本框**:打开**开始**选项卡,单击**形状**命令,选择**文本框**工具以绘制一个文本框。然后在光标位置输入文字内容:BRAVE。

❸ **设置文字样式**:在**字号**输入框里输入 **317**,以增加文字的尺寸。单击**加粗**图标,使所选文字加粗显示。打开**格式**选项卡,显示格式功能面板。使用**水平居中**命令,将文本框位于版面的中心位置,如图 1-5-22 所示。

图 1-5-22　设置文字样式

❹ **粘贴图片**:使用键盘上的快捷键 **Ctrl+v**,粘贴之前复制的图像。拖动图像使其和变暗后的图像完全重叠。打开**图片格式**选项卡及图片格式功能面板。然后通过**下移一层**命令,将这张图片移到文字的下方。

❺ **相交运算**:现在来对所选图片和文字进行相交运算,只保留两者相交的图片部分。首先选择刚刚粘贴的原始图片。按下键盘上的 **Shift** 键。在按下该键的同时,选择文本框以同时选择图片和文本框。打开**格式**选项卡,显示格式功能面板。选择**相交**命令,获取两者相交的图片部分,如图 1-5-23 所示。

图 1-5-23　相交运算

接着您需要将文字放在悬崖的背后,这可以通过裁剪文字和悬崖相交的部分来实现。

❻ **绘制自定义形状:** 在插入形状面板中选择**任意形状**工具,然后沿着悬崖的边缘绘制一个自定义形状,该形状将和文字进行剪除运算,这样就可以产生文字位于悬崖背后的效果。打开**形状格式**选项卡,显示形状格式功能面板。然后将形状的填充颜色设置为蓝色。

❼ **剪除文字:** 现在对文字进行剪除操作,以剪除文字和形状重叠的部分。同时选择文本框和自定义形状。打开**形状格式**选项卡,显示形状格式功能面板。选择**剪除**命令,从文字中剪除和自定义形状相交的部分,只保留文字没有和形状重叠的区域,如图 1-5-24 所示。

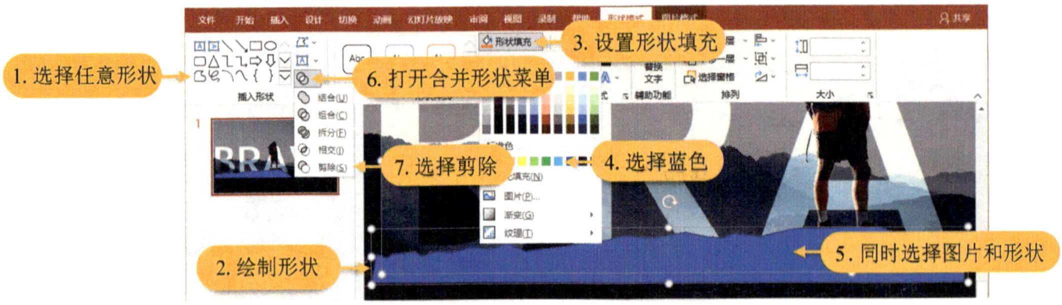

图 1-5-24 剪除文字

这样就产生了文字位于悬崖背面的效果,最终效果如图 1-5-25 所示。

图 1-5-25 将文字嵌入到图像中

1.6 将幻灯片中的文字视觉化

老师,我在演讲结束之后经常收到观众的反馈,有不少观众反映无法理解 PPT 中的一些文字的含义。可是我已经非常详细、非常努力地讲解 PPT 中的所有内容了,为什么还会出现这样的问题呢?

小王,我仔细看了这些 PPT,发现问题的根本原因是字多图少。如果仅用大段文字来表述,信息传递的有效性不强,也不容易被人理解和记忆。

老师的意思是说要尽量多在PPT中使用图片素材吗?

虽然一项权威调查发现,文字不超过版面1/4的PPT最受欢迎,但是也不表示版面其他3/4的区域都要用图片来填充。
不是简单地给文字配上图片,而是进一步处理信息,将信息之间的逻辑关系用一种更直观、更形象的方式呈现出来,从而帮助观众准确、有效地理解表达的内容。这种信息处理方式称为**文字视觉化**。

正因为有了这种形象化的信息处理方式,才使我们PPT的内容既能思想深刻,也会浅显易懂、直观明了。
接下来我们通过几个实用案例,学习文字的视觉化技术!

1.6.1 文字视觉化:使用图表来表达文字内容

对于可以使用图表表达的内容,就尽量不要使用文字。我们现在来把本节示例幻灯片中的文字转换为图表。

❶ **插入图表**:打开**插入**选项卡,显示插入功能面板。单击插入功能面板中的**图表**命令,打开插入图表窗口,根据文字的内容,您需要创建一个饼图,如图1-6-1所示。

❷ **设置图表数据**:当插入图表之后,会自动打开图表数据源编辑窗口。在窗口中输入图表的数据源。完成数据源的编辑之后,单击关闭图标,关闭数据源编辑窗口。

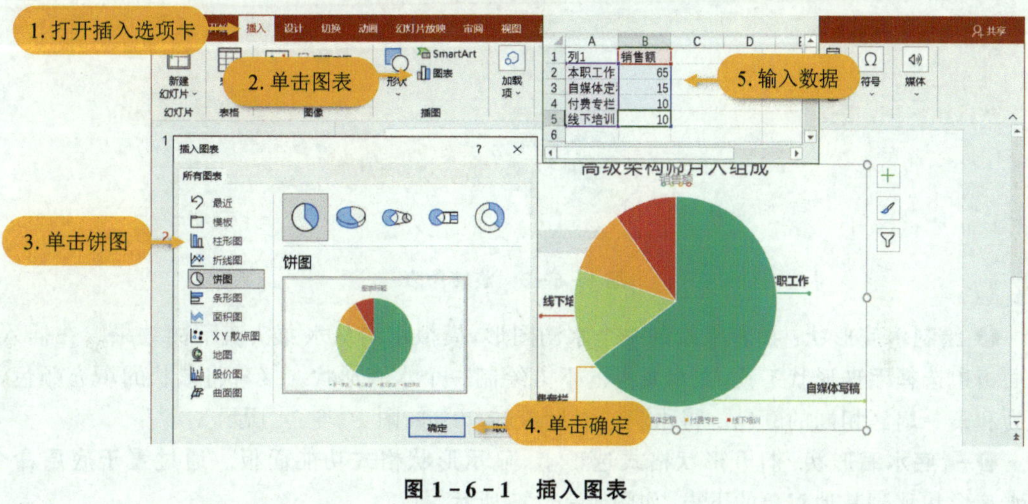

图1-6-1 插入图表

❸ **编辑图表**：单击图表右侧的**图表元素**图标。取消选中**图表标题**左侧的复选框，隐藏图表上的标题。取消选中**图例**左侧的复选框，隐藏图表上的图例。接着通过**添加图表元素**命令，给图表添加数据标签，如图 1-6-2 所示。

❹ **设置数据标签格式**：选中**百分比**复选框，在数据标签中显示百分比。选中**居中**单选框，将数据标签放在扇区的中心位置。

❺ **修改数据标签颜色**：接着修改数据标签中的文字颜色，打开**开始**选项卡，显示开始功能面板。将数据标签中的文字的颜色设置为**白色**。

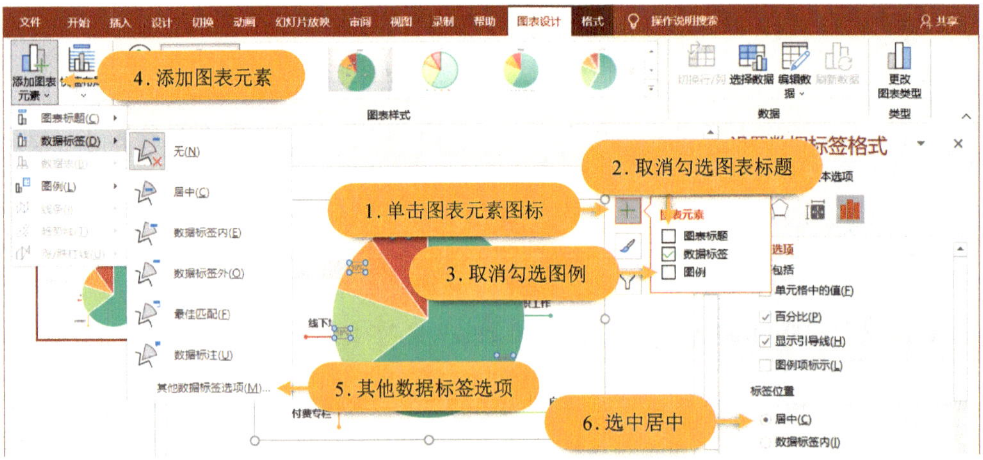

图 1-6-2　编辑图表

❻ **移动图表**：缩小图表的尺寸。将图表移到水龙头的下方。

❼ **旋转图表**：接着来旋转饼图的扇区，使绿色扇区位于水龙头的正下方。单击图表右侧的**编辑**图标，以打开设置图表区格式窗格。然后将图表选项切换为**系列选项**。单击右侧的图表，显示系列选项设置面板。设置第一扇区的起始角度为 306°，如图 1-6-3 所示。

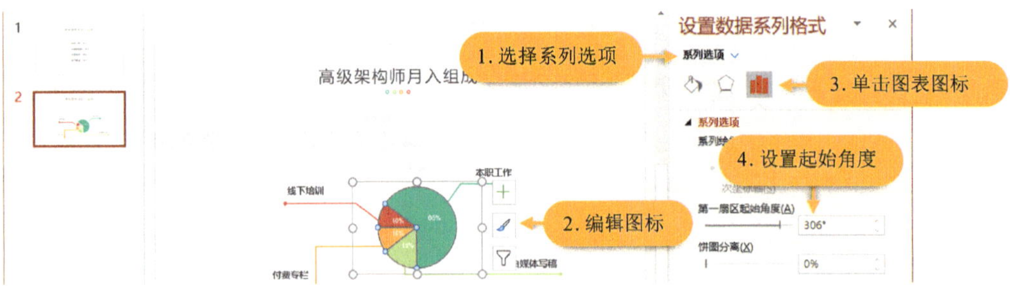

图 1-6-3　旋转图表

❽ **绘制水滴形状**：接着来绘制一个水滴图形，模拟水滴从水龙头流下的效果。在插入形状面板中选择**泪珠形状**工具，在水龙头的下方绘制一个水滴形状。接着将形状的填充颜色，设置为和第一扇区相同的颜色。将水滴逆时针旋转 90°，如图 1-6-4 所示。

❾ **置底水滴形状**：打开**形状格式**选项卡，显示形状格式功能面板。通过**置于底层**命令，使水滴形状移到其他对象的下方，如图 1-6-5 所示。

这样就使用漂亮、直观、形象的图表，代替了原来的乏味的文字内容。

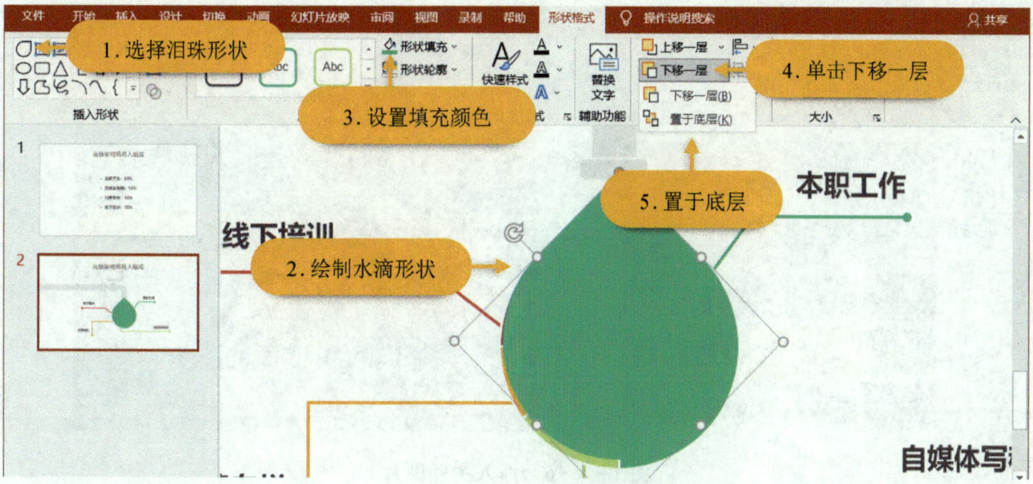

图 1-6-4　绘制水滴形状

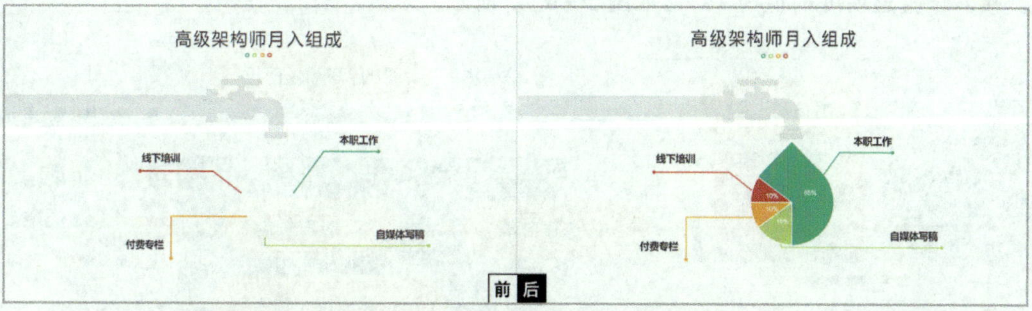

图 1-6-5　使用图表形状表达文字内容

1.6.2　文字视觉化:使用图片来诠释文字的含义

宋代史学家、校雠学家郑樵曾说:“吾谓古人以图书并称,凡有书必有图。若欲成天下之事业,未有无图谱而可行于世者”。
郑樵特别强调图谱对于经世致用的意义,以图析文的功用可见一斑。本节就来演示如何使用图片诠释文字的含义。

❶ **插入主题图片**:打开**插入**选项卡,显示插入功能面板。单击**图片**命令,打开图片来源列表。选择**此设备**命令,往幻灯片中插入,如图 1-6-6 所示。

❷ **降低图片亮度**:由于图片是作为背景使用的,所以需要降低图片的亮度。通过**下移一层**命令,将图片移到其他内容的下方。

接着来选择这个矩形,并修改它的景颜色。当您没有太大把握去设置颜色时,一个有用的技巧就是吸取周围的颜色,作为形状的填充颜色。

❸ **修改矩形背景颜色**:单击**形状填充**下拉箭头,打开形状填充菜单。选择**取色器**命令,

图 1-6-6 插入主题图片

以吸取图片上的颜色。在图片上单击,以吸取人物背后的颜色,这样就完成了矩形颜色的设置。接着设置透明度的值为15%,如图1-6-7所示。

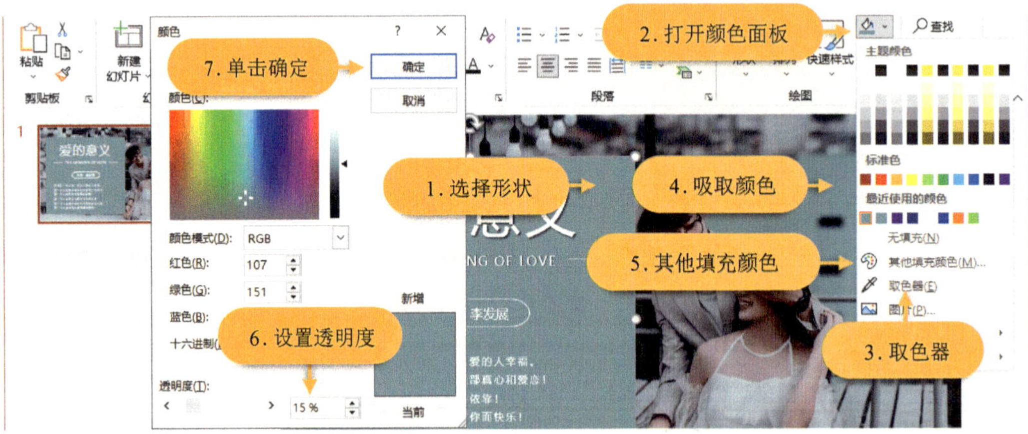

图 1-6-7 修改矩形颜色

爱的意义是抽象的,虽然我们在版面上添加了很多的文字来解释爱的意义,但是终究有点隔靴搔痒的感觉。而在使用图片之后,一切变得简单明了了,如图1-6-8所示。

图 1-6-8 使用图片来诠释文字的含义

1.6.3 文字视觉化:使用道路来表达具体的步骤

当幻灯片的内容和步骤有关时,可以考虑使用道路来形象表达具体的步骤。本节示例幻灯片的主题是入门交互设计的 4 个步骤,所以现在来绘制一条道路。

❶ **绘制道路形状**:在插入形状面板中选择**任意形状**工具。绘制一条从幻灯片的左上角出发,到幻灯片右下角结束的四边形。将它的填充颜色设置为浅灰色,如图 1-6-9 所示。

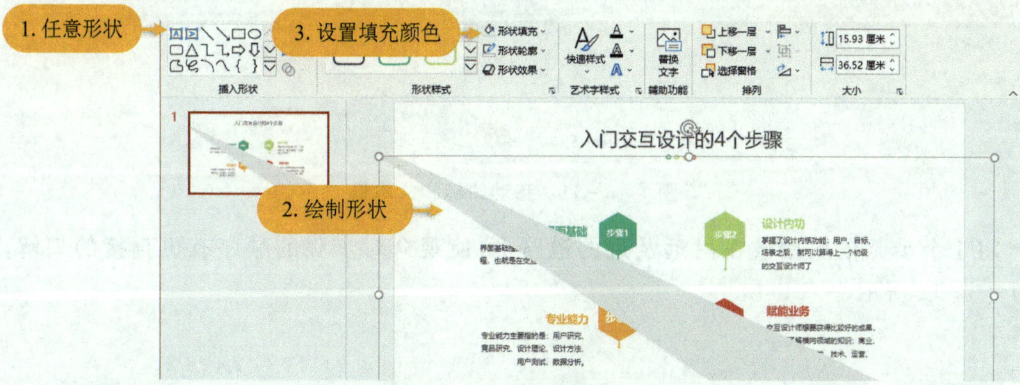

图 1-6-9 绘制道路形状

❷ **绘制道路标线**:在插入形状面板中选择**线条**工具,在道路最上边的中心位置单击,作为直线的起点。在道路最下边的中心位置单击,作为直线的终点,如图 1-6-10 所示。

❸ **设置标线样式**:然后将直线的颜色修改为**白色**。将直线的宽度设置为 2.25 磅,以增加直线的粗细程度。接着将直线的线条样式修改为**虚线**。

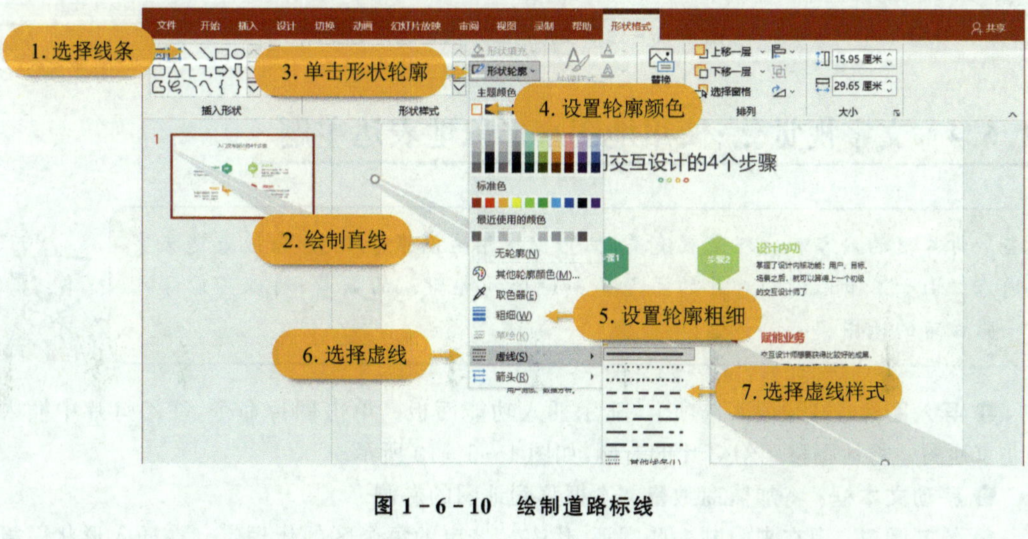

图 1-6-10 绘制道路标线

❹ **置底道路形状：** 同时选择道路形状和作为标线的虚线。然后通过**置于底层**命令，将所选对象移到其他对象的下方。

❺ **移动路标和文本框：** 将路标形状移到道路的中心位置。将文本框移到对应路标的旁边，如图 1－6－11 所示。

图 1－6－11　移动路标和文本框

将 4 个步骤依次摆放在由远及近的道路上，使观众对步骤的顺序有更直接的理解，如图 1－6－12 所示。

图 1－6－12　使用道路来表达具体的步骤

1.6.4　文字视觉化：使用地图来形象地表达主题

当幻灯片里的内容和地理位置有关时，可以使用地图来直观、形象地表达文字内容。由于本节示例幻灯片的主题是某地区的加盟商的数量，所以可以导入一张该市的地图。

❶ **导入图片：** 打开**插入**选项卡，显示插入功能面板。单击**图片**命令，往幻灯片中插入一张北京地图。将地图移到幻灯片的右侧，如图 1－6－13 所示。

❷ **移动文本框：** 将**加盟商数量**文本框移到地图的左侧。

❸ **绘制圆形：** 现在来绘制一些圆形，代表××市的每个区的代理点。在插入形状面板中

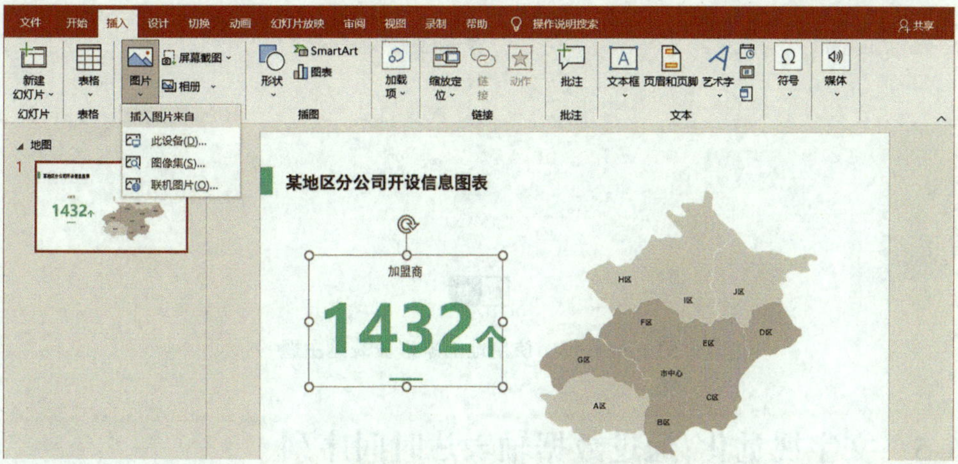

图 1-6-13 导入图片

选择**椭圆**工具,在××市某一个区域绘制一个小圆。

❹ **复制圆形**:接着使用复制的方式,创建其他区域的圆形。首先按下键盘上的 **Ctrl** 键。在按下该键的同时,向其他区域拖动以复制该对象。使用相同的方式,创建其他的圆形。

❺ **绘制连接线**:接着来绘制一些连线,将其他地区的代理点与××市的代理点连接起来。在某区和××市之间绘制一条连接线。将线条的宽度设置为 **1** 磅,以增加线条的粗细程度。使用相同的方式,绘制其他区到××市的连线,如图 1-6-14 所示。

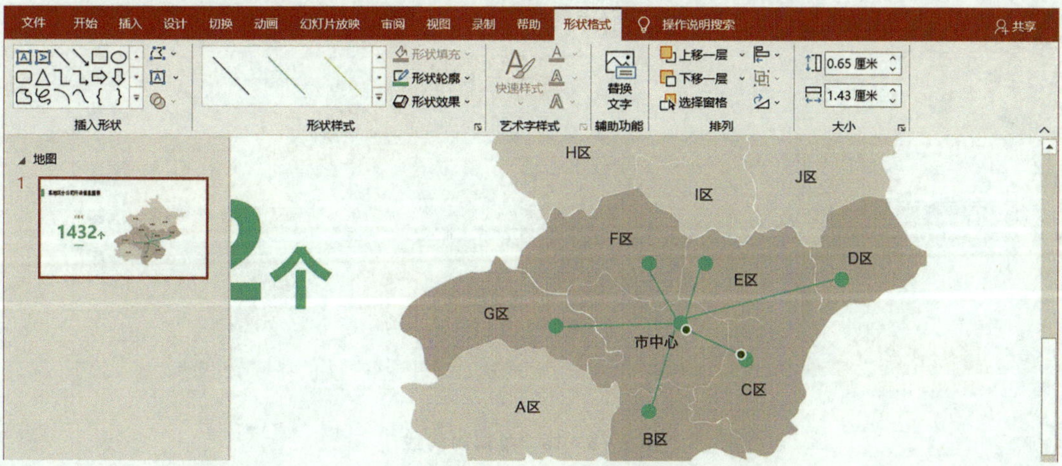

图 1-6-14 绘制连接线

使用地图来形象地表达某地区的数据,不仅可以让版面更加美观,还可以给观众留下认真、专业、负责、数据可信的好印象,如图 1-6-15 所示。

图 1-6-15　使用地图来形象表达主题

1.6.5　文字视觉化:通过数据轴表达时间序列

如果幻灯片的主要内容是时间序列时,可以通过数据轴来形象地表达这些文字内容。

❶ **绘制时间线**:打开**开始**选项卡,单击**形状**命令,选择**线条工具**,在幻灯片的左侧按下并向右侧拖动,以绘制一条直线,作为时间线。接着将直线的轮廓颜色设置为灰色,如图 1-6-16 所示。

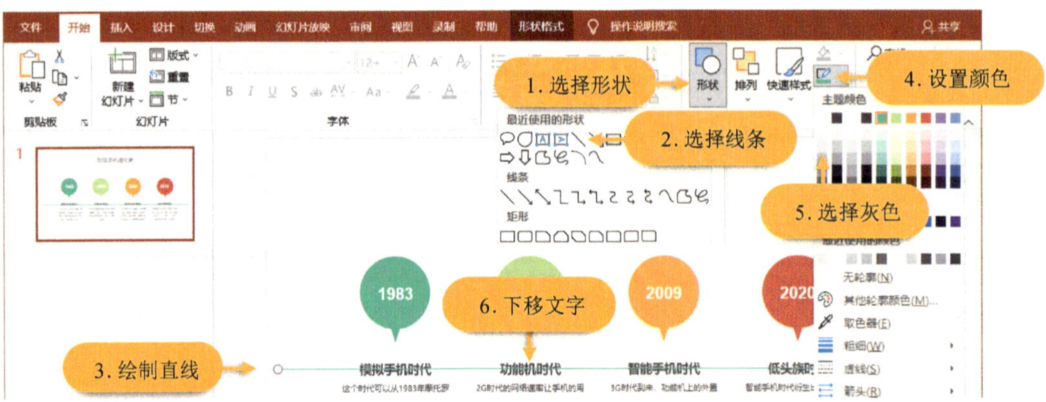

图 1-6-16　绘制时间线

❷ **下移文本框**:选择四个文本框。使用键盘上的向下箭头,将所选对象向下移到时间线的下方。

❸ **绘制时间刻度**:接着在时间轴上绘制一些小圆形,作为时间轴上的刻度。打开**开始**选项卡,单击**形状**命令,选择**椭圆工具**以绘制一个圆形,如图 1-6-17 所示。

❹ **复制圆形**:接着以复制的方式,创建其他的圆形。首先按下键盘上的 **Ctrl** 键。在按下该键的同时,向右侧拖动以复制该对象。将圆形的颜色,修改为和上方图形相同的颜色。使用相同的方式,复制另外两个圆形,并修改它们的颜色。

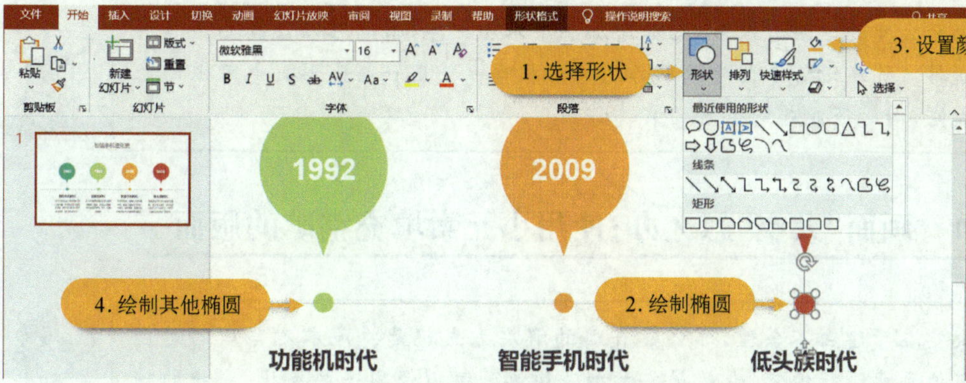

图 1-6-17　绘制时间刻度

这样就完成了时间线的绘制,最终效果如图 1-6-18 所示。

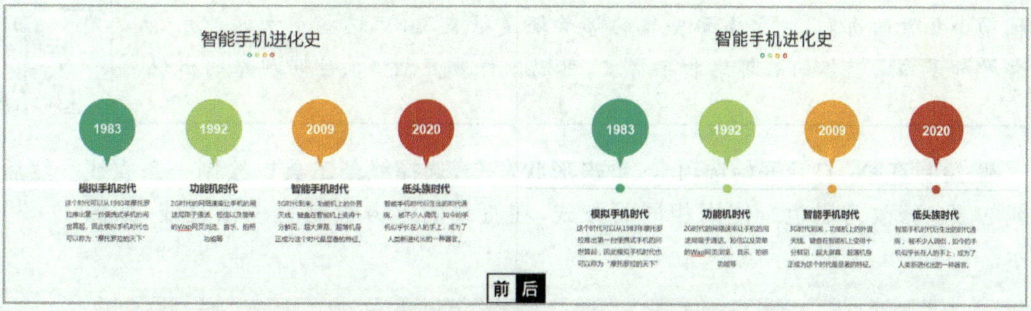

图 1-6-18　通过数据轴表达时间序列

1.7　解决幻灯片画面太空的问题

老师,我经常使用留白这项设计技巧,因为我知道留白是中国艺术创作中常用的一种手法,是为使画面更为协调而有意留下相应空白,保留想象的空间。可是领导和客户总是反映我的幻灯片太空了☹。

一个画面如果感觉很空,一定是留白不合理导致的。留白目的是:留出喘息空间、留出视觉中心、提升画面逼格,也就是大家常说的大气。留白不是随意减少视觉元素,不能将画面太空归咎于留白。

明白了,老师,那么该如何操作才能既保持留白效果,又不会让画面感觉太空呢?

解决画面太空的方法有很多，比如增加一个水印文字，瞬间可以让画面聚焦并产生逼格。你还记得专门起辅助作用的形状吗？使用一些小形状也可以避免画面太空，同时还能起到很好的装饰作用。

1.7.1　画面“太空”怎么办：使用小元素填充空旷的版面

画面太空在于留白不合理，那么最直观的解决方式就是将原本不合理的留白通过其他元素进行填充，也就是要做加法运算。可以使用一些点状、线状的辅助小元素，来填充空旷的区域。

辅助小元素的有无，对于画面整体的影响还是很直观的，这些元素的使用，大大增加了画面整体的装饰感和丰富度，可以很好地避免画面空旷现象的出现。

❶ **绘制直线**：打开**开始**选项卡，单击**形状**命令，选择**线条工具**以绘制一条直线。然后将直线的颜色修改为黑色。使用相同的方式，在直线的下方绘制另一条直线，如图 1－7－1 所示。

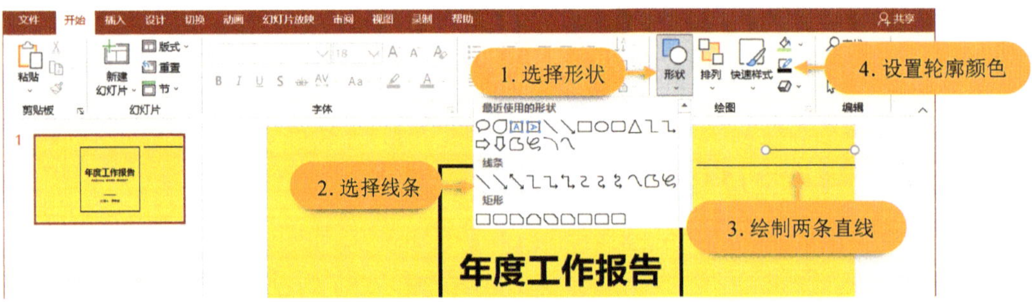

图 1－7－1　绘制直线

❷ **复制直线**：接着以复制的方式，创建其他的线条，首先选择刚刚绘制的两条直线。使用键盘上的快捷键 **Ctrl＋d**，复制所选的对象。然后使用组合快捷键 **Ctrl＋g**，将两个对象组合成一个对象，如图 1－7－2 所示。

❸ **翻转直线**：打开**形状格式**选项卡，显示形状格式功能面板。单击**排列**命令组中的**旋转对象**命令，打开旋转命令菜单。使用**水平翻转**命令，将对象进行水平翻转。继续使用**垂直翻转**命令，将对象进行垂直翻转。将对象移到幻灯片的左下角。

接着在标题文字的上方绘制其他的小元素。

❹ **绘制十字形**：在插入形状面板中选择**十字形**工具，在矩形边框左上角绘制一个十字图形。拖动十字形上方的小黄点上，缩小线条的粗细程度，如图 1－7－3 所示。

❺ **复制十字形**：使用键盘上的快捷键 **Ctrl＋d**，复制一份十字形。将十字形移到幻灯片的

图 1-7-2　复制直线

右下角。然后将十字形缩小一些,以和左上角的十字形形成一定的差异,从而让画面更有层次感,如图 1-7-3 所示。

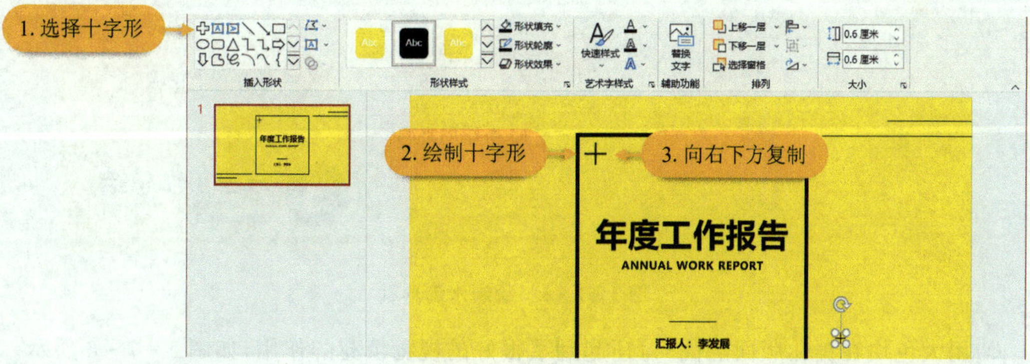

图 1-7-3　绘制十字形

需要注意一点:小元素一般都是以点状或者线状的形式存在的,体型不宜过大,要尽可能做到不影响画面主体,只作为辅助填充的元素存在,如图 1-7-4 所示。

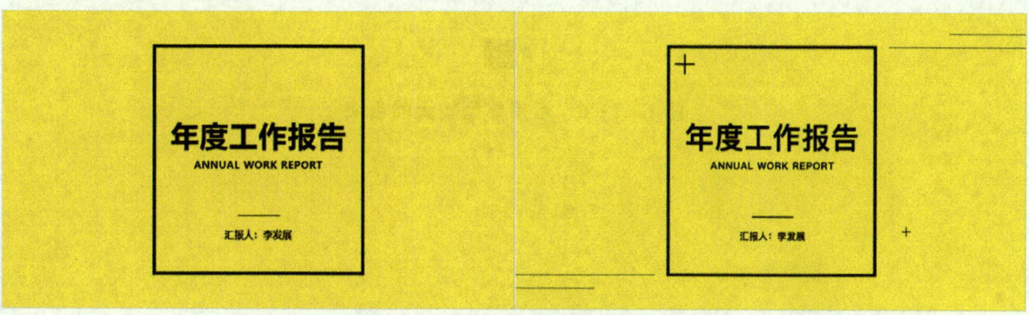

图 1-7-4　使用小元素填充空旷的版面

1.7.2　画面“太空”怎么办:运用体型较大的色块

当画面太过空旷时,除了使用小元素来装饰版面之外,还可以运用一些体型较大的色块,同时也可以起到一定的增加视觉变化的作用。

❶ **绘制水滴形状**:在插入形状面板中选择**泪珠形**工具,在幻灯片的右侧绘制一个大大的水滴图形,如图1-7-5所示。

❷ **编辑水滴样式**:将水滴形状的填充颜色设置为**黄色**。通过**置于底层**命令,将图形移到文字的下方。

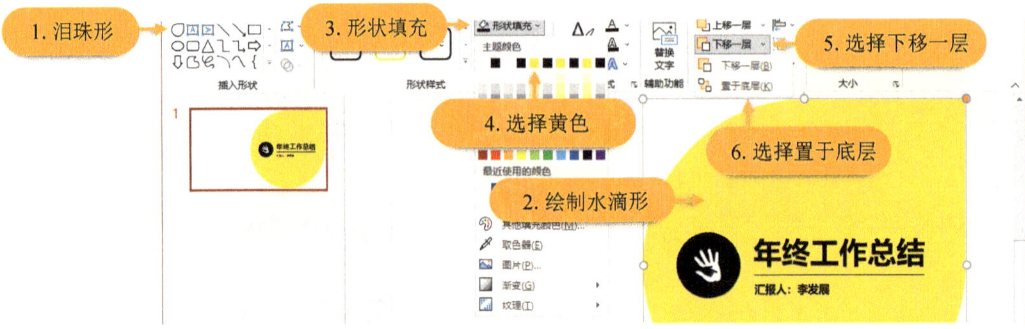

图1-7-5　绘制水滴形状

使用大色块在美化版面的同时,还起到了很好的视觉填充的作用,如图1-7-6所示。

图1-7-6　运用体型较大的色块

1.7.3　画面“太空”怎么办：通过投影来增加画面的层次感

导致画面过于空旷的直观原因，就是缺少层次的变化，版面过于单一和平面化，改变这一现状的方式就是增加视觉上的变化，让画面整体细节感更强。对于本节示例幻灯片来说，可以通过给图形绘制投影，来增加画面的层次感，同时也解决了画面过于空旷的问题。

❶ **绘制形状**：选择**任意形状**工具，绘制一个如图 1－7－7 所示的自定义形状。

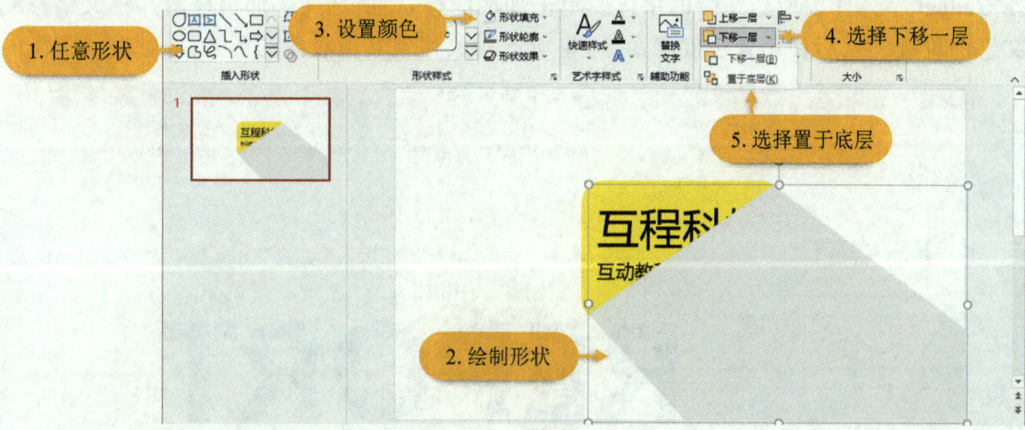

图 1－7－7　绘制形状

❷ **编辑形状**：将形状的填充颜色设置为灰色，以符合它作为投影的身份。然后通过置于底层命令，将形状移到其他对象的下方，如图 1－7－8 所示。

图 1－7－8　通过投影来增加画面层次感

投影在一定程度上既能增加细节感，又能起到填充空旷区域的作用，而且也增强了画面整体的视觉丰富度，但要注意不能太刻意地表现投影而导致抢了主体。

1.7.4 画面"太空"怎么办:使用水印文字填充留白区域

使用水印文字能够起到很好的填充留白的作用,同时也能很大程度上保留版面本身的品牌调性和风格。

❶ **创建文本框**:打开**开始**选项卡,单击**形状**命令,选择**文本框**工具以绘制一个文本框。然后在光标位置输入文字内容:**REPORT**,如图 1-7-9 所示。

❷ **设置文字样式**:在字号输入框里输入 220,以增加文字的尺寸。在打开的字体列表中,选择 **Gadugi** 字体作为所选文字的字体。单击**加粗**图标,使所选文字加粗显示。将文字移到标题文字的位置。然后使用**置于底层**命令,将所选对象移到其他对象的下方。

图 1-7-9 创建文本框

❸ **设置文字透明度**:打开**形状格式**选项卡,显示形状格式功能面板。现在来设置文字的颜色,首先打开**设置形状格式**窗格。单击**文本填充**左侧的箭头,显示文本填充设置面板。然后将文字的颜色设置为**浅黄色**。设置文字的透明度为 95%,如图 1-7-10 所示。

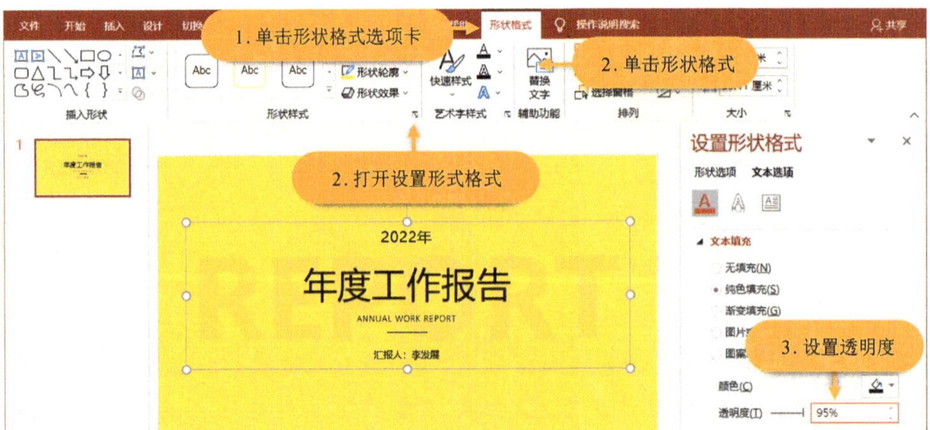

图 1-7-10 设置文字透明度

水印文字常用英文、数字或者书法等字体形式，而这类字体在放大后具有很强的装饰性和设计感，所以水印文字也间接地增强了画面整体的设计感，如图 1 - 7 - 11 所示。

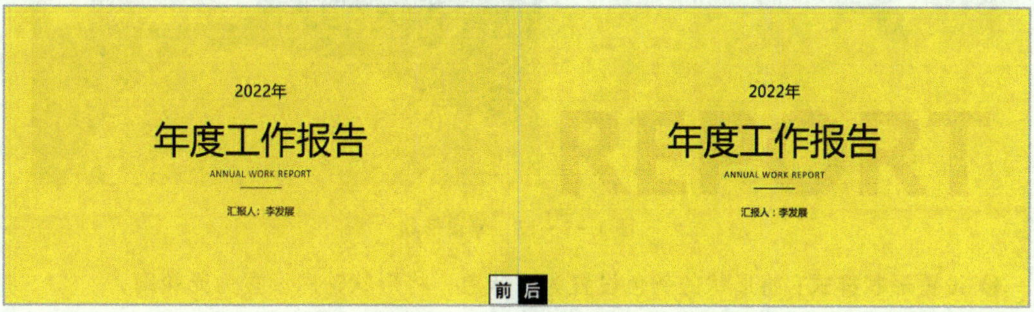

图 1 - 7 - 11　使用水印文字填充留白区域

1.7.5　画面“太空”怎么办：使用液态色块拼贴传达幻灯片的时尚感

通过一些液态色块也可以解决画布太空的问题，并且将这些液态色块进行相互叠加，还可以传达作品的时尚感。
液态色块可以使用曲线工具绘制。

❶ **绘制液态色块**：打开**开始**选项卡，单击**形状**命令，选择**曲线工具**。在此处幻灯片的左侧单击，作为曲线路径上的起点。在右侧单击添加曲线路径上的第二个点。继续添加曲线路径上的其他的点，直到完成曲线的绘制。最后在起始位置单击，完成形状的绘制，如图 1 - 7 - 12 所示。

图 1 - 7 - 12　绘制液态色块

这样就绘制了一个形如波浪的液态色块,如果线条不够平滑但可以编辑顶点。

❷ **编辑形状:**在此处单击鼠标右键,打开右键菜单。选择**编辑顶点**命令。在顶点两侧的方向线上按下并拖动,以平滑顶点两侧的曲线,如图 1-7-13 所示。

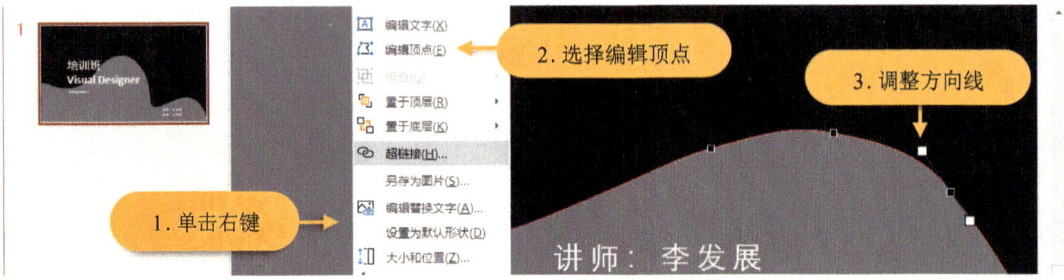

图 1-7-13 编辑形状

❸ **设置形状样式:**将形状的颜色设置为**深蓝色**。将形状轮廓设置为**无轮廓**。

❹ **绘制第二个液态色块:**再次选择**曲线**工具。在幻灯片的左上角单击,作为曲线路径的起点。在第一个顶点的右侧单击,添加曲线路径上的第二个点。继续添加曲线路径上的其他的点,直到完成曲线的绘制,如图 1-7-14 所示。

❺ **设置形状样式:**这样就绘制了第二个形如波浪的液态色块,接着将形状的填充颜色设置为明亮的**红色**。将形状的轮廓设置为**无轮廓**。

图 1-7-14 绘制第二个液态色块

❻ **绘制第三个液态色块:**使用相同的方式,在幻灯片的右侧绘制第三个形如波浪的液态色块,然后将它的填充颜色设置为橙色,如图 1-7-15 所示。

❼ **绘制背景色块:**在插入形状面板中选择**矩形**工具,在人名的位置绘制一个矩形。将矩形的颜色设置为深灰色。通过**下移一层**命令,将色块移到名称的下方,如图 1-7-16 所示。

❽ **置底液态色块:**接着将所有的液态色块移到文字内容的下方:选择三个液态色块,使用**下移一层**命令,将三个液态色块移到其他对象的下方。

具有流动感的色块,充满了自由洒脱的气场。通过使用对比度强烈的多彩配色,使这些色彩拼贴拥有了时尚的气质,从而营造出独树一帜的视觉体验,如图 1-7-17 所示。

图 1-7-15　绘制第三个液态色块

图 1-7-16　绘制背景色块

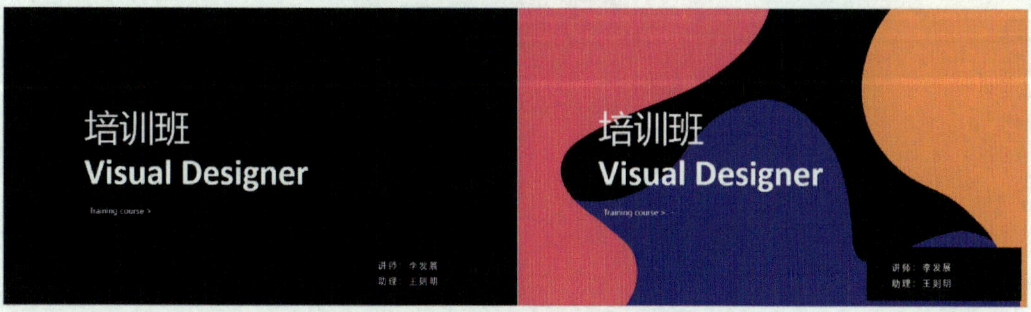

图 1-7-17　使用液态色块传达时尚感

第 2 章

排版：拿来即用的排版技巧

您将在本章收获以下知识：

❶ 排版的四项基本原则

❷ 分割式布局：横向居中、纵向居中、倾斜式

❸ 线条辅助排版：使用线条分隔、关联元素、装饰版面

❹ 单图排版技巧、双图排版技巧、三图排版技巧

❺ 四图排版技巧、五图排版技巧、多图排版技巧

……

2.1 排版的四项基本原则

老师,我做 PPT 喜欢遵从先内容后形式的原则。总是先把要表达的内容以文字的形式写在幻灯片上,最后再对这些内容进行修饰和排版。可是当准备排版时,往往一头雾水,不知从哪着手好☹。

包治百病的药虽然没有,但是解决各种排版问题的妙方却是有的!《写给大家看的设计书》出自设计师 Robin Williams 之手。复杂的设计排版原理在书中凝练为亲密性、对齐、重复和对比四个基本原则。

这四大原则可以说是排版设计中的黄金法则,不论多么复杂的界面,用这几个原则都能轻松搞定。小王,下面将通过实例的方式,为你一一剖析这四个原则在 PPT 排版中的灵活应用!

PPT 排版的四项基本原则:

- **对齐性(Alignment)**:PPT 上的每个对象都要有视觉上的联系。
- **亲密性(Proximity)**:相近的元素以视觉单元的形式出现。
- **重复性(Repetition)**:视觉元素要重复出现。
- **对比性(Contrast)**:避免页面上的元素太过相似。

这四种设计原则并不是孤立存在的,而是有机结合在一起的。在含有大量元素的设计中,还需要配合版面本身的特性。

2.1.1 排版的四项基本原则:对齐性原则

对齐原则是指任何元素都不能在页面上随意摆放,任何元素都应该与页面上的其他元素存在某种视觉关系。
常用的对齐方式有:左对齐、右对齐、居中对齐。

本节示例幻灯片中的所有对象是随意摆放的,如图 2-1-1 所示。现在来通过对齐原则,使幻灯片中的各个对象相互对齐。

❶ **对齐两个矩形**:移动左侧大边框,将它和右侧白底矩形在水平方向上居中对齐。

❷ **对齐绿色边框中的文字内容**:将光标放在**第一销售部**的左侧。按下键盘上的退格键,删除光标左侧的空格。这样就将文本框中的文字左对齐了。

❸ **对齐右侧文字**:接着来对齐右侧文本框中的文字,当前的文字对齐方式是居中对齐。居中对齐是一种安全的对齐方式,感觉上很舒服,但是安全也就意味着中规中矩,略显乏味。因此单击**文字居左**图标,将文字改为居左对齐。

左、右对齐会让文本框出现一条隐形的硬的竖边,使得文本看起来外观更加清晰、效果更加分明。

❹ **对齐文字和上方线条**:选择右侧所有文本框。向左侧拖动文本框,使所选文本框与上方的绿色长条保持左对齐。

要让页面上的所有元素看上去有联系,而且彼此相关,需要在各个独立的视觉元素之间存在某种视觉纽带。对齐的根本目的,就是使得页面统一而且有条理!

图 2-1-1　形状和文字的对齐示例

无论元素放在哪里,应当总能在版面上找出与之对齐的元素,尽管这两个元素的物理位置可能相距很远。

2.1.2　排版的四项基本原则:亲密性原则

亲密性是将相关的元素组织在一起,使它们的位置更加靠近,从而被看作一个视觉单元,而不是多个孤立的元素。

❶ **文字内容保持"亲密"**:首先将幻灯片的主要文字内容聚焦在一起,将位于底部的文本框向上移动,以与上方的标题文本框放在一起。选择中间的图表和图标等元素。向下方拖动所选对象,以避免遮挡文本框里的内容,同时使它们和文字内容保持一定的距离,如图 2-1-2 所示。

❷ **移动三个图标**:接着将右侧的三个图标,从垂直排列改为水平排列,如图 2-1-3 所示。

❸ **增加图表宽度**:根据上一节讲述的对齐原则,需要增加下方的四个图表的宽度,以与上方的内容保持左端对齐和右端对齐,如图 2-1-4 所示。

图 2－1－2　上移底部文字

图 2－1－3　移动三个图标

图 2－1－4　增加图表宽度

❹ **移动数据标签：**接着将用于显示百分比的四个数据标签文本框移到右侧，使数据标签和图表保持右对齐，如图 2－1－5 所示。

图 2－1－5　移动数据标签

❺ **居中三个图标：**选择三个图标。使用快捷键 **Ctrl＋g**，将所选对象组合成一个对象。向右侧拖动，将图标和上下两端的内容保持垂直居中对齐。

这样就分别将两个文本框,三个图标与四个小图表分别组织在一起了。将类似的元素组织成一个单元,使得页面变得更有条理,观众更清楚视线的移动轨迹,如图 2-1-6 所示。

图 2-1-6　居中三个图标

仔细观察您的版面,根据眼睛停顿的次数来统计页面上有多少组元素。如果页面上的独立项目超过 4~5 个,就要看看哪些孤立的元素可以归在一组,建立更近的亲密性,使之成为一个视觉单元。

2.1.3　排版的四项基本原则:重复性原则

重复性是指幻灯片中的某些元素,需要在整个演示文稿中重复。无意中使用过重复的元素,可能是一种粗字体、某一个项目符号、颜色、某种格式等,这些都是重复的例子。要把这种无意变为有意,利用重复原则,将整个演示文稿在视觉上变为一体。

根据重复性原则,您需要在文稿的三张幻灯片中,同时使用蓝色矩形和白色边框。

❶ **复制矩形**:首先同时选择蓝色矩形和白色边框。使用键盘上的快捷键 **Ctrl+c**,复制所选的内容,如图 2-1-7 所示。

图 2-1-7　复制矩形

❷ **粘贴矩形**：打开第二张幻灯片。使用快捷键 **Ctrl+v**，粘贴复制的内容。

❸ **编辑矩形**：缩小两个矩形的宽度。单击**排列**命令，打开排列命令菜单。选择**下移一层**命令，将白色边框和蓝色矩形移到文字的下方，作为目录标题的背景，如图 2-1-8 所示。

图 2-1-8　作为目录背景

❹ **粘贴矩形**：打开第三张幻灯片。使用快捷键 **Ctrl+v** 粘贴之前复制的内容。

❺ **编辑矩形**：将矩形移到标题编号的位置。缩小矩形，让两个矩形作为标题编号的背景，如图 2-1-9 所示。使用**下移一层**命令，将所选对象移到文字的下方。

重复的目的就是统一整个演示文稿的风格，并增强幻灯片的视觉效果。也要注意避免太多重复一个元素，以免让人产生厌倦感。

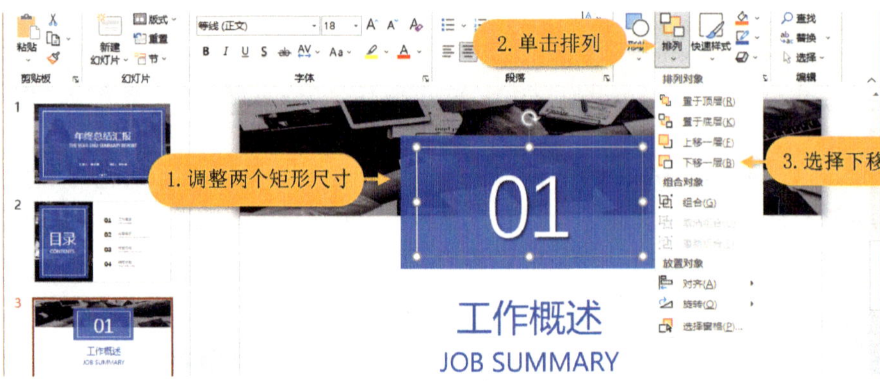

图 2-1-9　作为标题背景

重复有助于组织信息，有利于将设计中单独的部分统一起来。重复还会为你的作品带来一种专业性和权威性，重复元素显然是一种经过深思熟虑的设计策略！

2.1.4　排版的四项原则：对比性原则之大小的对比

对比是给 PPT 增强视觉效果的最有效途径，也是在不同元素之间建立层次结构的最有效办法。本节幻灯片主题是人体的主要成分，为了突显各成分的比例，可以使图形的尺寸产生对比关系。

❶ **缩小右下角形状**：当形状缩小之后，还需要缩小文字的尺寸。在字号输入框里输入 14，以缩小文字的尺寸，如图 2－1－10 所示。

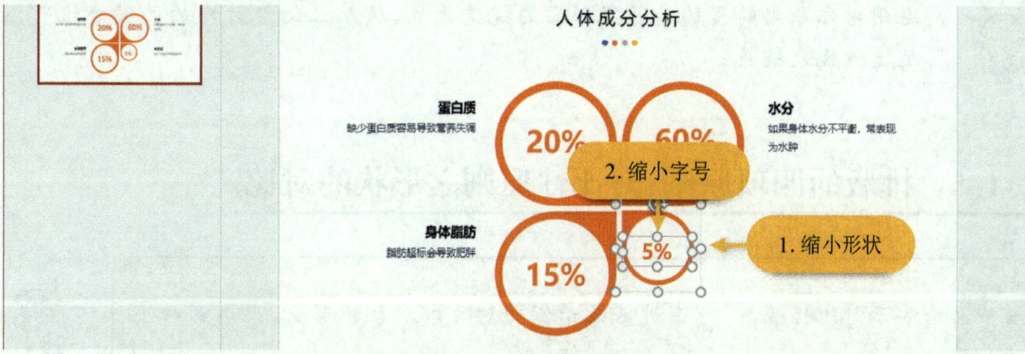

图 2－1－10　缩小右下形状

❷ **缩小左下角形状**：接着选择并缩小位于左下角的形状。然后选择形状中心位置上的文本框。在字号输入框里输入 36，以缩小文字的尺寸。

❸ **放大右上角形状**：选择并放大位于右上角的形状，调整情况如图 2－1－11 所示。

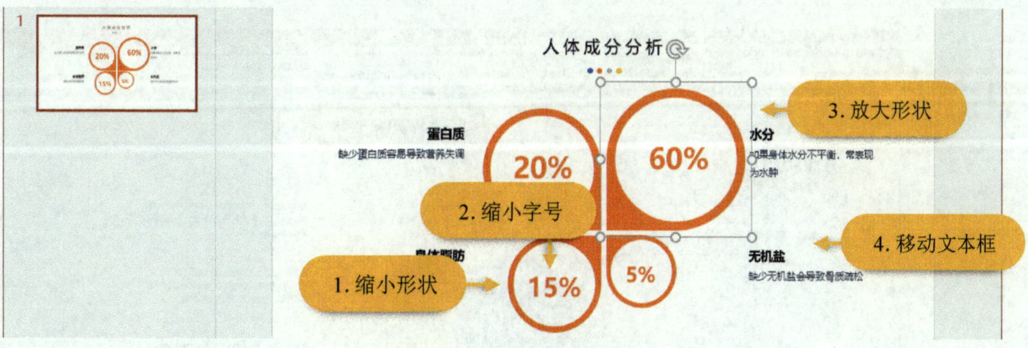

图 2－1－11　调整另外两个

❹ **移动文本框**：由于形状尺寸的调整，形状和对应的文本框的距离发生了变化，根据亲密性原则，调整文本框的位置，使文本框靠近相应的形状。

对比原则有两个好处，它既可以增强页面的视觉效果，还可以组织页面的信息。不过想要运用对比原则，就应加大对比的力度，而不能畏首畏尾，如图 2－1－12 所示。

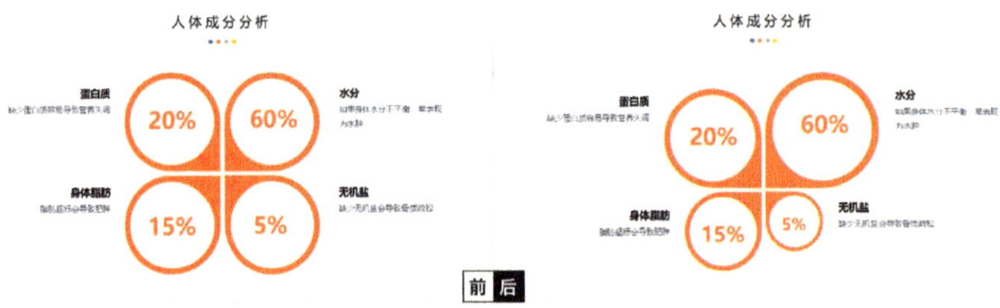

图 2-1-12　大小的对比

运用对比原则的目的是凸显版面的视觉焦点，从而让幻灯片中的关键资讯可以迅速被观众捕获。

2.1.5　排版的四项原则：对比性原则之形状的对比

本节继续演示对比性原则，可通过修改示例幻灯片中对象的形状，来达到对比的效果。

❶ **选择四个圆形**：首先选择需要修改形状的四个较小的圆形。

❷ **更改形状**：打开**格式**选项卡，显示格式功能面板。单击**更改形状**命令，打开系统预设形状列表。在基本形状列表中，选择**六边形**，如图 2-1-13 所示。

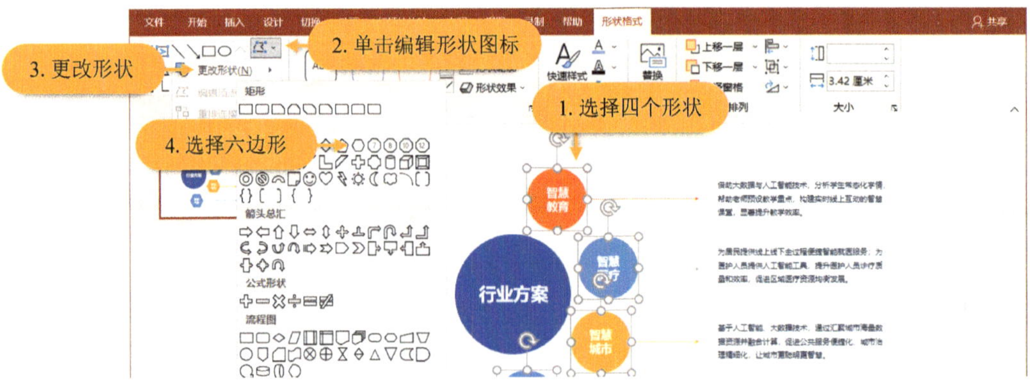

图 2-1-13　更改形状

通过形状的对比，使行业方案的层级关系更加分明，如图 2-1-14 所示。

图 2-1-14　形状的对比

2.1.6　排版的四项原则：对比性原则之数量的对比

数量的对比也是对比原则的体现。本节继续演示对比性原则，通过增加元素的数量，可以产生对比的效果。

❶ **选择形状**：首先选择需要操作的人形对象，如图 2-1-15 所示。

❷ **复制形状**：接着以复制的方式，创建其他的对象。按下键盘上的 **Ctrl** 键。在按下该键的同时，向左拖动以复制该对象。按下键盘上的 **F4** 键，重复上一个操作，从而产生更多的形状，如图 2-1-15 所示。

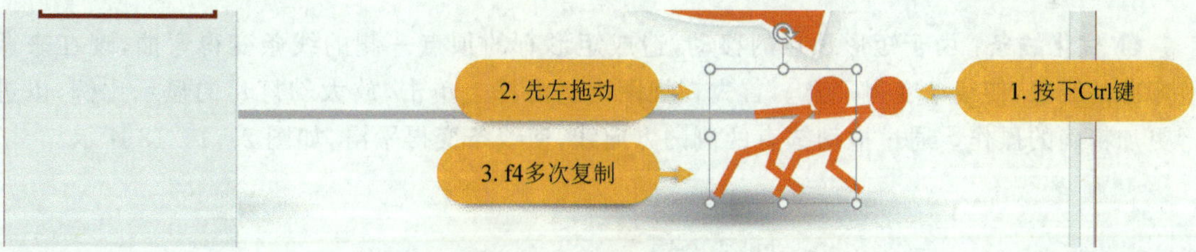

图 2-1-15　复制形状

这样就通过数量的对比，形象表达了两款桌面操作系统的市场份额占比关系，如图 2-1-16 所示。

图 2-1-16　数量的对比

2.1.7 排版的四项原则:对比性原则之远近的对比

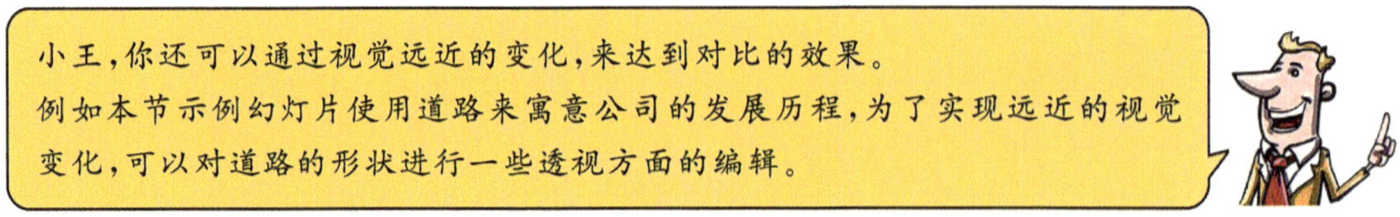

❶ **编辑形状**:在矩形上方单击鼠标右键。在打开的右键菜单中,选择**编辑顶点**命令。向上拖动矩形左上角的顶点。向上拖动矩形左下角的顶点。向左下方拖动矩形右下角的顶点。向下方拖动矩形右上角的顶点,如图 2-1-17 所示。

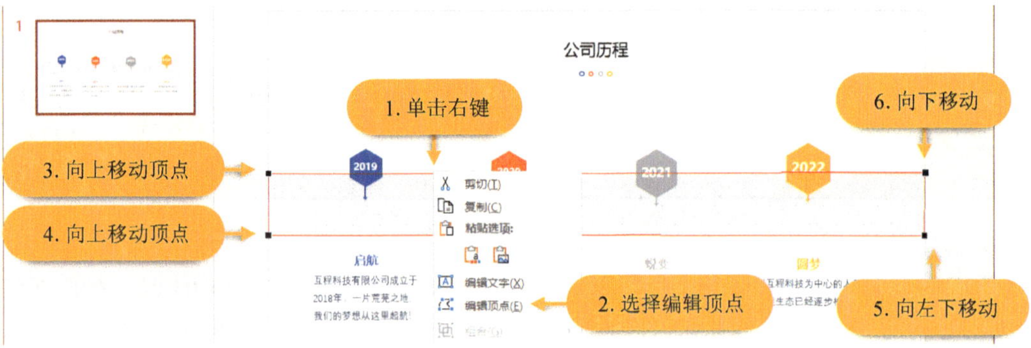

图 2-1-17 编辑形状

❷ **优化线条**:由于矩形顶点的移动,造成矩形有的顶点一侧的线条变得弯曲,现在来调整弯曲的线条,使线条变得平整。首先在**视图比例**滑杆上单击,放大幻灯片的显示比例,以进行更加精确的操作。通过拖动锚点两侧的方向线,使线条变得平滑,如图 2-1-18 所示。

图 2-1-18 调整线条平滑

❸ **编辑道路标线**:接着选择作为道路标线的虚线。在虚线左侧的顶点上按下并向上方拖动,将虚线的顶点移到道路上方的中心位置。将虚线右侧的顶点移到道路下方的中心位置,如图 2-1-19 所示。

❹ **移动文本框**:这样就完成了道路形状的修改,使道路呈现出由远及近的视觉效果。接着来调整幻灯片中的四个文本框的位置。选择最左侧的文本框。单击**文字居右**图标,将文字居右对齐。将文本框向上方拖动,使文本框靠近上方的蓝色路标。使用相同的方式,将文本框

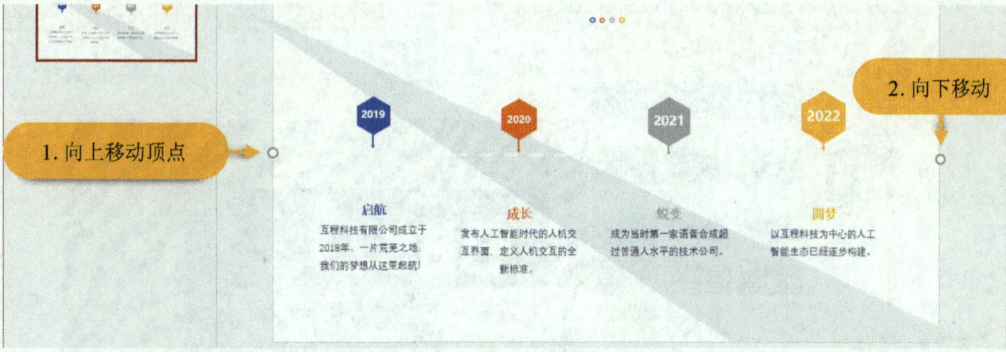

图 2-1-19　编辑道路标线

移到相应路标的旁边,并相应修改它们的对齐方式。

相比原来的平铺直叙的方式,使用远近对比的方式,可以使观众更加清楚了解公司的演变历程,版面也变得更有创意,如图 2-1-20 所示。

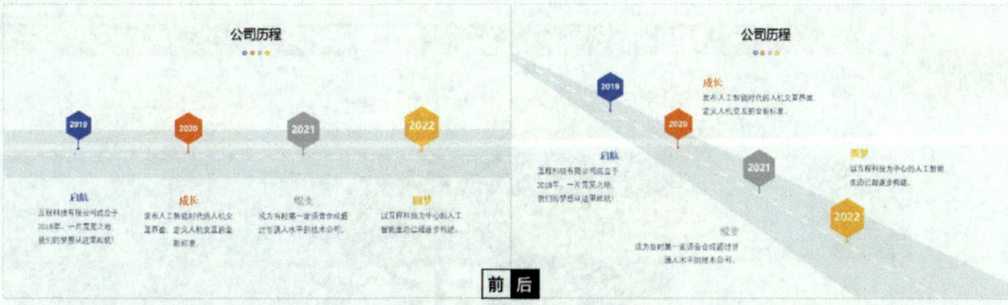

图 2-1-20　远近的对比

2.1.8　排版的四项原则:对比性原则之颜色的对比

颜色的对比是我要讲解的最后一个对比性原则,你将通过不同颜色的变化,来对比产生的效果。

❶ **复制图片:** 首先选择作为背景的图片。使用键盘上的快捷键 **Ctrl+d**,复制所选的对象。移动新的图片,使新的图片和旧的图片完全重叠。

❷ **修改图片颜色:** 接着来修改新图的颜色,打开**格式**选项卡,显示格式功能面板。单击**颜色**命令,打开颜色功能面板。单击**其他变体**命令,显示颜色拾取窗口。选择**深红色**作为图片新的颜色,如图 2-1-21 所示。

❸ **绘制矩形:** 接着来对图片进行裁剪,只保留一半的面积,首先需要绘制一个用来辅助裁剪的矩形。选择**矩形**工具。在幻灯片右侧绘制一个宽度为幻灯片一半的矩形。

❹ **裁剪图片:** 首先选择背景图片。在按下 **Shift** 键的同时,单击矩形以同时选择图片和矩形。打开**形状格式**选项卡,显示形状格式功能面板。接着使用**剪除**命令,将图片剪除右侧矩

图 2-1-21 修改图片颜色

形所在的区域,如图 2-1-22 所示。

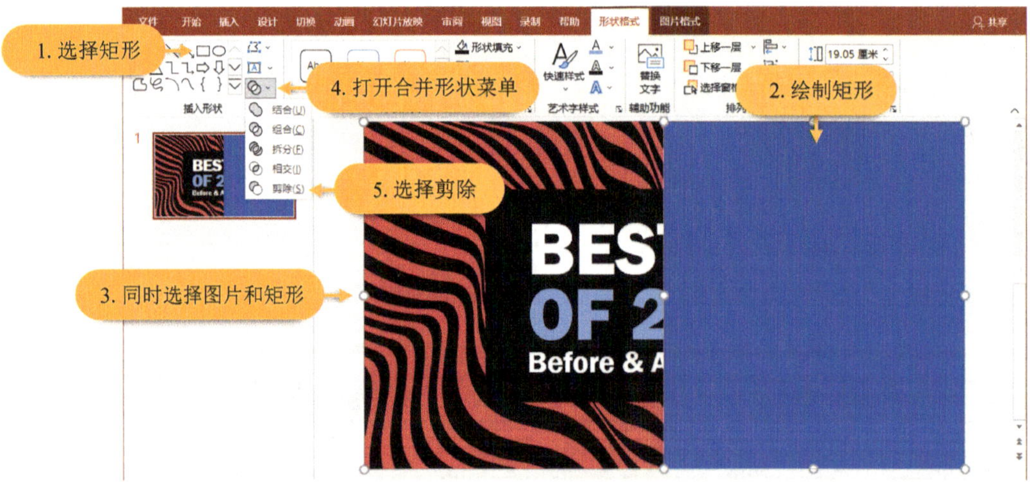

图 2-1-22 裁剪图片

幻灯片主题是作品前后的对比,所以要使用非常直观的颜色变化,来烘托作品的对比,如图 2-1-23 所示。

图 2-1-23 颜色的对比

2.2 分割式布局

老师,这四大排版原则简单、易懂,也容易应用。只是这些原则类似于内功,我需要花费很长的时间来消化和吸收,所以有没有一些可以拿来即用的排版布局技巧呢?☺

当然有了!排版的时候做到合理的版面划分,非常有利于版面的快速编排和提升用户对 PPT 的观感。
页面划分的方式有很多,分割式布局是最经典!

2.2.1 分割式布局:横向居中分割版面

首先为你介绍常见的居中分割布局方式,通过横向居中的方式来分割整个版面。

❶ **修改图片**:首先选择示例幻灯片中的图片,并向左上方拖动,将图片移到幻灯片的左上角。接着放大图片,使图片的宽度和幻灯片的宽度保持相同,如图 2-2-1 所示。

图 2-2-1 修改图片前后

❷ **绘制分割线**:接着在图片下方绘制一个长条矩形,避免版面过于单调。选择**矩形**工具。在图片的下方绘制一个长条矩形。将矩形的颜色设置为黄色,如图 2-2-2 所示。

❸ **下移文案**:这样就使用黄色矩形来分割了整个版面。最后调整文本框的位置,将文字移到黄色矩形的下方,如图 2-2-3 所示。

使用上图下文的布局方式,非常简单和明了,即使不太熟悉 PowerPoint 的工作人员,也可以快速实现这种版面。

图 2-2-2 绘制分割线

图 2-2-3 横向居中分割

2.2.2 分割式布局:纵向居中分割版面

接着演示如何通过纵向居中的方式来切分整个版面。
对于本节的示例幻灯片,需要采用左文右图的方式,将它划分为左右两个版面。

❶ **调整图片:** 将图片移到幻灯片的右上角。放大整张图片,如图 2-2-4 所示。

图 2-2-4 调整图片前后

❷ **绘制矩形**：接着在图片的左侧绘制一个矩形，作为幻灯片的文字区域。在插入形状面板中选择**矩形**工具，绘制一个矩形，如图 2-2-5 所示。将矩形的填充颜色设置为黄色。通过**下移一层**命令，将它移到文字的下方。

❸ **绘制分割线**：黄色矩形与右侧图片的相接之处有些突兀，您需要在两者相接之处绘制一个矩形竖条作为分割线。在插入形状面板中选择**矩形**工具，绘制一个竖条形的矩形。修改它的填充颜色为**深灰色**，如图 2-2-5 所示。

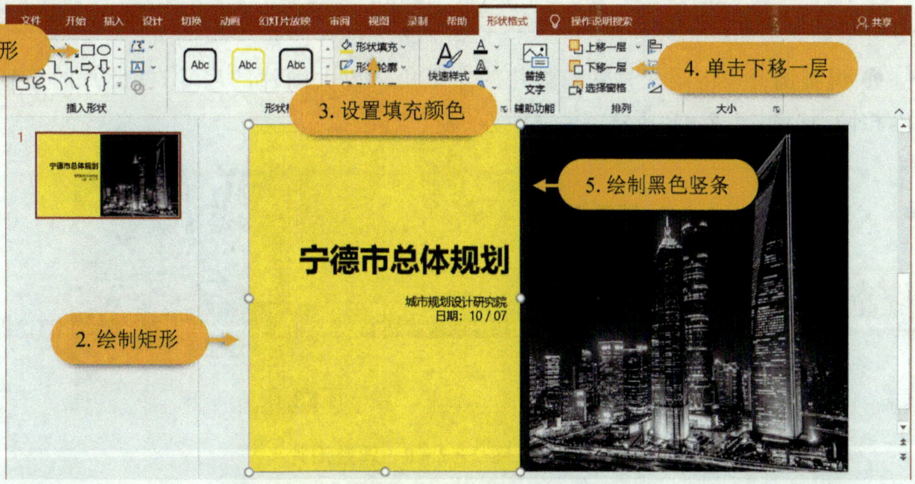

图 2-2-5　绘制分割线

❹ **设置文字样式**：选择标题文本框，您需要根据现有版面调整文字的样式。打开开始选项卡，显示开始功能面板。打开**文字居左**图标，将文字居左对齐。向左侧拖动下方副标题文本框，使副标题和上方的标题保持左对齐，如图 2-2-6 所示。

图 2-2-6　设置文字样式

这样就完成了左文右图的布局方式，最终效果如图 2-2-7 所示。

图 2-2-7　纵向居中分割

2.2.3 分割式布局:倾斜式分割版面

小王,你在前面两节制作的版面都是方方正正的,虽然也比较美观,但总感觉缺少些创意。现在你需要实现更有新意的倾斜式布局。

❶ **调整图片:** 将图片移到幻灯片的左下角。放大图片的尺寸,使图片的高度和幻灯片的高度相同,如图 2-2-8 所示。

图 2-2-8 调整图片

❷ **绘制矩形:** 接着对图片进行裁剪,首先绘制一个矩形,作为裁剪的辅助对象。选择**矩形**工具,绘制一个矩形。接着来编辑矩形的顶点,在矩形上方单击鼠标右键。选择**编辑顶点**命令,进入顶点编辑模式。向左侧拖动右下角的顶点,如图 2-2-9 所示。

图 2-2-9 绘制矩形

❸ **裁剪图片:** 现在来对图片进行裁剪操作,首先选择矩形下方的图片。按下键盘上的 **Shift** 键。在按下该键的同时,单击矩形以同时选择图片和矩形。打开**格式**选项卡,显示格式功能面板。接着使用**相交**命令,保留图片和矩形相交的部分,如图 2-2-10 所示。

❹ **绘制分隔线:** 为了不使图片和右侧区域相接的部分显得突兀,可以在此处绘制一个长

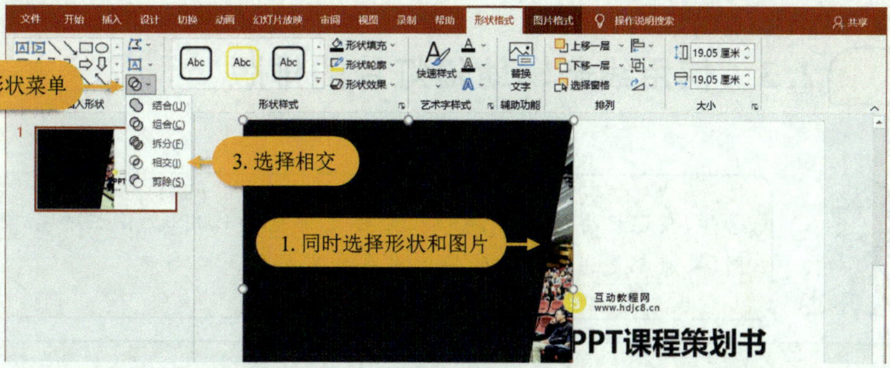

图 2-2-10　裁剪图片

条四边形。在**插入形状**面板中选择**平行四边形**工具,在裁剪后的图片的右边缘绘制一个平行四边形。在平行四边形上方的黄色圆点处按下,并向右侧拖动,以缩小四边形的宽度。然后将四边形的填充颜色设置为黄色。将四边形移到图片的右边缘,如图 2-2-11 所示。

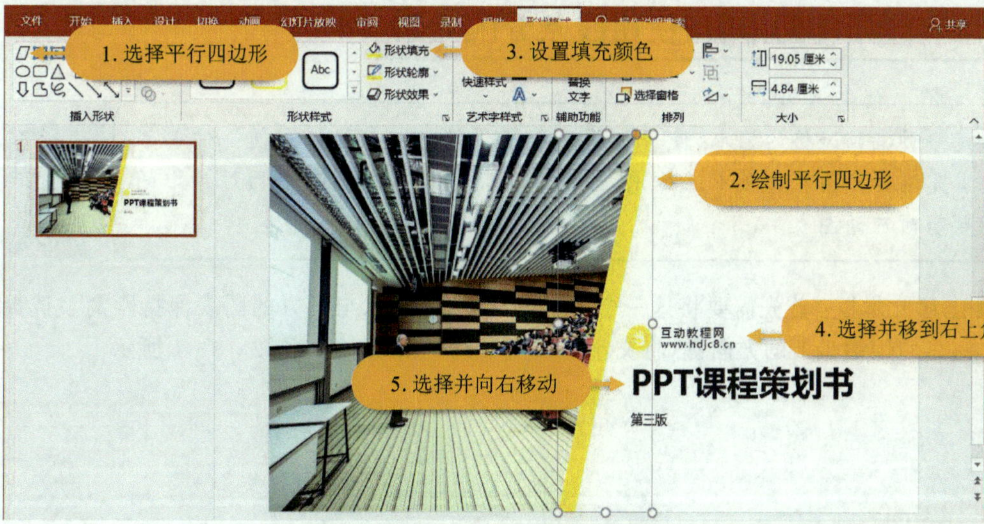

图 2-2-11　绘制分隔线

❺ **调整其他对象**:现在来调整右侧文字的位置,首先将企业 Logo 和企业名称移到幻灯片的右上角。然后将标题文本框向右移动,并和上方的对象保持右对齐。

这样就完成了倾斜式分割布局,如图 2-2-12 所示。

图 2-2-12　倾斜分割版面

2.3 使用线条辅助幻灯片的排版

老师,我还记得您经常说形状主要发挥辅助作用,上面三个分割式布局的实例,果然都是通过形状的辅助来完成布局的。

你果然拥有敏锐的观察力,小王!形状是辅助排版的绝佳工具,接着就来演示几个使用线条辅助PPT排版的技巧。

2.3.1 线条辅助排版:使用线条分隔元素

线条是一种插画风格的艺术,使用极简的线条设计就可以轻松创造一件艺术品。首先演示线条在排版中的作用,你需要使用线条来分隔示例幻灯片中的小标题和对应的图表。

❶ **上移文本框**:首先需要将这三个文本框往上移动,以与下方的图表保持距离。选择三个文本框。使用键盘上的方向键,将文本框向上移动一段距离,如图2-3-1所示。

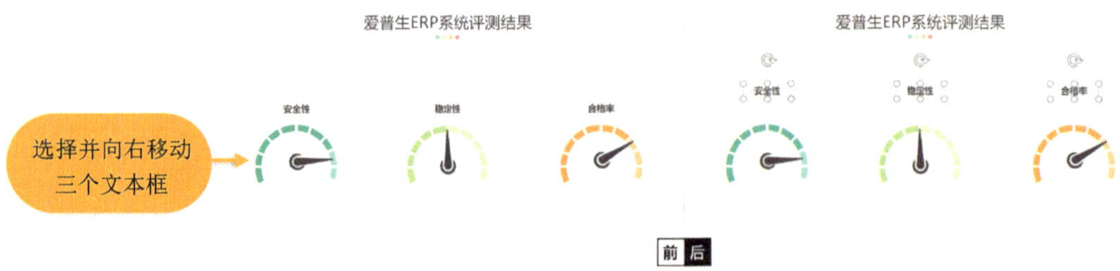

图2-3-1 上移文本框

❷ **绘制分隔线**:接着在文本框和下方图表的中间绘制一条分隔线。在插入形状面板中选择**线条**工具,绘制一条分隔线,如图2-3-2所示。

❸ **修改分隔线样式**:由于图表的线条较粗,所以需要增加分隔线的粗细程度,使两者看起来更加协调。接着将分隔线的轮廓颜色,设置为和下方图表相同的颜色。现在来修改分隔线两端顶点的类型,将**线端类型**修改为圆。

❹ **复制分割线**:按下键盘上的**Ctrl**键。在按下该键的同时,向右侧拖动分割线以复制该对象。接着将分隔线的轮廓颜色,设置为和下方图表相同的颜色。使用相同的方式,制作最右侧的分割线,最终效果如图2-3-3所示。

在使用了分隔线之后,上方的标题和下方的图表的从属关系更加明显了。

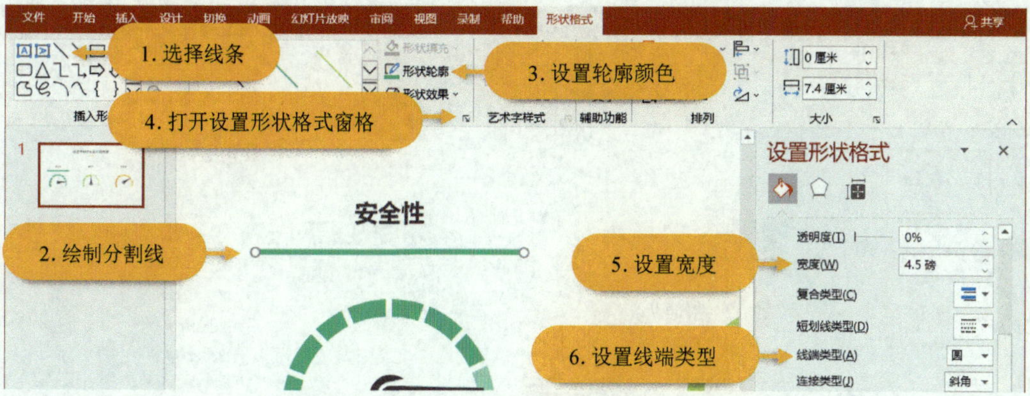

图 2-3-2　绘制分隔线

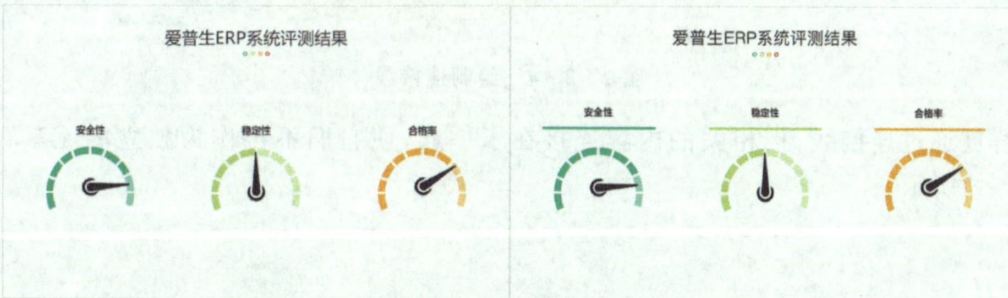

图 2-3-3　线条分隔元素

2.3.2　线条辅助排版：使用线条关联相关的元素

继续演示线条在排版中的作用，本节示例幻灯片主要讲解如何快速学习英语，你需要使用线条来连接编号和相关的文字内容。

❶ **绘制连接线**：在视图比例滑杆上单击，放大幻灯片的显示比例，进行更加精确的操作。在插入形状面板中选择**线条**工具，在左侧编号和右侧文本框之间绘制一条连接线，如图 2-3-4 所示。

❷ **修改连接线样式**：接着修改连接线的颜色，将它的颜色设置为和左侧编号相同的颜色。现在还需要给连接线添加末端箭头，首先打开**设置形状格式**窗格。通过**结尾箭头类型**下拉菜单，将连接线的末尾箭头的类型设置为**圆形**，如图 2-3-4 所示。

❸ **复制连接线**：接着以复制的方式，创建其他的连接线。首先按下键盘上的 **Ctrl** 键。在按下该键的同时，向下方拖动分割线以复制该对象。根据数字编号和右侧文字内容和距离，调整连接线的宽度。修改连接线的颜色，使它的颜色和左侧的编号数字的颜色相同。继续使用复制的方式，制作其他两条连接线。

图 2-3-4 绘制连接线

这样就通过连接线,把相关的内容连接在了一起,使它们不再作为独立的元素存在,如图 2-3-5 所示。

图 2-3-5 使用线条关联相关的元素

2.3.3 线条辅助排版:使用线条描述内容的层级关系

线条和箭头的组合具有很强的指向与引导作用,你将在本小节使用线条描述内容的层级关系,同时也能起到引导观众视线的作用。

❶ 绘制肘形箭头连接线:在插入形状面板中选择**肘形箭头连接符**工具,在左侧圆角矩形和右上方的圆角矩形之间绘制一个肘形连接符。然后将肘形连接符修改为**虚线**样式。继续将肘形连接符的颜色修改为**灰色**,如图 2-3-6 所示。

❷ **复制连接线**:使用键盘上的快捷键 **Ctrl+d**,复制肘形箭头连接符。将新的肘形连接线的左端点,移到左侧圆角矩形右侧边缘的中心位置。将新的肘形连接线的右端点,移到右侧第二个圆角矩形的左侧边缘的中心位置。使用相同的方式,继续复制三条肘形连接线,并将它们

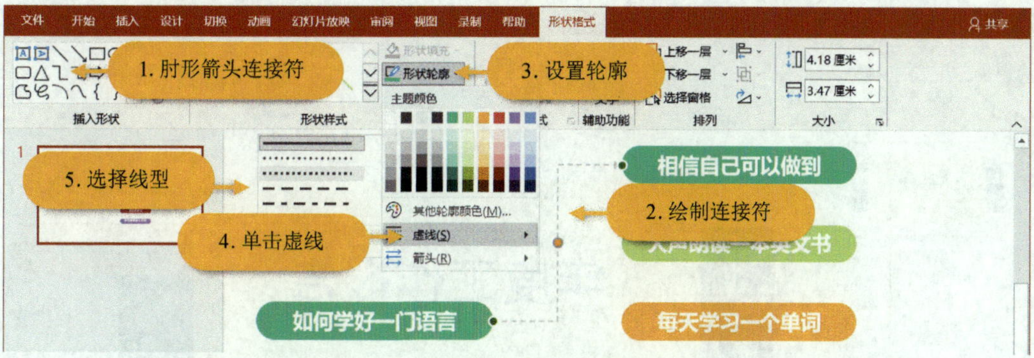

图 2-3-6　绘制连接线

移到相应的位置。

这样就使用线条描述了幻灯片中的内容的层级关系,需要注意的是,要确保这些线条的宽度一致、颜色一致和样式一致,如图 2-3-7 所示。

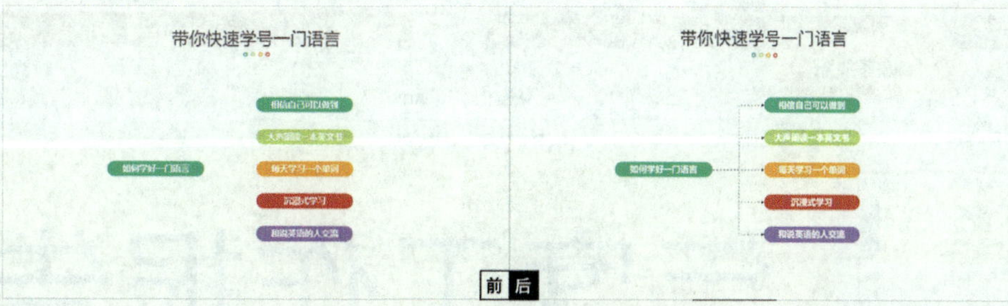

图 2-3-7　使用线条描述层级关系

2.3.4　线条辅助排版:使用线条装饰空旷的版面

本节示例幻灯片感觉有些空旷,你将在本小节学习如何使用线条来装饰空旷的版面。

❶ **绘制斜线**:单击**形状**命令。选择**线条**工具绘制一斜线,如图 2-3-8 所示。

❷ **复制斜线**:接着以复制的方式,创建另一条斜线。首先按下键盘上的 **Ctrl** 键。在按下该键的同时,拖动斜线以复制该对象。使用相同的方式,在幻灯片的右上角和左下角制作其他几条斜线。

❸ **绘制直线**:接着在副标题的两侧也绘制一条直线。在插入形状面板中选择**线条**工具,单击**视图比例滑杆**,放大幻灯片的显示比例,以进行更加精确的操作。在副标题的左侧按下并向右侧拖动,绘制一条直线,如图 2-3-9 所示。

❹ **复制直线**:接着以复制的方式,创建另一条直线。首先按下键盘上的 **Ctrl** 键。在按下该键的同时,向右侧拖动直线以复制该对象。

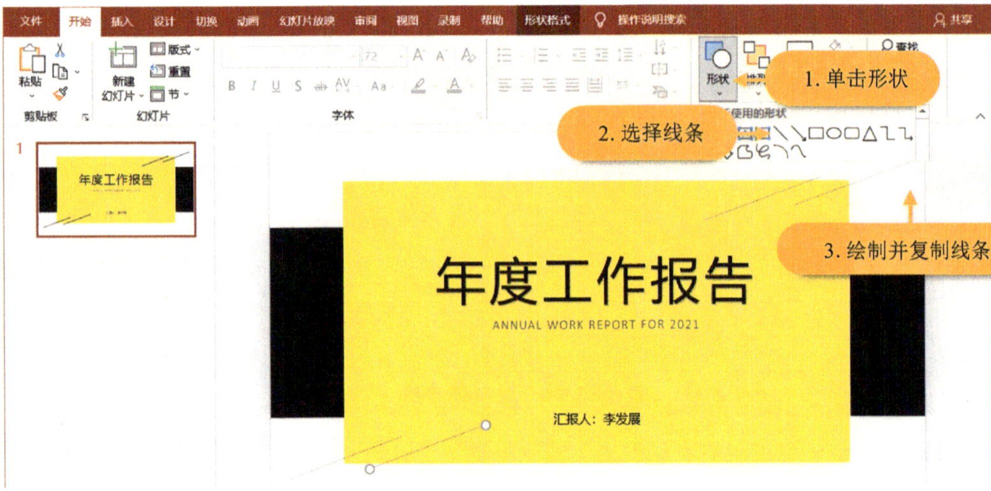

图 2-3-8　绘制斜线

图 2-3-9　绘制直线

这样只使用了几根斜线和直线，就已经可以把幻灯片的风格给撑起来了，如图 2-3-10 所示。

图 2-3-10　使用线条装饰空旷的版面

2.4 幻灯片的单图排版技巧

老师,我在做PPT时,经常会遇到页面中只有一张图片的情况,其余的都是文字内容,这种情况下怎样才能把图片排版得好看有创意呢?

排版的难处在于不是根据已经设计好的版面来填充内容,而是要根据具体的内容来布局图文版面。版面中的图片有时候是一两张,有时候是七八张,由于构成元素的不同,导致采用同样的构图、形式往往是行不通的,因此接下来我会给你讲解不同数量图片的排版技巧。

2.4.1 单图排版:单图全屏背景的排版

首先解决你反映的单图排版的问题,当PPT仅有一张图片时,可以采用背景图片、拆分图片、蒙版图片、马赛克拼贴等方式来布局排版。示例幻灯片只有一张图片,我们可以将该图片作为幻灯片的背景。

❶ **导入图片**:打开**插入**选项卡,显示插入功能面板。单击**图片**命令,打开图片来源列表。选择**此设备**命令,往幻灯片中插入一张图片素材。

❷ **裁剪图片**:如果图片尺寸和幻灯片不符合时,可以对图片进行一些裁剪。单击**图片格式**选项卡,打开图片格式功能面板。单击**大小**命令组中的**裁剪**命令。图片四周出现的**裁剪句柄**(黑色小长方形)上按下并向下方拖动,对图片进行裁剪操作,将图片的重要内容保留在裁剪框的内部。再次单击**裁剪**命令,退出图片裁剪模式,如图2-4-1所示。

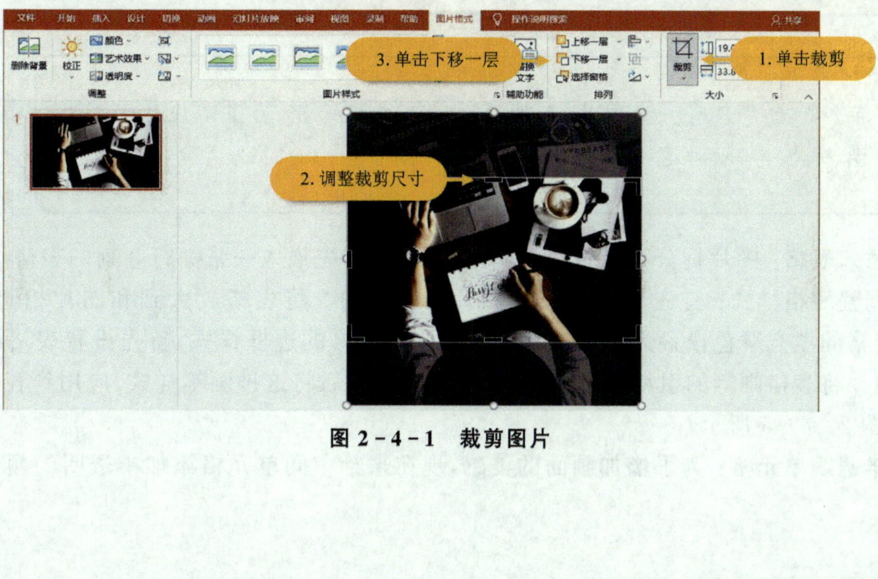

图2-4-1　裁剪图片

❸ **调整图片层次**：将裁剪好的图片，通过**图片格式**选项卡中的**下移一层**命令，移到其他对象的下方。

❹ **移动其他对象**。居中对齐是一种很安全的对齐方式，但是这也意味着中规中矩、显得比较乏味。所以将黄色矩形和文字内容移到幻灯片的左侧，如图 2－4－2 所示。

图 2－4－2　移动其他对象

这样就完成了单图全屏背景的排版，最终效果如图 2－4－3 所示。

图 2－4－3　单图全屏背景

2.4.2　单图排版：使用表格对图片进行拆分

本小节示例幻灯片只有一张图片，如图 2－4－4 左图所示，为了不使这张图片显得单调、呆板，可以对这张图片进行拆分。

❶ **插入表格**：图片拆分是通过表格实现的，所以首先插入一张 3 行 3 列的表格。

❷ **调整表格样式**：首先将表格移到图片的左上角。将表格放大到和图片相同的尺寸。然后将表格的填充颜色设置为**无填充**。接着来调整表格的边框样式，首先设置表格画笔的颜色为**白色**。将表格画笔的粗细程度设置为 **2.25** 磅。然后将这种画笔样式，应用到表格的所有框线，如图 2－4－5 所示。

❸ **半透明单元格**：为了增加画面的美感，现在来给中间单元格添加半透明的颜色。在中

图 2-4-4　插入表格

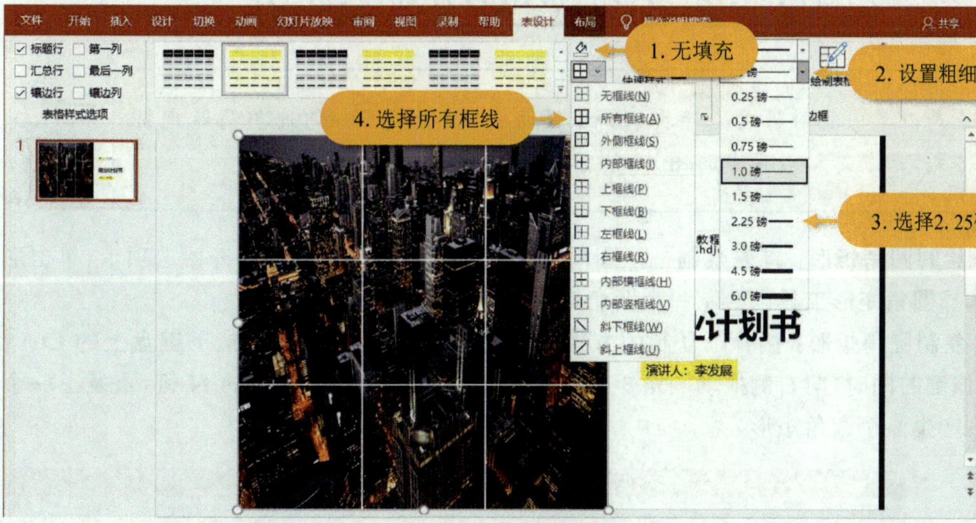

图 2-4-5　调整表格样式

间的单元格中单击鼠标,将光标移到该单元格。单击**其他填充颜色**命令。在颜色拾取区域选择黄色。然后将透明度的值设置为 30%,如图 2-4-6 所示。

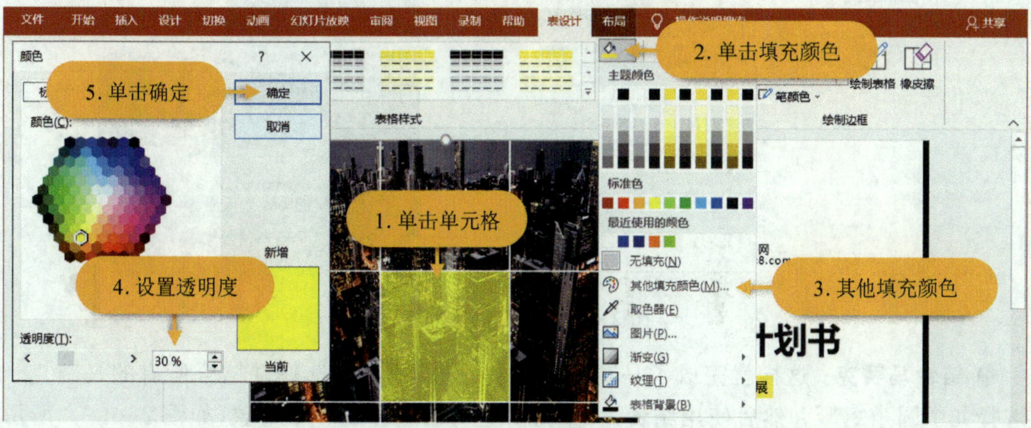

图 2-4-6　半透明单元格

通过将图片进行拆分,增强了 PPT 画面的艺术感,如图 2-4-7 所示!

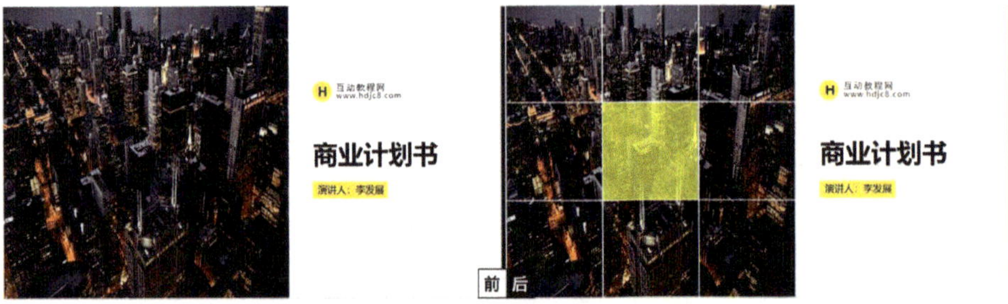

图 2-4-7　使用表格对图片进行拆分

2.4.3　单图排版:使用马赛克拼贴的方式装饰图片

马赛克是以单一的材料或小碎块来拼出图形,本小节演示如何使用马赛克拼贴的方式,来装饰幻灯片中的图片,使 PPT 的版面更加个性化。

❶ **绘制圆角矩形**:首先绘制一个圆角矩形作为一个马赛克。打开**开始**选项卡,单击**形状**命令,选择**圆角矩形工具**以绘制一个圆角矩形,如图 2-4-8 所示。

❷ **复制圆角矩形**:接着以复制的方式,创建其他的马赛克。首先按下键盘上的 **Ctrl** 键。在按下该键的同时,向右侧拖动圆角矩形以复制该对象。按下键盘上的 **f4** 键,重复上一个步骤,直到产生 9 个圆角矩形。

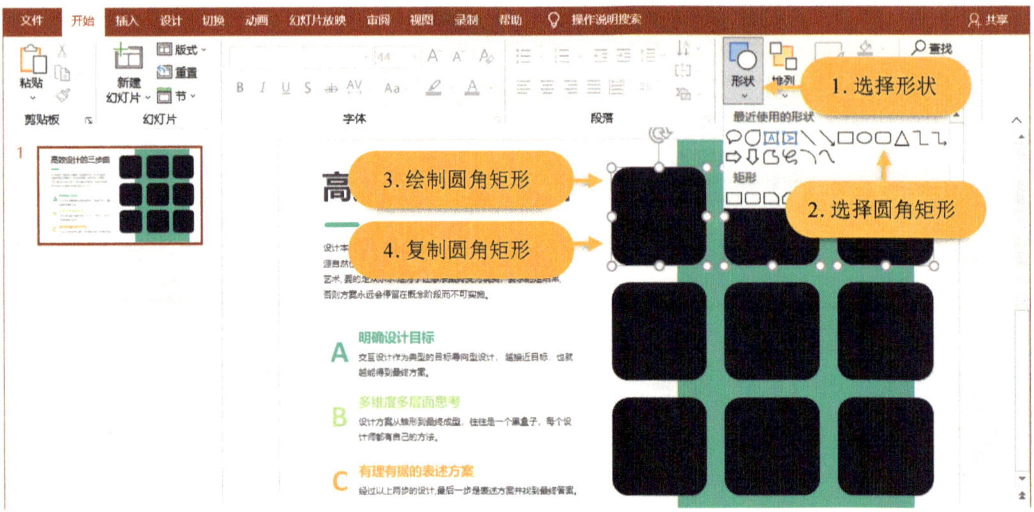

图 2-4-8　绘制圆角矩形

❸ **结合马赛克**:这样就完成了马赛克的拼贴效果,现在来选择并结合所有的马赛克。同时选择九个圆角矩形。然后使用**结合**命令,将所选对象组合成一个对象,如图 2-4-9 所示。

❹ **旋转马赛克**:将结合后的马赛克拼贴旋转 45°,如图 2-4-10 所示。

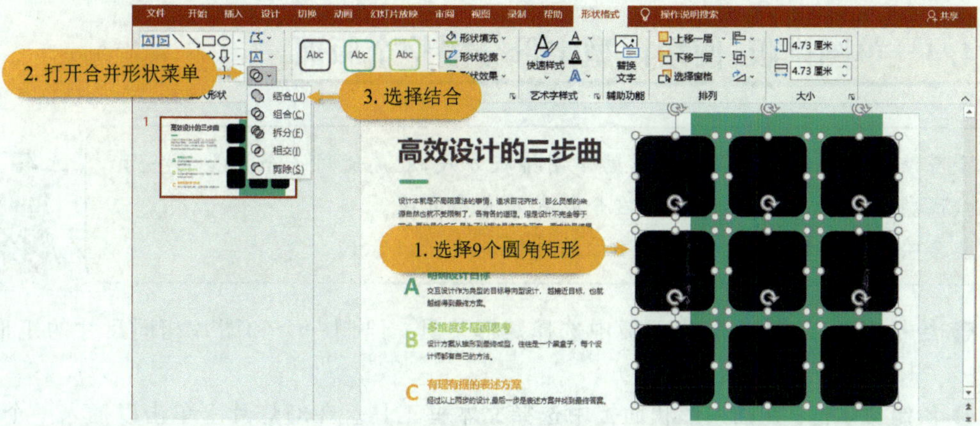

图 2-4-9 结合马赛克

❺ **填充图片**：接着将一张图片素材，填充到马赛克拼贴中。

❻ **取消图片随形状旋转**：由于对形状进行了旋转操作，所以里面的图片也被旋转了现在来取消图片的旋转，首先打开**设置图片格式**窗格。取消选中**与形状一起旋转**复选框，使填充的图片不与形状一起旋转。

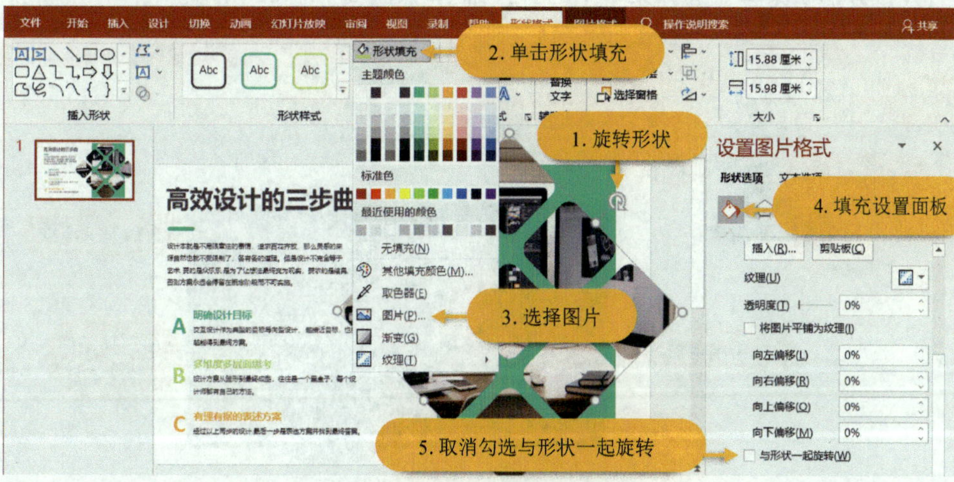

图 2-4-10 旋转马赛克

这样就完成了非常具有设计感的拼贴图片效果，并且和幻灯片的主题也很匹配，如图 2-4-11 所示。

图 2-4-11 使用马赛克装饰图片

2.4.4　单图排版：使用巨型字母分隔整个版面

本小节演示另一种非常具有创意的单图排版方式，就是使用一个巨型的字母，来分隔整张图片，这也是一种左右分割式的布局方法。
首先来绘制一个矩形，作为拆分字母的辅助工具。

❶ **绘制矩形**：在插入形状面板中选择**矩形**工具。绘制一个和图片相同尺寸的矩形，如图 2－4－12 所示。

❷ **绘制文本框**：在插入形状面板中选择**文本框**工具。在幻灯片上单击以插入一个文本框。通过键盘上的按钮，输入字母。由于幻灯片的主题是互动教程网的发展历程，因此选择具有道路形状的字母 S。

❸ **设置字母样式**：在**字号**输入框里输入 820，增加文字的尺寸。单击**加粗**图标，使文字加粗显示。由于左侧需要显示文字内容，所以将文本框移到幻灯片右侧。

❹ **拆分矩形**：接着使用文本框，对位于文本框下方的矩形进行拆分。同时选择矩形和文本框。打开**合并形状菜单**。选择菜单中的**拆分**命令，如图 2－4－12 所示。

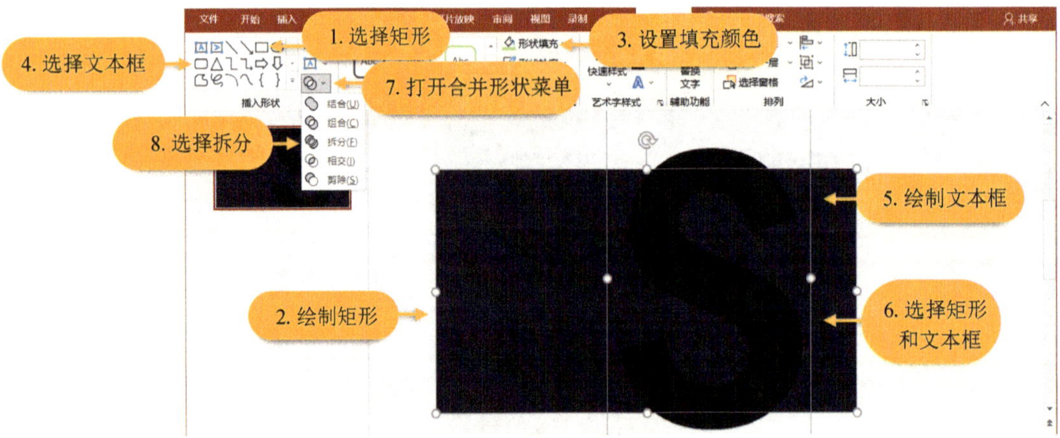

图 2－4－12　拆分矩形

❺ **删除拆分后的多余对象**：选择并删除 S 右侧的形状。

❻ **结合 S 字母**：由于执行了拆分命令，此时 S 字母已经被拆分为几个部分，现在来将它们重新合并为 S 对象。选择字母 S 拆分后的所有对象。打开**格式**选项卡，显示格式功能面板。然后使用**结合**命令，再将这些部分结合为一个形状，如图 2－4－13 所示。

❼ **修改 S 左侧形状透明度**：选择 S 左侧的形状。单击**形状填充**命令，打开形状填充面板。单击**其他填充颜色**命令，打开颜色设置窗口。将透明度的数值设置为 40%。使用**下移一层**命令，直到将形状移到文字的下方，如图 2－4－14 所示。

❽ **设置渐变填充**：单击**形状样式设置**图标，打开设置形状格式窗格。为了使渐变颜色能和周围的颜色和谐共处，将渐变的开始颜色设置为绿色，颜色的十六进制数值 **#34B29E**。将渐变中间颜色设置为和开始颜色相同。将渐变结束颜色设置为黄色，如图 2－4－15 所示。

图 2-4-13　结合 S 字母

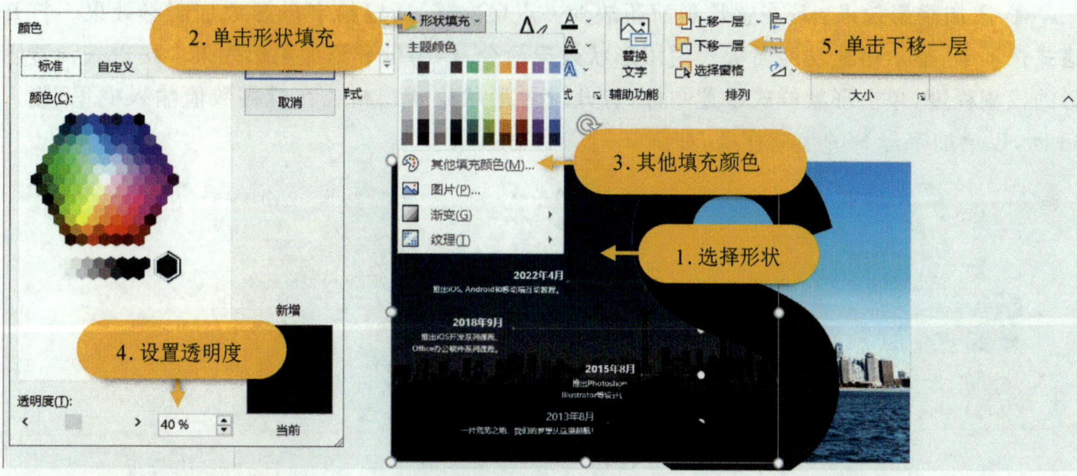

图 2-4-14　修改左侧形状的透明度

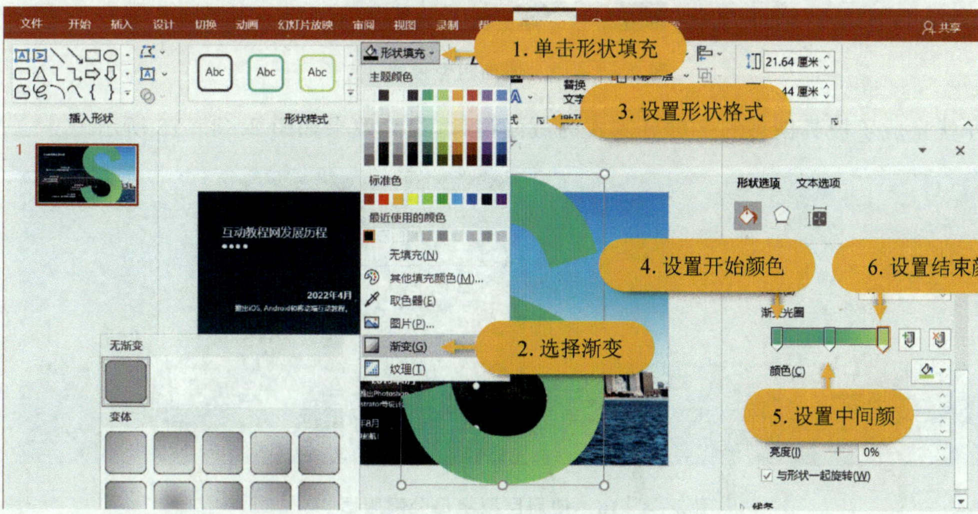

图 2-4-15　设置渐变填充

❾ **下移 S**：使用下移一层命令，将 S 移到文字的下方。

❿ **移动左侧文本框**：根据字母 S 形状调整文字的位置，将文字右侧的直线的右端点，放

在字母 S 线条的中心位置,如图 2-4-16 所示。

图 2-4-16 移动文本框

⓫ **添加阴影效果**:现在感觉画面还缺少一点层次感,所以给字母 S 添加阴影效果。打开**格式**选项卡,显示格式功能面板。使用**形状效果**命令,给字母 S 添加阴影效果。接着来设置阴影的模糊程度,单击**形状样式设置**图标,打开设置形状格式窗格。在**模糊**数值输入框里,输入 60 磅,以增加字母 S 的模糊程度,如图 2-4-17 所示。

图 2-4-17 添加阴影效果

这样就完成了极具创意的字母分割式的版面设计,最终效果如图 2-4-18 所示。

图 2-4-18 使用巨型字母分隔版面

2.5 幻灯片的双图排版技巧

老师,单图排版的技巧还挺多,而且上面的 5 个排版技巧都是比较容易实现的。以后 PPT 只要有一张图片,我就采用上面的排版方法。
对了,如果我的 PPT 上有两张图片,有什么好的排版方法吗?

双图排版大概可以分为两种情况:一是**同比例对称摆放**,优点是整齐、简洁。第二种是**非对等的摆放**,优点是可以有大小对比,更容易突出重点。具体排版方式有很多种,我们通过案例的方式一一讲解。

2.5.1 双图排版:两张图片左右并列排版

当幻灯片有两张图片,并且两张图片具有相同的重要性时,我们可以将这两张图片统一大小,然后进行对齐排版。

❶ **移动图片**:将位于幻灯片底部的图片移到版面的右侧,与左侧的图片保持对齐,如图 2-5-1 所示。

图 2-5-1 移动图片

❷ **移动文本框**:现在来调整文字的位置。将上方的文本框移到左侧图片的正下方。然后将右侧的文本框移到右侧图片的正下方。

这种大众级的排版方式,在作品集或者产品画册中能够经常看到,其具有视觉流程简单、清晰的特点,如图 2-5-2 所示。

图 2-5-2 两张图片左右并列排版

左右并列排版的优点是工整，一目了然。对称摆放的两张图需要有一定的相关性，可以是风格类似，或者内容相关，这样才能让用户知道它们之间的联系。

2.5.2 双图排版：两张图片并列靠边对齐

当两张图片没有明确的含义，只是起到响应内容、烘托气氛的辅助作用时，可以将它们分别放在版面的两侧。

❶ **移动图片**：将幻灯片底部的图片移到版面的右侧，同时通过**智能参考线**的帮助，使两张图片和幻灯片的左右边界保持相同的距离，如图 2-5-3 所示。

❷ **移动文本框**：接着调整文字的位置。将左侧的文本框移到左侧图片的右侧适当位置。将右侧的文本框移到右图左侧的适当位置。

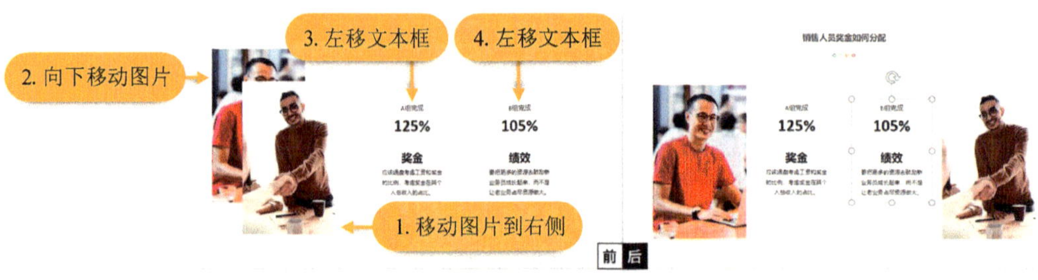

图 2-5-3 移动图片

❸ **制作文字背景**：现在版面的重心偏向画面的两侧，为了避免这个问题，可以给文字内容添加一个形状作为背景。在插入形状面板中选择**对角圆角矩形**工具，以绘制一个对角圆角矩形，如图 2-5-4 所示。

❹ **复制形状**：接着以复制的方式创建另一个对角圆角矩形。按下 **Ctrl** 键。在按下该键的同时，向右侧拖动对角圆角矩形以复制该对象。

❺ **编辑矩形样式**：使用**水平翻转**命令，将新的对角圆角矩形进行水平翻转。修改形状的

填充颜色。

这样两个对象圆角矩形上方的圆角,同时位于版面的中心位置,从而形成一种对称的美。现在来将它们移到文字的下方。

❻ **置底两个形状**:选择两个对角圆角矩形。然后使用**置于底层**命令,将所选对象移到文字的下方。

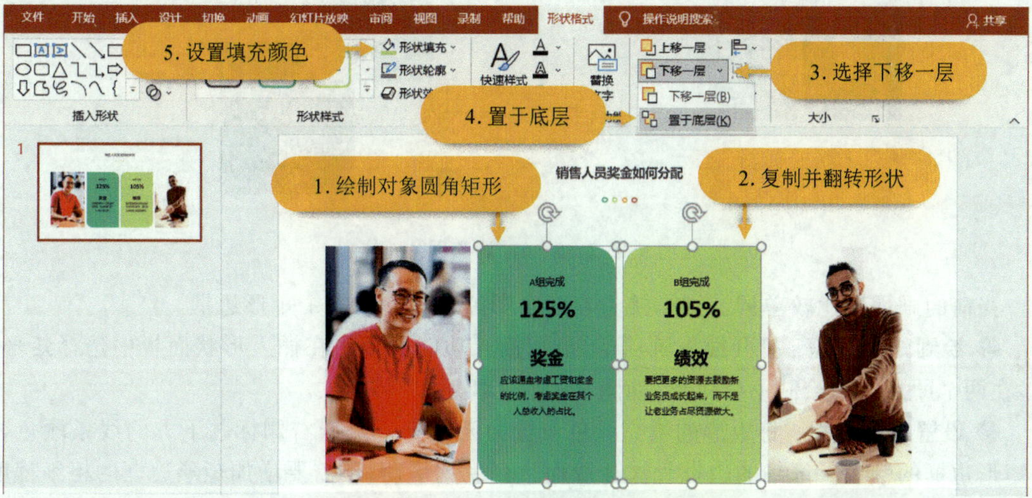

图 2-5-4　制作文字背景

❼ **修改文字颜色**:由于文字和形状的颜色并不匹配,现在来修改文字的颜色。选择两个文本框。将所选文字的颜色修改为白色。

这样就完成了双图靠边对齐的排版方式,主要用于体现位于版面中心位置的内容,如图 2-5-5 所示。

图 2-5-5　两张图片并列靠边对齐

2.5.3　双图排版:两张图片的错位叠加

如果需要图片的版式更加富有动感,可以采用图片错位叠加的排版方式。本小节示例幻灯片的主题和运动有关,因此可以采用错位叠加的排版方式。

❶ **调整图片**：将幻灯片右侧的图片移到幻灯片的左上角。放大图片的尺寸，从而更容易形成图片叠加的效果。接着将另一张图片移到上方图片的右下方，并和上面的图片保留一定的重叠区域。适当放大图片的尺寸，如图 2－5－6 所示。

图 2－5－6　调整图片

当前的画面还比较单调、乏味，接着在两个图片之间绘制一个矩形边框。

❷ **绘制矩形边框**：打开**插入**选项卡，显示插入功能面板。在插入形状面板中选择**矩形**工具，在两个图片之间绘制一个矩形，如图 2－5－7 所示。

❸ **设置矩形样式**：将矩形的填充颜色设置为**无填充**。根据右侧标题下方的线条颜色，设置矩形边框的颜色。纤细的边框无法让版面达到视觉平衡，还需要增加矩形边框的粗细程度，在**宽度**数值输入框里，输入 **10** 磅，以增加线条的粗细程度。

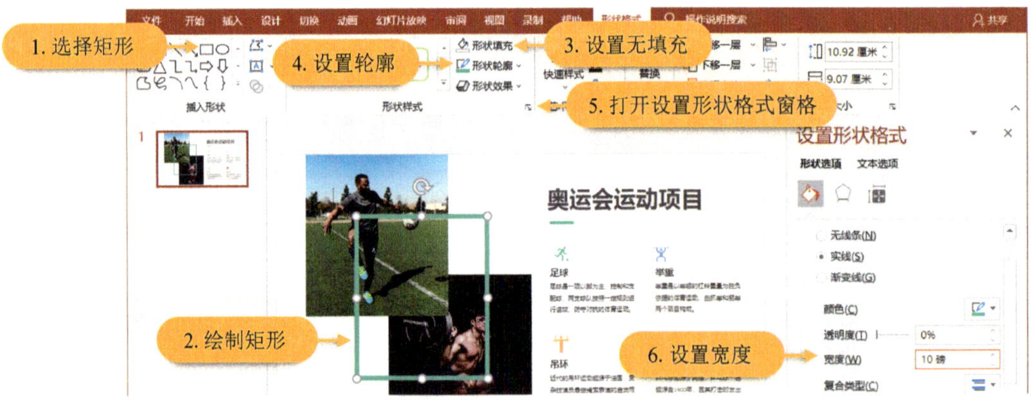

图 2－5－7　绘制矩形边框

❹ **下移矩形边框**：使用**下移一层**命令，将矩形移到两张图片的中间位置，如图 2－5－8 所示。

图 2－5－8　两张图片的错位叠加

使用矩形边框不仅增加了画面的层次感，同时也避免了由于两张图片错位叠加，所产生的飘飘欲坠的感觉。

2.5.4 双图排版：两张图片一大一小对比排版

当版面中的两张图片，具有不同的重要性时，可以考虑将比较重要的图片放大显示，使版面产生鲜明的对比效果。

❶ **编辑图片**：将左侧的图片移到幻灯片的左上角。由于这张图片比较能够展现幻灯片的主题，所以需要着重显示，因此放大图片的尺寸，如图 2-5-9 所示。

图 2-5-9　编辑图片

现在的版面还不够连贯，为了使元素之间关联起来，可以在它们上方绘制一些线框。

❷ **绘制线框**：在插入形状面板中选择**矩形**工具，绘制一个矩形。将矩形的填充颜色设置为**无填充**。将矩形的轮廓颜色，设置为和中间的矩形相同的颜色。还需要增加矩形边框的粗细程度，将矩形的边框设置为 **1.5** 磅，如图 2-5-10 所示。

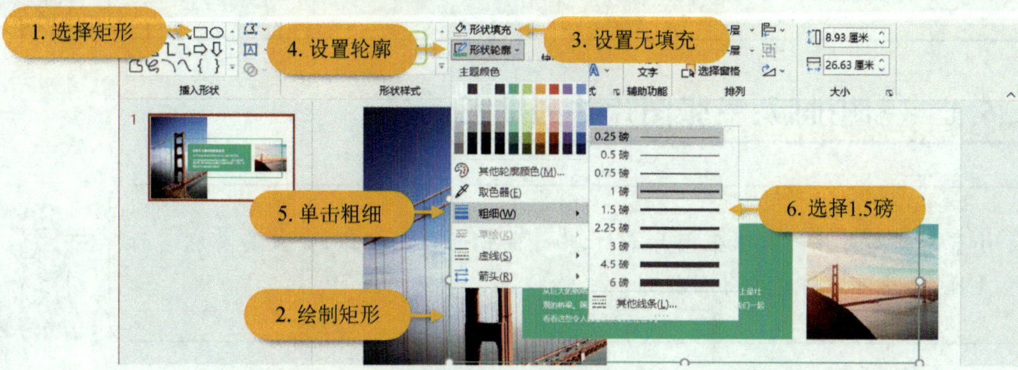

图 2-5-10　绘制线框

通常我们的画面都需要主角，有重点展示的部分。用大小对比的方式就能达到这种效果。当图片的重要性不同时，建议采用这种对比鲜明的排版方式，如图 2-5-11 所示。

图 2-5-11　两张图片一大一小对比排版

2.6　幻灯片的三图排版技巧

老师，单图排版和双图都挺简单的，那么三图排版应该也很简单吧？就是加了张图而已。

相对于前面的单图和双图，三图排版明显更有难度。但是三图排版带来的变化也更多，可以有更大的发挥空间。
三图排版一般有以下几种方式：三张图片并列排版、三张图片交错对齐排列 、一大二小突出重点式排版法。

2.6.1　三图排版：三张图片并列排版

本小节示例幻灯片拥有三张图片素材，由于它们的作用相似，并且具有相同的重要性，因此可以将它们并排排列。

❶ **移动图片**：首先将其中一张图片移到版面的右侧。

❷ **对齐和等距排列图片**：首先三个图片。打开**图片格式**选项卡，显示图片格式功能面板。使用**横向分布**命令，将三个图片在水平方向上等距排列。然后使用**垂直居中**命令，将三张图片居中对齐，如图 2-6-1 所示。

图 2-6-1　对齐和等距排列图片

❸ **居中对齐图片**：使用键盘上的快捷键 **Ctrl+g**，将所选对象组合成一个对象。单击**对齐对象**下拉箭头，打开对齐和分布列表。确保**对齐幻灯片**选项处于选择的状态，然后选择**水平居中**命令，使三张图片位于版面水平方向的中心位置，如图 2-6-2 所示。

图 2-6-2　居中对齐图片

❹ **移动文本框**：首先将有关绿茶的文本框移到左侧图片的下方。将有关豆浆的文本框移到第二张图片的下方。将有关酸奶的文本框移到第三张图片的下方，如图 2-6-3 所示。

图 2-6-3　移动文本框

这种排版方法比较整洁、直观，版面上的内容一目了然，适合用于目录页面、产品页面、人物介绍页面等场合，如图 2-6-4 所示。

图 2-6-4　三张图片并列排版

2.6.2　三图排版:三张图片交错对齐排列

本小节示例幻灯片具有与上一节案例相同的图片与内容,您将在本节对这些图片进行错位排列。

❶ **排列图片**:首先将绿茶图片移到版面的左下角。将酸奶图片移到版面的右下角,并借助**智能辅助线**,使这张图片与幻灯片右边界的距离,与左下角的图片与左边界的距离相同。将豆浆图片移到左右两图的中心位置,并位于左右两图的上方,如图 2-6-5 所示。

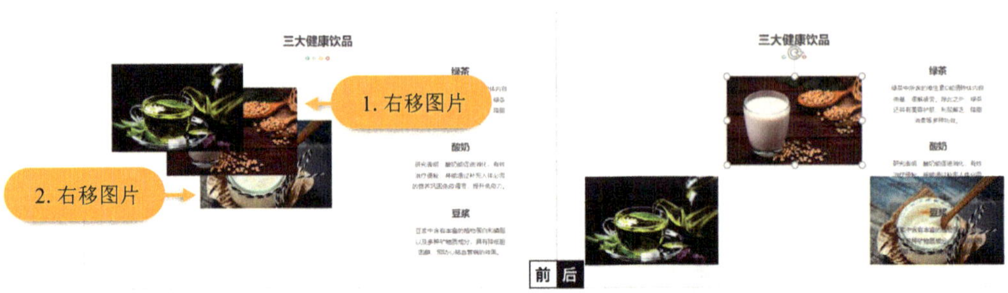

图 2-6-5　排列图片

❷ **移动文本框**:将与绿茶有关的文本框移到左下角图片的上方。将和豆浆有关的文本框移到中间图片的下方。将与酸奶有关的文本框移到右侧图片的上方,如图 2-6-6 所示。

图 2-6-6　移动文本框

三个文本框所在的区域有些苍白、空旷，现在来填充这些位置上的视觉效果。

❸ **绘制背景色块**：在插入形状面板中选择**矩形**工具。在绿茶文本框的位置，绘制一个和图片尺寸相同的矩形。将矩形的填充颜色设置为绿色，如图 2-6-7 所示。

❹ **复制矩形背景**：首先按下 **Ctrl** 键。在按下该键的同时，向右侧拖动以复制该对象。将矩形的颜色设置为橙色。使用相同的方式得到第三个矩形，将它移到豆浆文本框的位置，并修改它的颜色。

❺ **置底矩形背景**：接着将这三个矩形移到对应的文本框的下方，选择三个矩形背景。然后使用**置于底层**命令，将所选矩形移到文本框的下方。

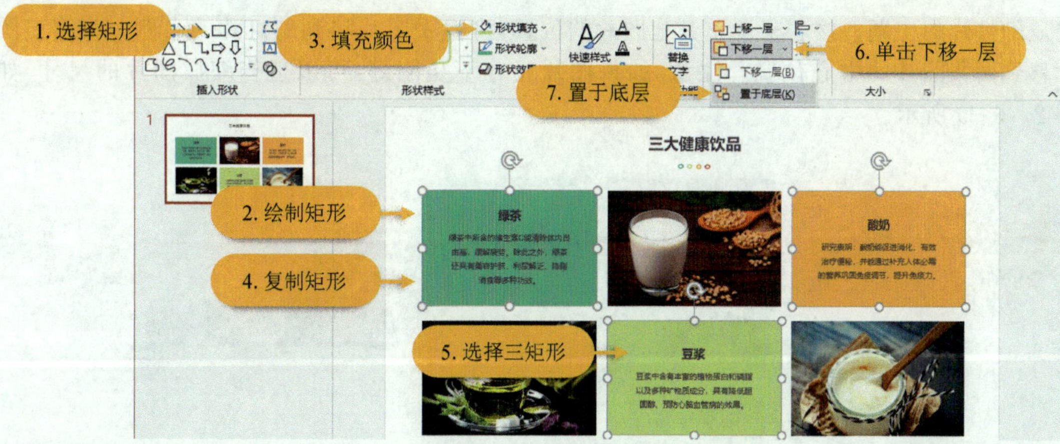

图 2-6-7　绘制背景色块

❻ **调整文字颜色**：选择三个文本框。将所选文本框的字体颜色设置为白色。

把相邻图片刻意错开，或者把图片与文字的位置互换，可以有效打破图片完全对齐的单调，由于有一定的规律，所以不会对视觉流程造成太大影响，如图 2-6-8 所示。

图 2-6-8　三张图片交错对齐排列

2.6.3　三图排版:三张图片交错对齐排列

当版面中的图片具有不同的重要性时,可以将具有较高重要性的图片进行放大,从而产生强烈的对比效果。

❶ **排列图片**:由于本小节示例幻灯片的主题是商务洽谈,所以将左上角的图片放大,以突显幻灯片的主题。接着来调整其他图片的位置,将握手图片移到幻灯片的右侧。将第三图片移到两张图片的中心位置。注意:如果图片尺寸不是刚好,可以适当缩放图片的尺寸,如图 2-6-9 所示。

图 2-6-9　排列图片

❷ **绘制背景色块**:接着来绘制矩形,作为文本的背景。在**插入形状**面板中选择**矩形**工具,在图片之间绘制一个矩形。将矩形颜色设置为绿色,如图 2-6-10 所示。

❸ **复制矩形背景**:首先按下键盘上的 **Ctrl** 键。在按下该键的同时,拖动矩形背景以复制该对象。修改矩形的填充颜色。

现在已经完成了矩形背景的制作,还需要将两个矩形移到文字的后方。

❹ **置底矩形背景**:同时选择两个矩形背景,使用**置于底层**命令,将所选矩形移到文字的下方。

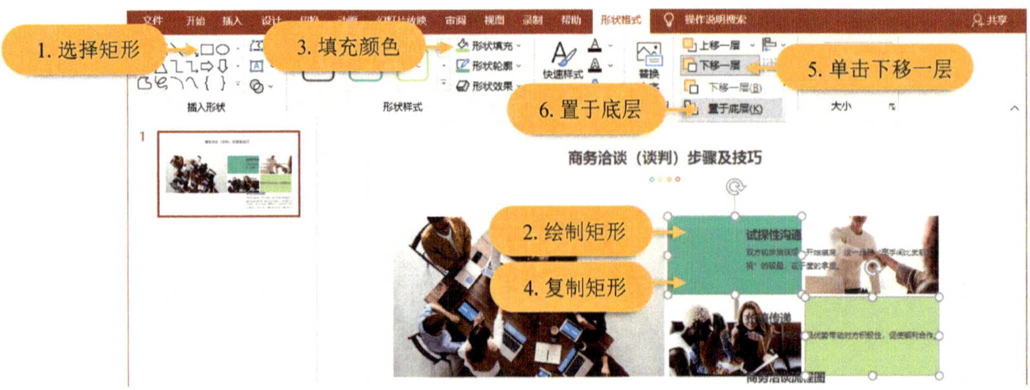

图 2-6-10　绘制背景色块

❺ **调整文本框**：将商务洽谈流程图文本框移到所有图片的下方。增加文本框的宽度，使文本框的右边界和最右侧的图片保持右对齐。使用相同的方式，将另外两个文本框移到依次移到矩形背景的上方。缩小文本框的宽度，使文字内容被限制在矩形背景的范围内。将矩形上方的文字的颜色修改为白色，如图 2－6－11 所示。

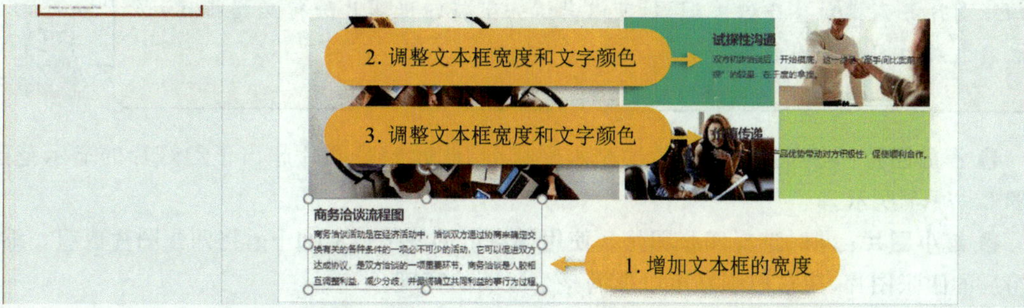

图 2－6－11　调整文本框

如果排列大小相同的多张图片，那么版面就会缺乏重点而且没有张力。如果把一张图片放大，与其他图片形成鲜明的大小对比，就可以有效解决这个问题，如图 2－6－12 所示。

图 2－6－12　三张图片交错对齐排列

2.7　幻灯片的四图排版技巧

当幻灯片中拥有四张图片时，你可以将它们按照两种方式进行排版：四张图片交错对齐排列；四张图片两两一组并行排列。

2.7.1 四图排版:四张图片交错对齐排列

四张图片并列排列整齐但单调,你可以尝试一下将四张图片进行交错排列,形成波浪式的图片排列效果。

❶ **摆放图片:** 将四张产品图片挨个水平排列,此时四张图片超出了幻灯片的显示范围,如图 2-7-1 所示。

❷ **缩小图片:** 同时选择四张图片。使用键盘上的快捷键 **Ctrl+g**,将四张图片成组。缩小成组后的四张图片,使它们刚好可以撑满整个版面的宽度。

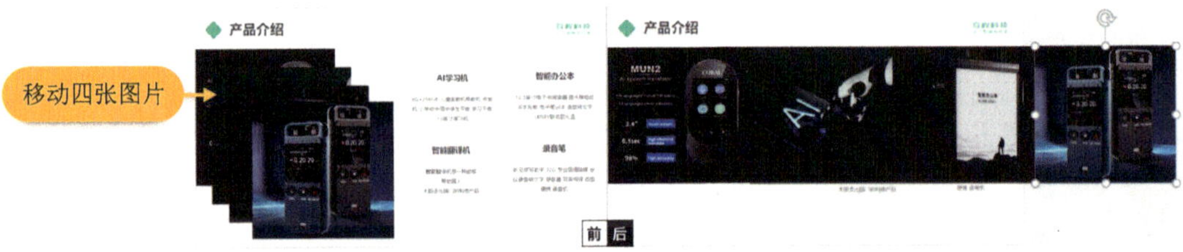

图 2-7-1 摆放图片

对未成组的四张图片进行缩放时,是以各自基点进行缩放的。对成组后的四张图片进行缩放,是以共同的基点进行缩放的。

❸ **取消成组:** 在图片上单击鼠标右键。在弹出的右键菜单中,选择**组合**子菜单中的**取消组合**命令,取消四张图片的组合状态。

❹ **交错排列图片:** 移动图片的位置,使四张图片上下交错排列,如图 2-7-2 所示。

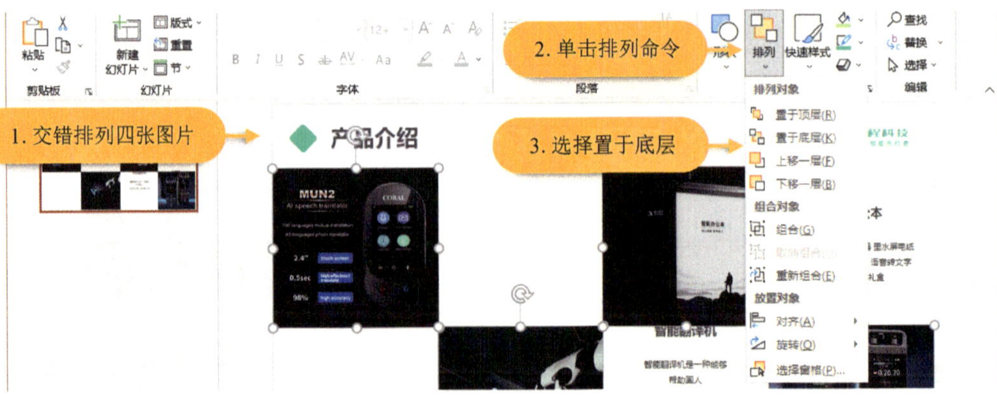

图 2-7-2 交错排列图片

❺ **置底图片:** 接着选择这四张图片,将它们放在文字的下方。选择四张图片。打开**开始**

选项卡。使用**置于底层**命令，将图片移到文字的下方。

❻ **移动文本框**：接着来移动四个文本框的位置，将它们移到对应图片的左侧或右侧，如图 2-7-3 所示。

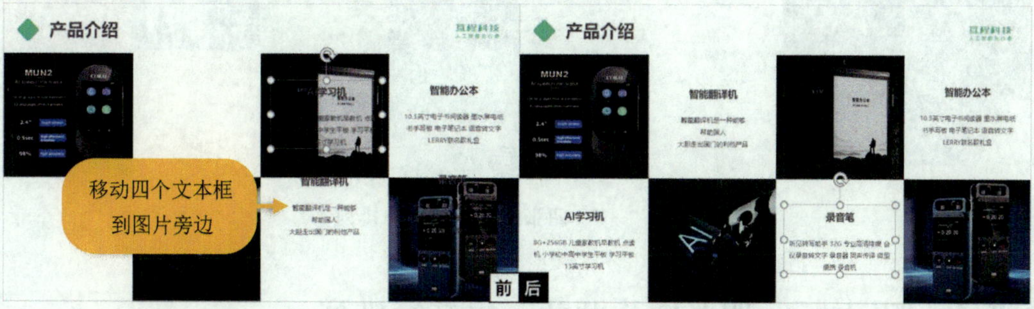

图 2-7-3　移动文本框

❼ **绘制背景色块**：处于白色背景下的文本框，与周围的图片有些格格不入的感觉，现在来给文本框添加一下背景，以使文本框和图片能够和谐相处。在**插入形状**面板中选择**矩形**工具，以绘制一个矩形。将矩形的填充颜色设置为绿色，如图 2-7-4 所示。

❽ **复制背景色块**：然后使用复制的方式，创建其他的矩形。首先按下键盘上的 **Ctrl** 键。在按下该键的同时，拖动背景色块以复制该对象。修改背景色块的填充颜色。使用相同的方法，制作另外两个背景色块。

❾ **置底背景色块**：接着将它们移到文字的下方。选择这四个背景色块。通过**置于底层**命令，将所选图形移到文字的下方。

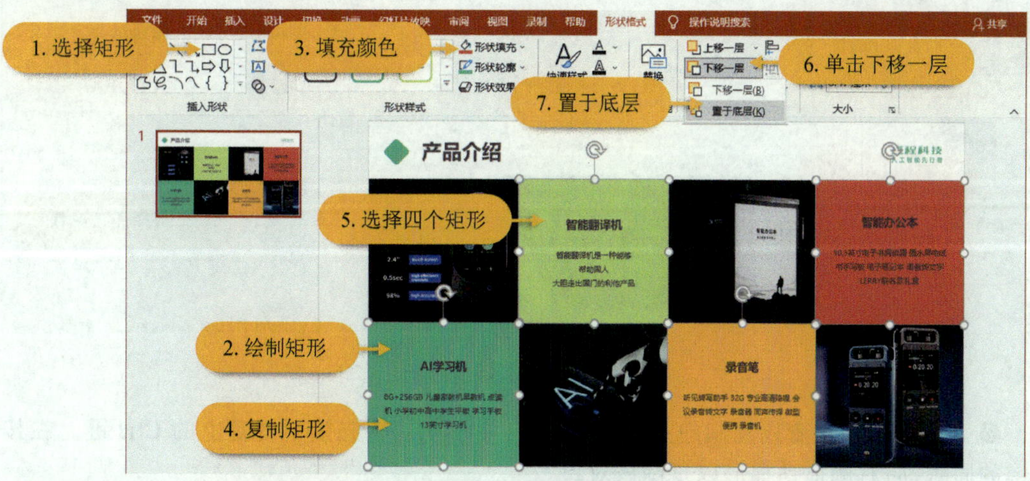

图 2-7-4　绘制背景色块

❿ **修改文字颜色**：选择四个文本框。将所选文字的颜色修改为白色。

把相邻的两张图片刻意错开，或者把图片与文字的位置互换，这么做可以有效打破图片完全对齐的单调，并且也不会对视觉流程造成太大影响，如图 2-7-5 所示。

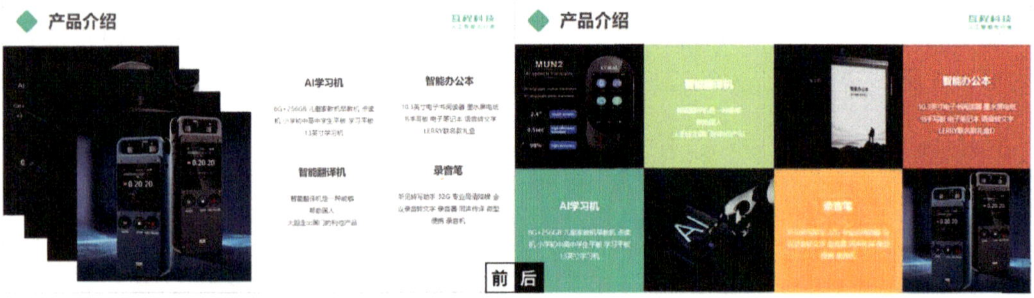

图 2-7-5　四张图片交错对齐排列

2.7.2　四图排版：四张图片两两一组并行排列

当幻灯片拥有四张图片，但是只有两块文字内容时，可以考虑将图片两两一组并行排列。

❶ **绘制形状**：首先绘制一个形状，用来使用填充的方式显示一张图片。打开**开始**选项卡，单击**形状**命令，选择**任意形状工具**以绘制一个梯形，如图 2-7-6 所示。

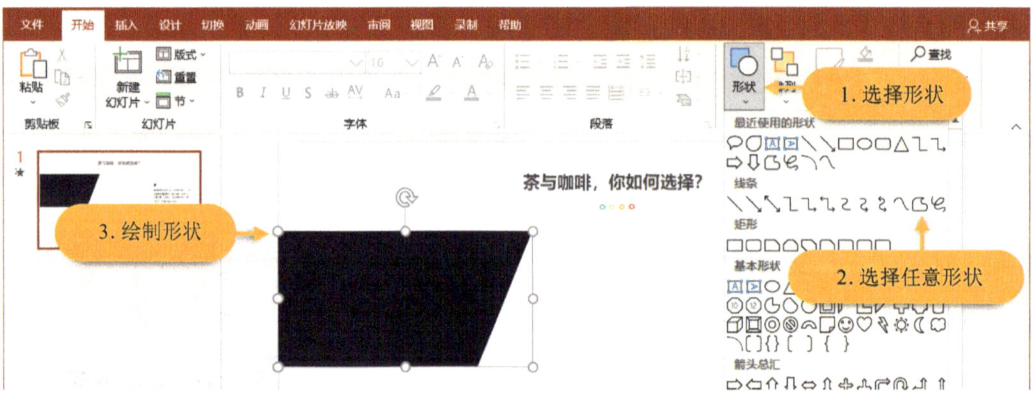

图 2-7-6　绘制形状

❷ **复制形状**：接着以复制的方式，创建另一个形状。首先按下键盘上的 **Ctrl** 键。在按下该键的同时，向右侧拖动梯形以复制该对象。

❸ **编辑形状**：在形状上方单击鼠标右键，打开右键菜单。选择**编辑顶点**命令，进入顶点编辑模式。向右侧拖动左上角的顶点，以避免遮挡左侧的形状，并使两个形状相邻的两边保持平行，如图 2-7-7 所示。

❹ **复制形状**：以复制的方式，创建第三个形状。编辑形状，使形状的左边缘和中间形状的右边缘保持平行。选择上面的三个形状。向下复制所选的三个形状，如图 2-7-8 所示。

❺ **填充图片**。接着来给这些形状填充图片，首先选择左上角的形状。单击**形状填充**命

图 2-7-7　编辑形状

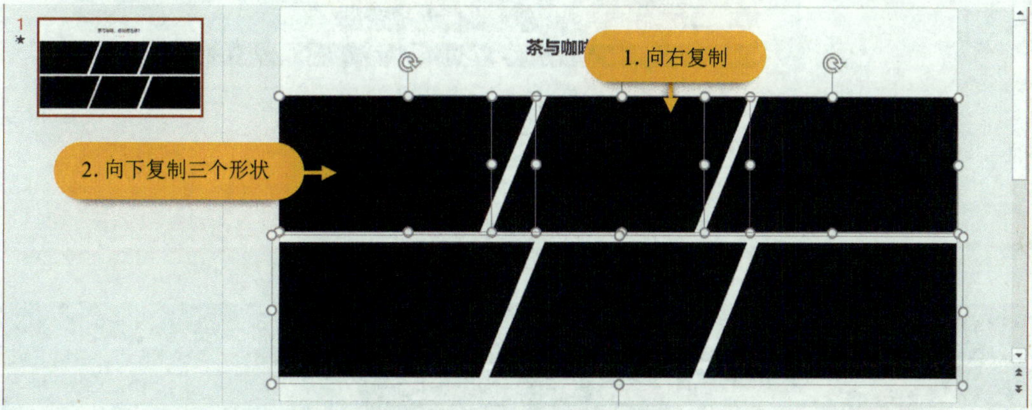

图 2-7-8　复制形状

令，打开形状填充面板。选择**图片**命令，给这个形状填充一张图片素材。使用相同的方式给第二个矩形也填充图片，如图 2-7-9 所示。

图 2-7-9　填充图片

❻ **编辑右侧形状**：选择右侧形状并给它填充颜色，作为文字内容的背景。然后通过**置于底层**命令，将形状移到文字的下方。

❼ **修改文字颜色**：选择文本框并将它的颜色修改为白色，如图 2-7-10 所示。

❽ **编辑下方三个形状**：使用相同的方式，给下方的三个矩形填充颜色或图片，并修改文本框的颜色。

这样就完成了四张图片和两块文字的排版，最终效果如图 2-7-11 所示。

图 2-7-10　修改文字颜色

图 2-7-11　四张图片两两一组并行排列

2.8　幻灯片的五图排版技巧

当你的幻灯片拥有五张图片时，可以套用这三种排版方法：五张图片并列排版；只有一段文字的一大四小式布局；一张背景四张图片交错对齐布局。

2.8.1　五图排版：五张图片并列排版

对于五张的产品图片、作品图片或员工照片，由于它们具有相同的优先级或者重要性，可以将它们直接进行并排摆放。

❶ **移动图片**：首先将一张头像移到幻灯片的右侧。

❷ **等距分布图片**：然后将这些图片在水平方向上等距排列，首先选择五张头像。打开**开始**选项卡，显示开始功能面板。通过排列命令组中的**横向分布**命令，将所选图片在水平方向上等距分布。通过**垂直居中**命令，将所选图片在垂直方向上居中对齐，如图 2-8-1 所示。

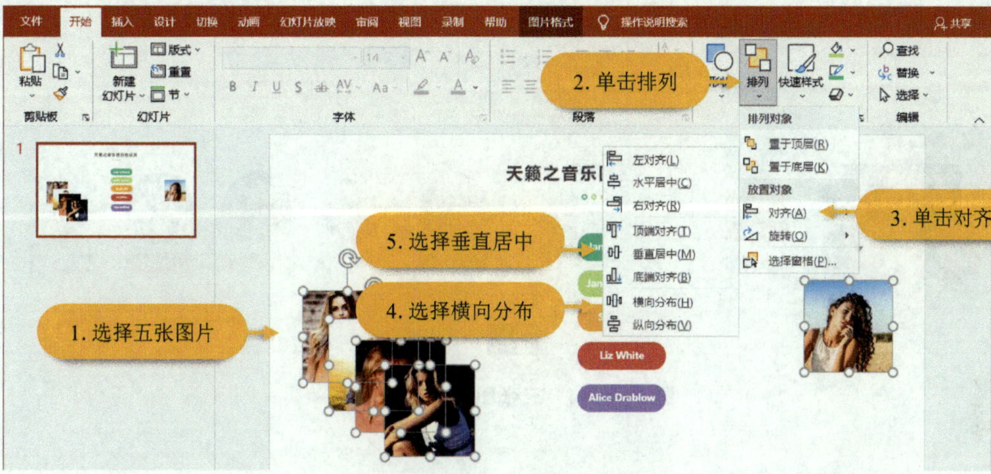

图 2-8-1　等距分布图片

❸ **移动人物名称**：接着将五个人名所在的圆角矩形，依次移动对方头像的下方。借助**智能辅助线**，可以使图片与下方的人名保持居中对齐，如图 2-8-2 所示。

图 2-8-2　移动人物名称

❹ **裁剪头像**：首先选择五张图片。打开**格式**选项卡，显示格式功能面板。然后通过**裁剪**命令，将所选照片裁剪为圆形，如图 2-8-3 所示。

图 2-8-3 裁剪头像

这种版面的优点是简洁、直观,容易实现,只要保证图片之间等距分布和对齐即可,如图 2-8-4 所示。

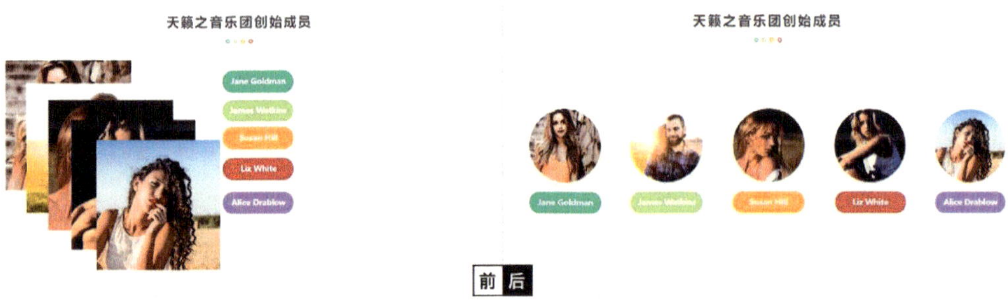

图 2-8-4 五张图片并列排版

2.8.2 五图排版:只有一段文字的一大四小式布局

当幻灯片需要将一段文字和五张图片进行排版时,可以将图片调整为一大四小的布局方式。

❶ **插入表格**:打开**插入**选项卡,显示插入功能面板。单击**表格**命令,打开表格操作面板。在**插入表格**面板中滑动鼠标,以设置表格的行和列的数量为两行四列,如图 2-8-5 所示。

❷ **调整表格尺寸**:增加表格的宽度和高度。将表格移到幻灯片的中心位置。

❸ **合并单元格**:在左上角的单元格上按下并向下方拖动,以选择左侧的两个单元格。使用**合并单元格**命令,将所选单元格合并为一个单元格。这个单元格将用来放置文字内容。使用相同的方式,合并右侧两个单元格,合并后的单元格用来放置图片,如图 2-8-6 所示。

❹ **调整文字内容**:将图标和文字移到左侧的单元格。将文字的颜色设置为白色。接着选择文字上方的图标,将它的填充颜色也设置为白色。

❺ **填充图片**:往其他的五个单元格中依次插入图片,在右侧的单元格中单击,将光标移

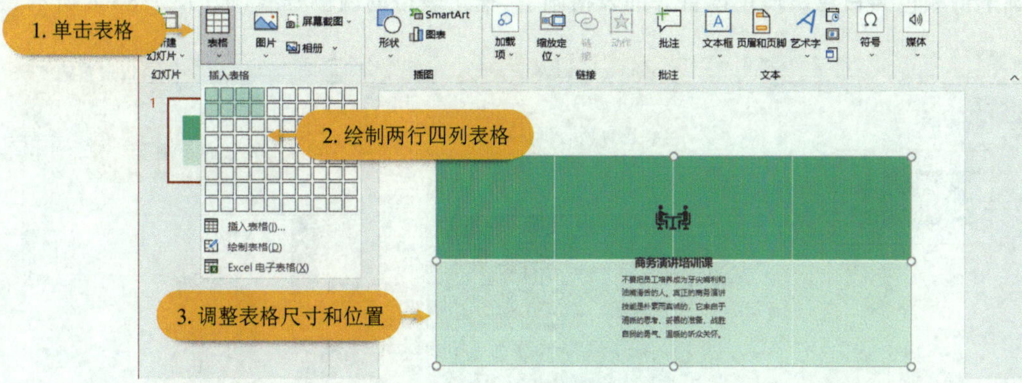

图 2-8-5　插入表格

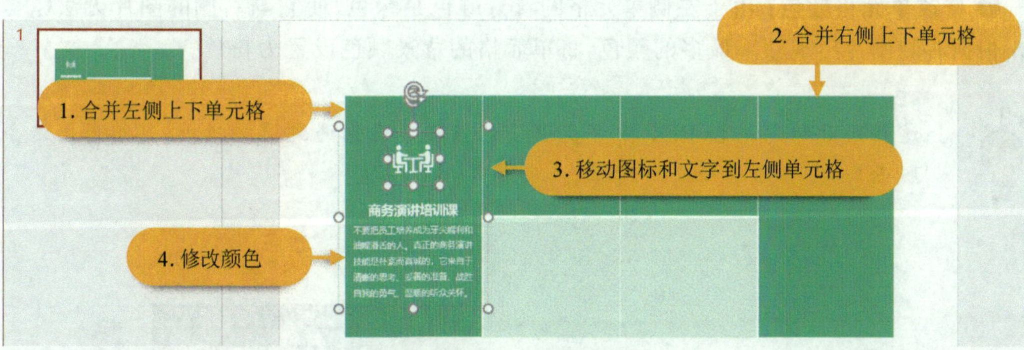

图 2-8-6　合格单元格

到这个单元格。单击**形状填充**下拉箭头。单击**图片**命令,选择一张图片来填充这个单元格。使用相同的方式,往其他四个单元格中插入图片,如图 2-8-7 所示。

图 2-8-7　填充图片

❻ **设置表格边框**:由于图片之间紧密相连,使得版面拥挤不堪,缺少呼吸感。现在通过增加表格边框的粗细,来增加图片之间的距离。将表格画笔的宽度设置为 6 磅。接着设置表

格画笔的颜色为**白色**。使用设置好的表格画笔,描绘表格的内侧框线,如图 2-8-8 所示。

图 2-8-8 设置表格边框

❼ **修改单元格颜色:**由于左侧单元格的背景颜色是绿色,使它与右侧的图片无法完美融合。根据右侧图片出现频率最多的颜色,将单元格的背景颜色设置为粉色。

这种版面特别适合 PPT 中字少图多的情况。当您遇到这种情形,直接套用这个版面即可,如图 2-8-9 所示。

图 2-8-9 一大四小布局

2.8.3 五图排版:一张背景四张图片交错排列布局

当需要将四块文字和五张图片进行排版时,可以挑选一张图片作为幻灯片的背景。

❶ **制作背景图片:**首先插入一个作为幻灯片的背景。打开**插入**选项卡,显示插入功能面板。单击**图片**命令,打开图片来源列表。选择**此设备**命令,往幻灯片中插入一张图片作为幻灯片的背景,如图 2-8-10 所示。

❷ **编辑图片样式:**由于图片是作为背景使用的,因此需要降低它的亮度。在**亮度**滑杆上

单击,设置亮度的值为－70%,以降低图片的亮度。

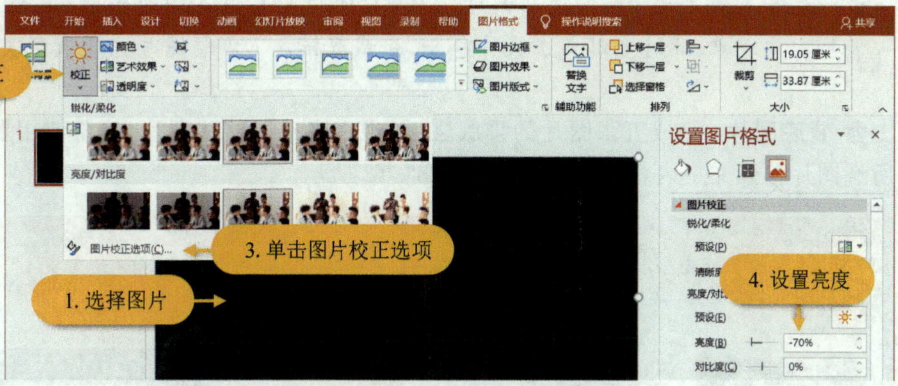

图 2－8－10　制作背景图片

❸ **制作平行四边形**:接着来绘制一些平行四边形,作为图片的容器。在**插入形状面板**中选择**矩形工具**,以绘制一个平行四边形。在定界框上的黄色小圆点上拖动,以缩小平行四边形的宽度,如图 2－8－11 所示。

❹ **复制平行四边形**:接着以复制的方式创建其他的四边形。首先按下 **Ctrl** 键。在按下该键的同时,向右侧拖动以复制三个四边形。

❺ **排列平行四边形**:移动四个平行四边形,通过**智能辅助线**的帮助,使平行四边形两两对齐。单击**排列**命令组中的**对齐对象**命令,在打开的**对齐对象**菜单中,选择**横向分布**命令,使四个平行四边形在水平方向上等距分布。

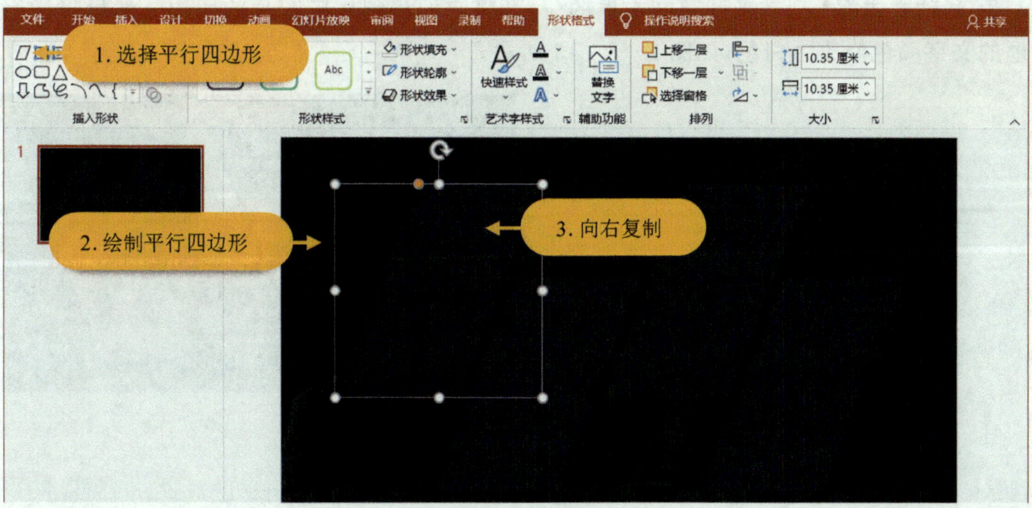

图 2－8－11　制作四边形

❻ **填充图片**:完成图片容器的创建之后,现在来插入图片素材。首先选择左侧的平行四边形。单击**形状填充**下拉箭头,打开形状填充菜单。单击**图片**命令,选择一张图片来填充整个平行四边形。使用相同的方式,给其他的四边形也分别填充一张图片。

如果图片尺寸和四边形尺寸不同，在使用图片填充四边形时，就会出现图片扭曲现象，此时可以点击裁剪命令，在裁剪模式下调整图片宽度来解决这个问题。

❼ **置底图片**：完成五张图片的排版之后，现在来选择这些图片，接着使用**置于底层**命令，将所选图片移到文字内容的下方，如图 2－8－12 所示。

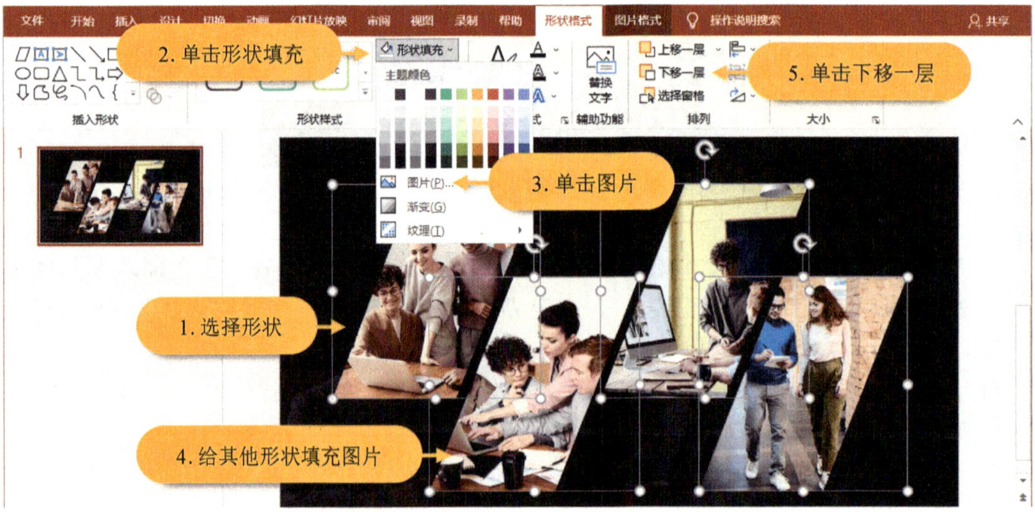

图 2－8－12　填充图片

❽ **移动文本框**：现在来调整文本框的位置，将它们移到相应图片的旁边。然后将所有文本框的文字颜色修改为白色，如图 2－8－13 所示。

图 2－8－13　一张背景四张图片交错排列

当幻灯片需要展示四条内容时，不管这四条内容是并列关系，还是顺序关系，都可以采用这种排版方式。

2.9 幻灯片的多图排版技巧

老师,通过上面图文混排技巧的学习,我发现其实只有两种排版方法,第一种是:图片和文字的一一对应式的排版,第二种是:多张图片聚集成一组图片,从而形成单图的排版方式。

你的总结能力很棒,小王!多图排版讲究如何把多张图片进行编排,形成一个整体的元素,最终类比于单图排版中的那张图片。
接着我们再来看几个更多图片的排版方式,不过万变不离其宗,这些图片的排版也会遵从你总结的那两种排版方式。

2.9.1 多图排版:一张背景六张图片拼合布局

当前幻灯片需要展示七张图片素材,当需要对七张图片排版时,您可以将其中一张作为幻灯片的背景图片,其他六张组合成一个单元,和文字区域左右并列。

❶ **设置背景图片**:首先选择一张图片作为幻灯片的背景。放大图片使图片撑满整张幻灯片。图片是背景,所以需要降低它的亮度。在**亮度**输入框里,输入−70%,如图2-9-1所示。

图2-9-1 设置背景图片

❷ **排列其他图片**:适当缩小六张图片的尺寸。将六张图片摆成两排,每排三张图片。移动六张图片使它与右侧的文字,在垂直方向上居中对齐,如图2-9-2所示。

❸ **修改文字颜色**:选择四个文本框。将所选文字的颜色修改为白色。

这样就完成了七张图片的版面设计,最终效果如图2-9-3所示。

图 2－9－2 排列其他图片

图 2－9－3 一张背景六张图片拼合布局

2.9.2 多图排版：一主多次式布局法

当幻灯片需要对多张图片进行排版时，可以从中挑选一张主要图片，然后将它放大之后摆在幻灯片的中心位置，其他小图可以放在中间大图的两侧。

❶ **摆放图片**：在示例幻灯片中选择一张图片作为主图，将它放在幻灯片的中心位置。接着缩小其他副图的尺寸。将六张图片分成两组，依次放在主图的两侧，如图 2－9－4 所示。

图 2－9－4 摆放图片

❷ **裁剪图片**：想到家就容易联系到蜂巢，现在来将图片的形状修改为六边形，从而将这

张图片塑造成蜂巢的形状。选择主图两侧的所有副图。打开**格式**选项卡,显示格式功能面板。使用**裁剪**为形状命令,将所选图片裁剪为六边形的形状,如图 2-9-5 所示。

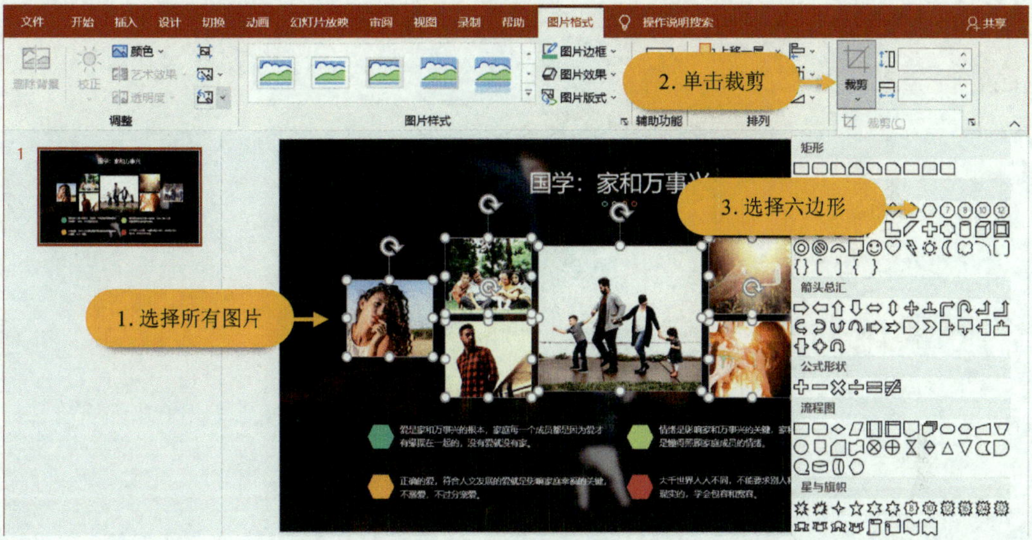

图 2-9-5　裁剪图片

这样就完成了一主多次的排版方案:主图放在中间,副图放在两侧,标题和详情内容放在上下两端,如图 2-9-6 所示。

图 2-9-6　一主多次布局

2.9.3　多图排版:经典的九宫格布局法

当需要往版面中摆放九张图片时,那么推荐使用九宫格的布局方式。

❶ **插入表格**:要制作九宫格的布局,推荐使用表格工具。打开**插入**选项卡,显示插入功能面板。单击**表格**命令,打开表格面板。在**插入表格**面板上滑动鼠标,以创建一个三行三列的表格,如图 2-9-7 所示。

❷ **调整表格：**将表格移到幻灯片的左侧，从而形成左图右文的布局格式。调整表格的尺寸，使表格的高度与文字内容区域高度相似。

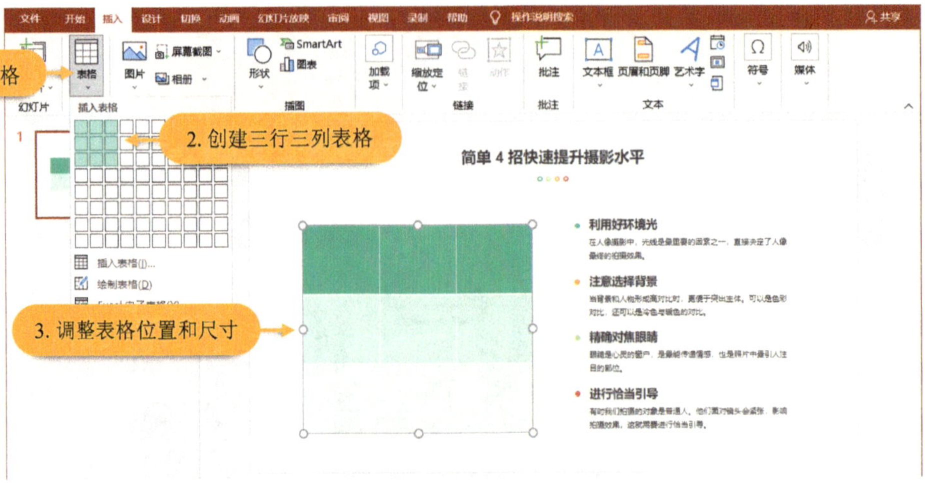

图 2-9-7　插入表格

❸ **填充图片：**在左上角的单元格中单击，将光标移到此处。打开**格式**选项卡，显示格式功能面板。接着往这个单元格中插入一张图片，作为单元格的背景。使用相同的方式，设置其他单元格的背景，如图 2-9-8 所示。

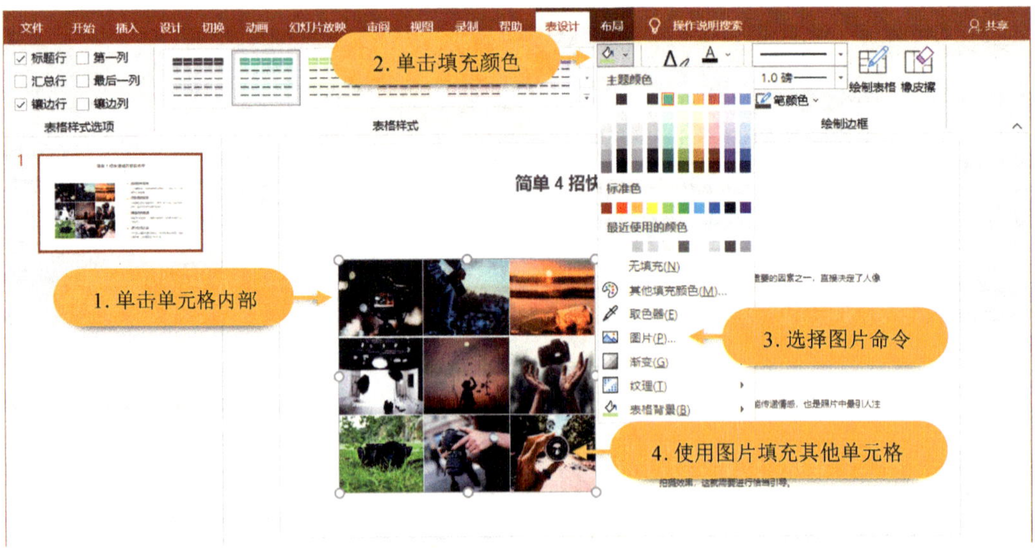

图 2-9-8　填充图片

❹ **增加图片间距：**很多图片聚焦在一起，显得非常拥挤，现在来增加图片之间的距离。首先在表格边框上单击，以选择整个表格，将表格画笔的宽度设置为 6 **磅**。然后将表格画笔的颜色设置为**白色**。使用设置好的表格画笔，描绘表格的所有框线，如图 2-9-9 所示。

这样就完成了整齐、漂亮的九宫格布局，最终效果如图 2-9-10 所示。

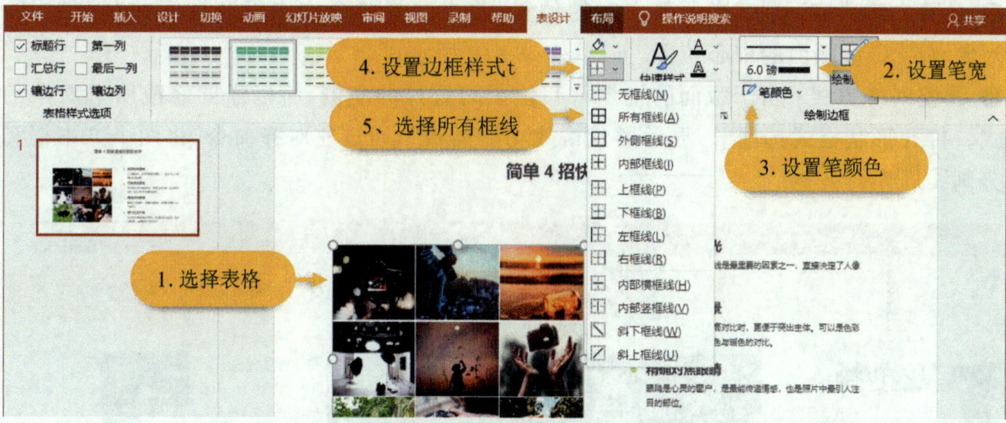

图 2-9-9　增加图片间距

图 2-9-10　九宫格布局法

2.9.4　多图排版:文字处于中心位置的 C 型布局法

当幻灯片拥有很多张图片,但是只有一段文字时,可以考虑使用 C 形版式,就是将所有图片排成 C 形结构,而文字内容处于中心位置。从而使观众的视线聚焦在 PPT 中心区域的内容。

❶ **C 型布局图片:** 将竖状图片移到幻灯片的左侧。放大图片,使图片的高度和幻灯片的高度相同。移动三张图片到幻灯片的顶点。移动三张图片到幻灯片的底部。为了使版面整齐,将位于底部和顶部的图片调整为相同的高度。这样就将所有图片摆成了 C 字型,如图 2-9-11 所示。

图 2-9-11　C 型布局图片

❷ **调整文字内容**：现在来调整文字的位置，首先选择两个文本框和中间的分割线条，将这些对象移到C形版面的中心位置，如图2-9-12所示。

❸ **调整对齐方式**：由于版面的视觉重心位于幻灯片的左侧，所以需要修改所选对象的对齐方式。打开**形状格式**选项卡，显示形状格式功能面板。通过**左对齐**命令，将两个文本框和其间的分割线居左对齐。

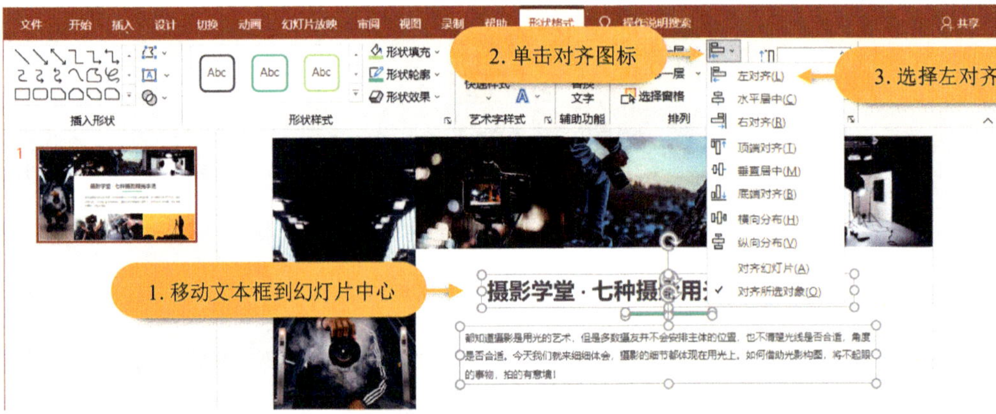

图2-9-12 调整文字内容

这样就完成了富有创意的C型版式的制作，当需要展示的图片较多，并且文字较少时，就可以套用这种版式，如图2-9-13所示。

图2-9-13 文字处于中心的C型布局法

第 3 章

商业融资计划书 PPT

您将在本章收获以下知识：

❶ 商业融资计划书制作内幕和技巧

❷ 过渡页、内容页等版式的设计

❸ 市场分析、用户痛点幻灯片的制作

❹ 商业模式、产品服务、盈利模式幻灯片的制作

❺ 团队介绍、公司简介幻灯片的制作

❻ 财务分析、发展规划、融资用途幻灯片的制作

……

3.1 商业融资计划书:幻灯片的版式设计

老师,最近我们公司发展势头良好,打算融资扩大经营规模,所以需要制作一份《商业融资计划PPT》。领导夸我最近PPT设计进步非常大,于是就把这个艰巨的任务交给我了。

小王,既然领导对你这么信任,那你就要认真对待这项任务,不要辜负了领导的期待和信任。既然要做《商业融资计划PPT》,就要对商业融资计划有所了解。

是啊,刚接到任务时,虽然心里还是激动,但还是有些忐忑不安。我对商业融资计划还不太了解,领导虽说遇到困难可以随时找他,但是我还是有些担心完不成任务。

不用担心,小王,方法总比问题多!我会全程协助你完成商业融资计划PPT的。商业融资计划PPT是企业为了达到招商融资的目标,在经过对公司业务科学调研、分析的基础上,编辑整理的一个向投资者全面展示公司目前状况、未来发展潜力的材料。

一份好的商业融资计划PPT的特点是:关注产品、敢于竞争、充分的市场调研,有力的资料说明、优秀的团队展示、良好的财务预计、出色的计划概要等几点。还要做到内容完整、意愿真诚、基于事实、结构清晰、通俗易懂!一份优秀的商业计划PPT能够把公司的优势、潜力、运营思路、商业模式等完美地展现给投资者,从而获得风险投资商的青睐。

您将在本章创建一份商业融资计划PPT,部分幻灯片如图3-1-1所示。

图3-1-1 商业融资计划书部分幻灯片

3.1.1　创建商业融资计划书封面幻灯片的版式

多谢老师的鼓励、讲解，我已经有信心完成这项艰巨的任务了！万事开头难，要制作商业融资计划 PPT，我们该从哪里入手呢？

商业融资计划 PPT 必然会包含很多的幻灯片，专业的 PPT 要求所有幻灯片具有相同的布局和风格：字体和字号从一张幻灯片到另一张是一致的，占位符文本框位于相同的位置，文本在不同的幻灯片中以相同的方式对齐。如果每张幻灯片的某处显示公司徽标，则徽标必须出现在同一位置。

一致性是 PPT 设计中的一切，为了保持一致性，PowerPoint 提供了幻灯片母版。母版幻灯片是演示文稿中的幻灯片继承其格式的模型幻灯片，那么一切就从创建版式开始！

❶ **删除默认版式**：由于新建的演示文稿会自带很多默认版式，所以首先删除不需要的版式，单击**视图**选项卡中的**幻灯片母版**命令，进入幻灯片母版视图。在左侧的版式列表中，选择从第二个开始往下的所有版式。然后在所选版式的上方单击鼠标右键，打开右键菜单。选择菜单中的**删除版式**命令，删除选择的所有版式，如图 3－1－2 所示。

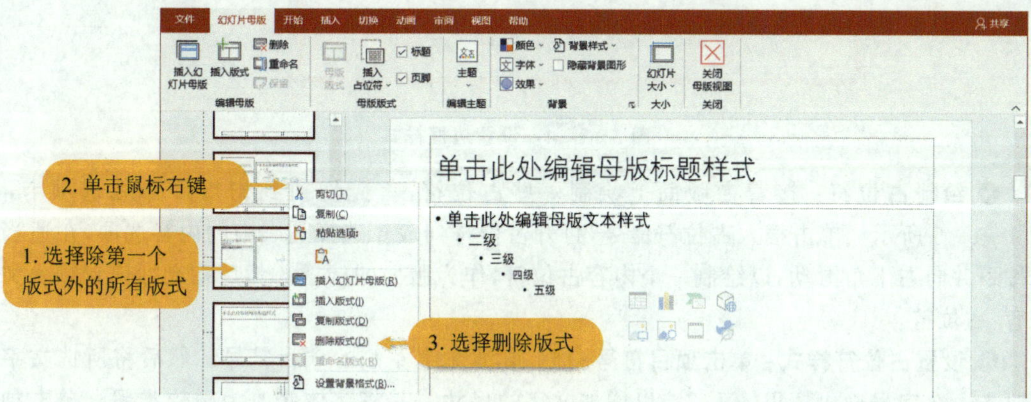

图 3－1－2　删除默认版式

❷ **删除占位符**：现在只剩下一个版式了，使用键盘上的快捷键 **Ctrl＋a**，全选版式中的占位符。使用键盘上的 **Delete** 删除键，删除所选的对象，这样我们就有了一个空白的版式。

❸ **制作版式**：接着来制作我们的第一个版式，首先单击**插入**选项卡，显示插入功能面板。由于每张幻灯片都有一个橙色边框，因此要在版式中绘制一个矩形，如图 3－1－3 所示。

❹ **设置矩形样式**：完成矩形的绘制之后，将矩形的形状填充设置为**无填充**，如图 3－1－4 所示。将矩形的轮廓颜色设置为**橙色**。接着来设置矩形轮廓的宽度，首先打开设置形状格式

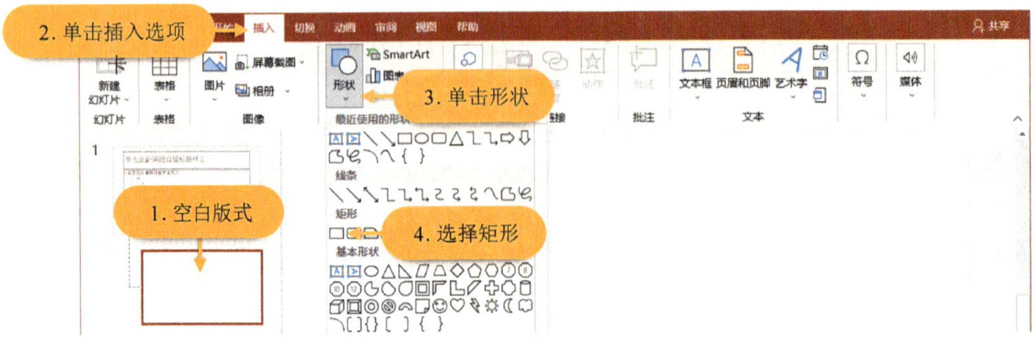

图 3-1-3　绘制矩形边框

窗格。然后将矩形边框的宽度设置为 **12** 磅,如图 3-1-4 所示。

图 3-1-4　设置边框样式

❺ **绘制占位符**:接着在版面上绘制一些占位符,首先切换到**幻灯片母版**选项卡,如图 3-1-5 所示。单击**插入占位符**命令,打开占位符列表。选择列表中的**内容**选项,在适当位置按下并向右下角滑动,以绘制一个内容占位符,作为版面的标题。然后在光标位置输入文字内容:**占位符**。

❻ **设置占位符样式**:单击**项目符号**图标,取消文字左侧的项目符号。然后将所选文字居中对齐。在**字号**输入框里输入 72,以增加文字的尺寸。并将字体修改为**微软雅黑**。单击**加粗**图标,使所选文字加粗显示。

❼ **第二个占位符**:使用相同的方式绘制第二个占位符,作为版面的子标题,如图 3-1-6 所示。

❽ **重命名版式**:为了规范幻灯片的设计,现在来给这个版式起个名字。单击**幻灯片母版**选项卡,显示幻灯片母版功能区。单击**重命名**命令,打开重命名版式窗口,如图 3-1-7 所示。完成版式名称的设置之后,单击**关闭母版视图**按钮,返回普通视图。

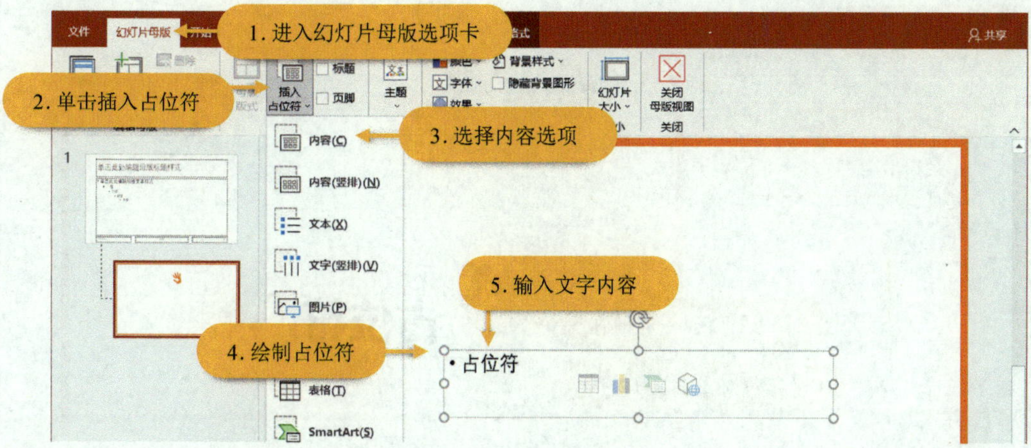

图 3－1－5　绘制占位符

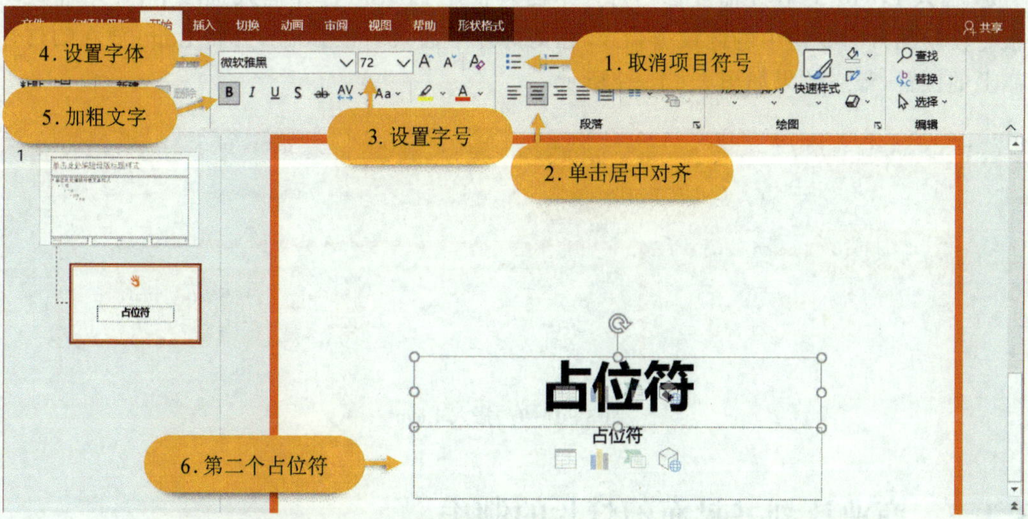

图 3－1－6　第二个占位符

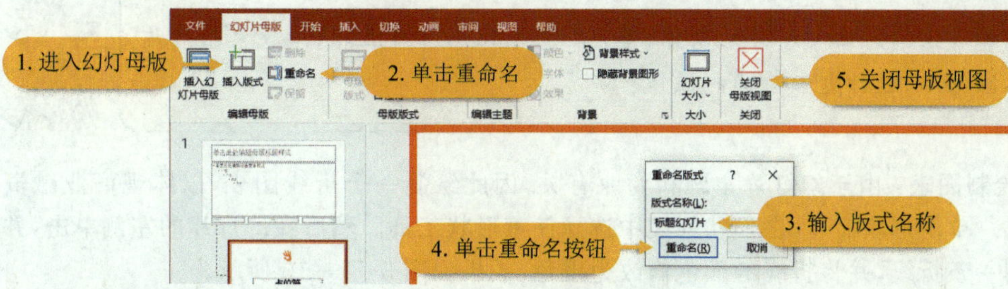

图 3－1－7　重命名版式

❾ **替换版式**：接着使用新的版式，替换当前幻灯片的版式。单击**版式**命令，显示演示文稿中的所有版式，如图 3－1－8 所示。然后在版式列表中选择刚刚创建的版式。

❿ **修改占位符内容**：接着修改两个占位符里的文字内容。

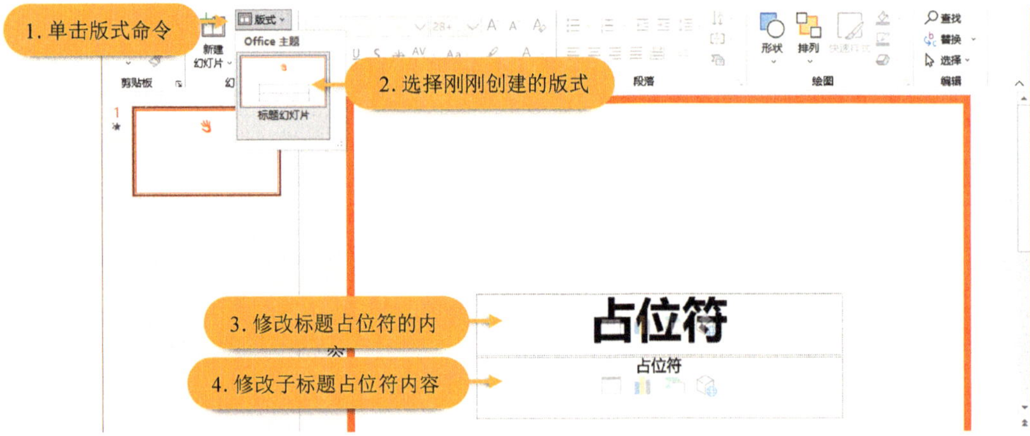

图 3-1-8　替换版式

⓫ **插入** Logo：现在还需要往幻灯片中插入企业 Logo。打开**插入**选项卡，显示插入功能面板。使用**图片**命令组中的**此设备**命令，往幻灯片中插入一张 Logo，并将 Logo 放在幻灯片中心靠上的位置，最终效果如图 3-1-9 所示。

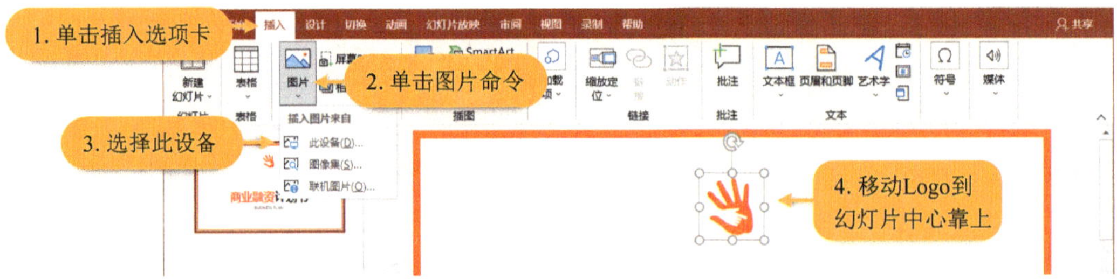

图 3-1-9　插入 Logo

3.1.2　商业计划书封面幻灯片的制作

你将在本节继续封面幻灯片的制作，首先在视图比例滑杆上点击，放大幻灯片的显示比例，以进行更加精确的操作。

❶ **绘制图表**：由于幻灯片主题和商业有关，因此绘制一个折线图表，以体现商业融资的回报情况。单击**形状**命令，在形状列表中选择**任意形状**工具。然后在幻灯片的左侧单击，并向右侧绘制一条折线，并将折线的颜色修改为**橙色**，效果如图 3-1-10 所示。

❷ **绘制数据点**：接着在折线的每个顶点绘制一枚圆形，作为图表上的数据点。首先在**插入形状**面板中选择**椭圆**工具，然后在折线上的每个顶点上都绘制一个圆形，如图 3-1-11 所示。为了突出一些数据点，在实心圆点的下方绘制一枚略大的圆框。

❸ **显示制作单位**：最后还要在幻灯片的底部绘制一个文本框，用来显示制作单位。在**插入形状**面板中选择文本框工具。在幻灯片的底部绘制一个文本框，设置它的填充颜色为**橙色**，

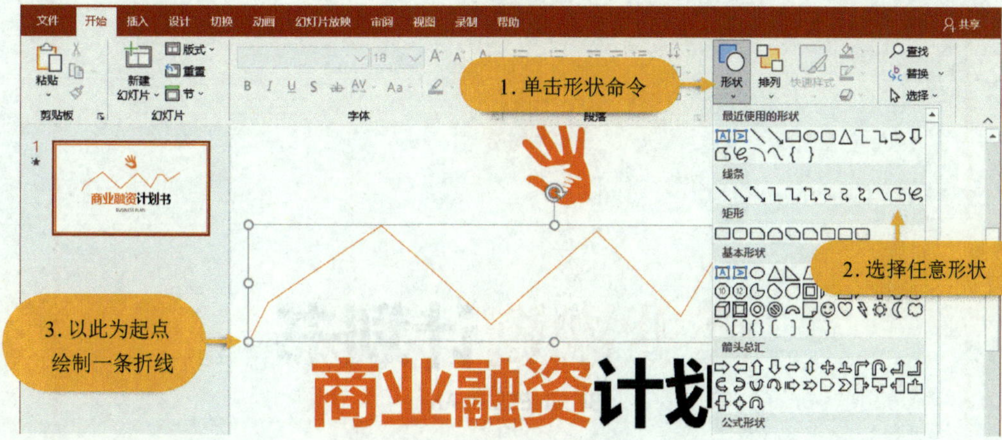

图 3－1－10　绘制图表

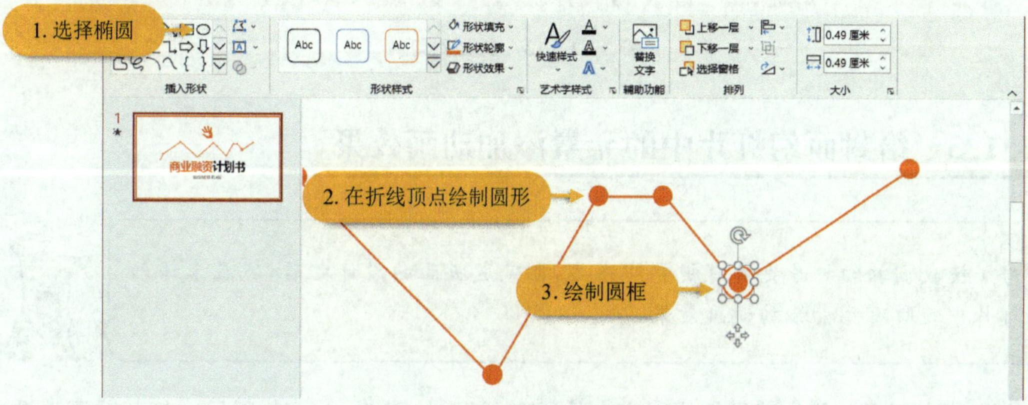

图 3－1－11　绘制数据点

然后在文本框里输入幻灯片制作单位：**互动教程网**，如图 3－1－12 所示。

图 3－1－12　显示制作单位

这样就完成了演示文稿封面幻灯片的制作，最终效果如图 3－1－13 所示。

图 3－1－13　封面幻灯片

3.1.3　给封面幻灯片中的元素添加动画效果

为了使我们的幻灯片更具有视觉冲击力，在完成版面的设计之后，现在来给幻灯片中的所有元素添加动画效果。

❶ **添加动画**：首先选择折线图表中的所有元素，如图 3－1－14 所示。打开**动画**选项卡，显示动画功能面板。然后给所选对象添加名为**形状**的动画效果。

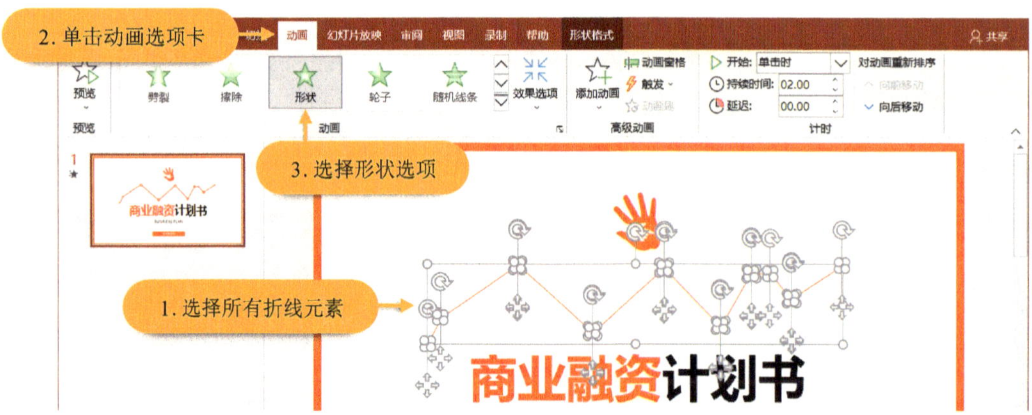

图 3－1－14　添加动画

❷ **制作** Logo **动画**：接着选择位于上方的企业 Logo，给企业 Logo 也添加动画效果。单击**动画**下拉箭头，查看更多的动画效果。单击底部的**更多进入效果**命令，给所选对象添加名为

切入的动画效果，如图 3－1－15 所示。

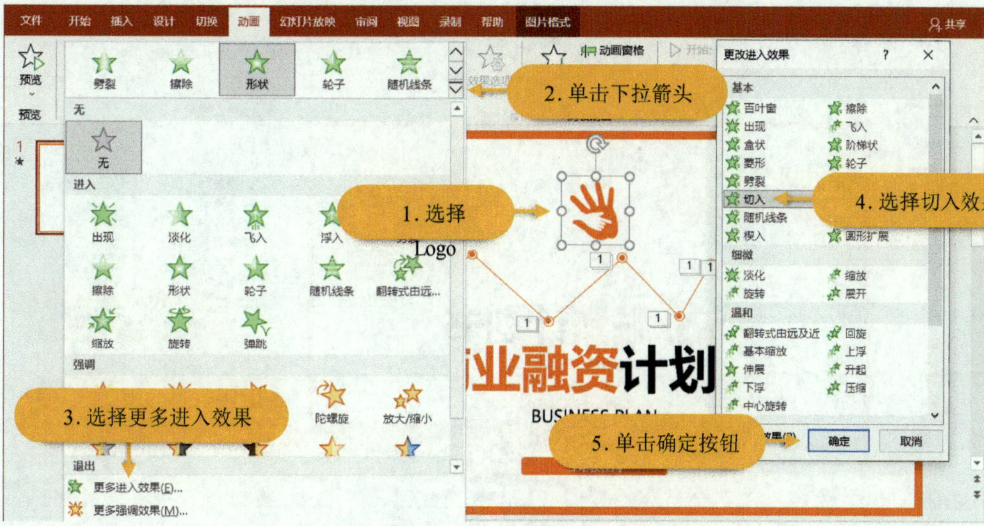

图 3－1－15　制作 Logo 动画

❸ **给其他元素添加动画：**接着以复制的方式，给幻灯片上的其他元素添加**切入**动画效果。双击**高级动画**命令组中的**动画刷**工具，以连续使用该工具。然后在其他元素上单击，将切入动画效果复制到这些元素上，如图 3－1－16 所示。

图 3－1－16　复制动画效果

❹ **调整动画顺序：**接着来调整动画的播放顺序。选择位于幻灯片顶部的 Logo 图标。然后单击**动画窗格**命令，打开动画窗格设置窗口。将动画的开始方式设置为**从上一项之后开始**。使用相同的方式，将其他对象的动画开始方式，都修改为**从上一项之后**开始，使幻灯片的元素逐个播放动画，如图 3－1－17 所示。

❺ **放映幻灯片：**这样就给所有元素都添加了动画效果，该幻灯片的播放效果如图 3－1－18 所示。

图 3-1-17 设置动画顺序

图 3-1-18 放映幻灯片

3.1.4 制作商业计划书的目录页面

由于演示文稿包含很多幻灯片，因此需要制作一个目录页面，向观众展示演示文稿的主要内容。目录页的重要性和制作技巧已经在上一章中讲解过，在此不再赘述。

❶ **创建空白版式**：首先打开**视图**选项卡。打开**幻灯片母版**命令，进入幻灯片母版编辑模式。单击**插入版式**命令，插入一个新的版式，然后删除新版式中的所有占位符。这样就创建了一个空白版式，主要用于创建一些简单的幻灯片，如图 3-1-19 所示。

❷ **新建幻灯片**：通过**新建幻灯片**命令，使用刚刚创建的版式创建一个新的幻灯片，如图 3-1-20 所示。

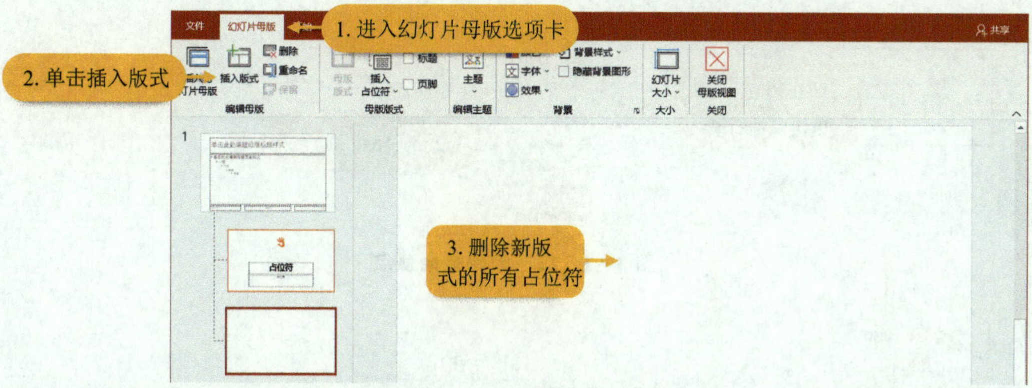

图 3－1－19　创建空白版式

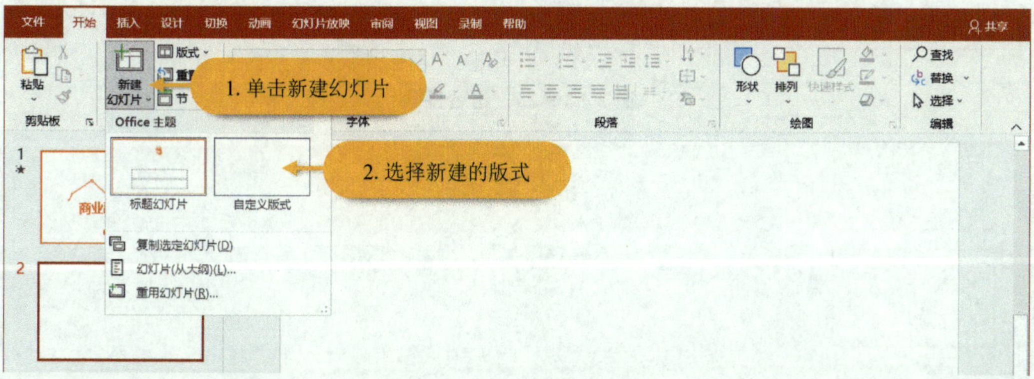

图 3－1－20　新建幻灯片

❸ **复制折线图表：** 将第一张幻灯片中的折线图复制到第二张幻灯片。现在对折线进行一些修改，在图形上单击右键。选择**编辑顶点**命令，进入顶点编辑模式，如图 3－1－21 所示。

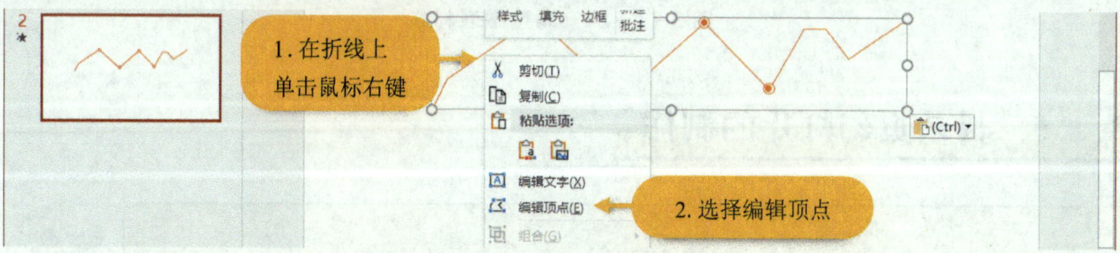

图 3－1－21　编辑折线顶点

❹ **删除多余顶点：** 接着我们需要删除一些顶点，在顶点上单击鼠标右键，打开右键菜单。选择菜单中的**删除顶点**命令，删除不需要的顶点，如图 3－1－22 所示。使用相同的方式，删除其他的顶点，只保留折线上的四个顶点。

❺ **组合图表：** 选择由四个顶点构成的折线，以及折线顶点位置上的圆形。使用键盘上的快捷键 **Ctrl＋G**，将所选对象组合成一个对象，如图 3－1－23 所示。

❻ **调整图表样式：** 将对象逆时针旋转 90°，并放大对象的尺寸，如图 3－1－24 所示。打开**形状格式**选项卡，显示形状格式功能面板。使用 **Ctrl＋Shift＋g** 快捷键，取消对象的组合状态，以方便制作动画效果。

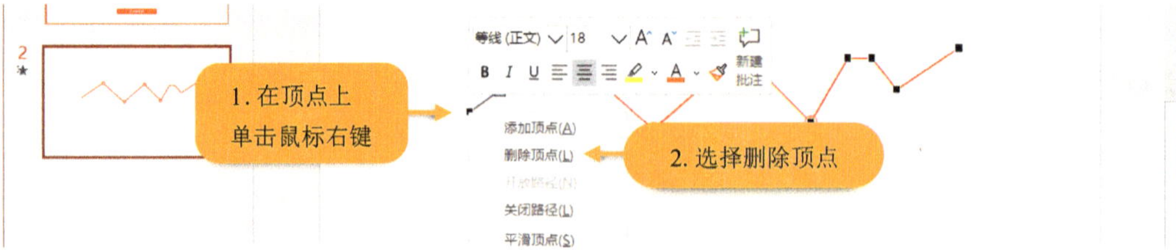

图 3-1-22　删除多余顶点

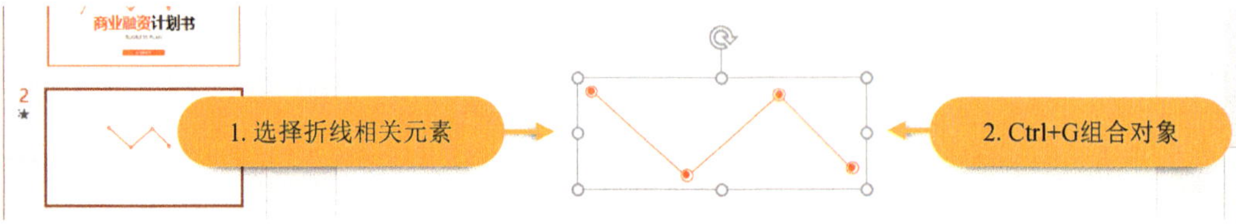

图 3-1-23　组合图表

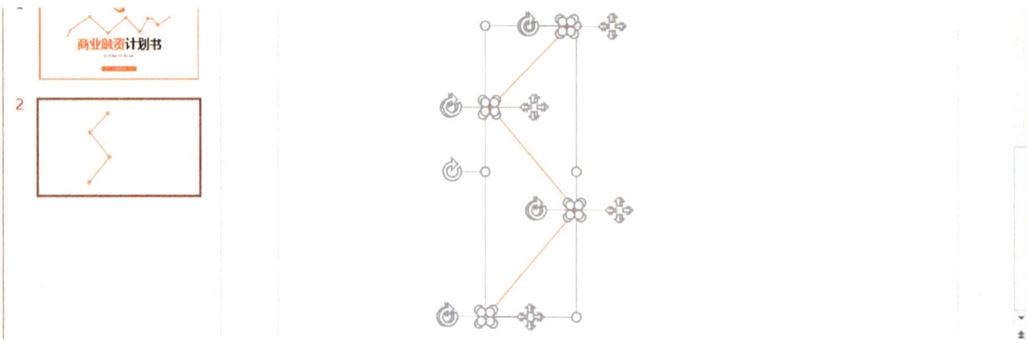

图 3-1-24　调整图表样式

3.1.5　目录页幻灯片的制作

你将在本节继续目录页幻灯片的制作，完成目录的编号和对应的章节标题。

❶ **制作目录编号**：在常用形状列表区域选择**椭圆**工具，然后在折线最上方的顶点右侧绘制一个圆形。将圆形的颜色设置为**橙色**。在圆形上单击鼠标右键，选择右键菜单中的**编辑文字**命令。往圆形的内部输入数字 **1**，如图 3-1-25 所示。

❷ **缩小内边距**：为了使图形可以在一行显示数字，可以调整图形的内边距。首先在图形上方双击，以打开**设置形状格式**窗格。单击文本框图标，显示文本框属性面板。设置**左边距**、**右边距**的值为 0，数字刚好可以显示在圆形中，如图 3-1-26 所示。

❸ **制作目录标题**：首先打开**插入**选项卡，如图 3-1-27 所示。选择**文本框**工具，然后在圆形的右侧绘制一个文本框。将字号设置为 32，以增加文字的尺寸。单击**加粗**图标，使所选

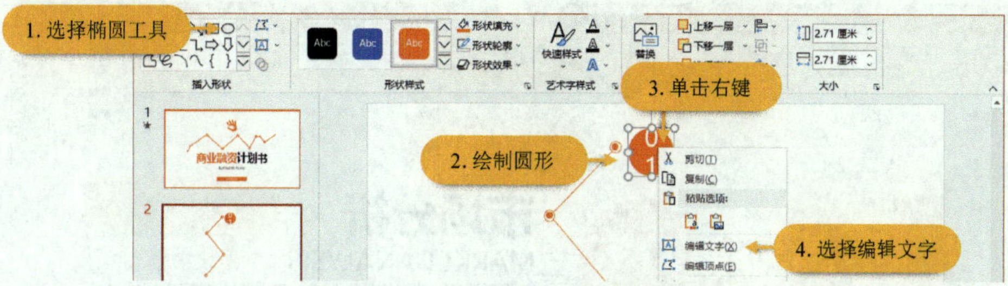

图 3－1－25　制作目录编号

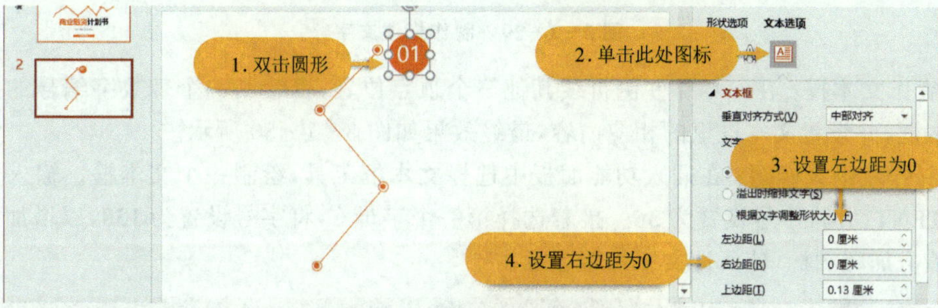

图 3－1－26　设置左右边距

文字加粗显示，这样就完成了标题文本框的制作，如图 3－1－27 所示。

图 3－1－27　制作目录标题

❹ **制作子标题**：使用相同的方式，制作另一个文本框作为子标题。在文本框里输入 MARKET ANALYSIS，并将子标题的字号设置为 **18**，以缩小文字的尺寸，如图 3－1－28 所示。

图 3－1－28　制作子标题

❺ **制作描述文字**：制作第三个文本框作为描述文字。在文本框里输入文字内容，并将子标题的字号设置为 12，以缩小文字的尺寸，如图 3－1－29 所示。

图 3-1-29　制作描述文字

❻ **制作文本框**：在幻灯片左侧折线其他三个顶点位置，也绘制一个带数字编号的圆形和三个文本框，并设置文本框里的相应内容，最终效果如图 3-1-30 所示。

❼ **制作左侧大标题**：在插入功能面板中选择**文本框**工具，绘制一个文本框。输入文字内容 **CONTENT**，并将字号设置为 **36**。接着选择第一个字母 C，将字号设置为 **138**，以增加字母的尺寸。单击**加粗**图标，使所选文字加粗显示。

图 3-1-30　制作文本框

❽ **制作小标题**：再次绘制一个文本框，并输入文字内容：**目录**。将**字号**设置为 **40**，以增加文字的尺寸。单击**文字居中**图标，使文字在水平方向上位于中心位置，如图 3-1-31 所示。

图 3-1-31　目录页小标题

3.1.6 给目录页幻灯片中的元素添加动画效果

现在已经完成了目录页幻灯片的设计，接着给幻灯片中的各个对象添加动画效果。

❶ **给编号添加动画**：首先选择需要添加动画效果的对象。打开**动画**选项卡，显示动画功能面板。然后给所选对象添加名为**淡化**的动画效果。将动画的开始方式设置为**上一动画之后**，当上一个动画结束之后，就会立即播放这个动画，如图 3-1-32 所示。

图 3-1-32　编号动画

❷ **给文本框添加动画**：接着选择圆形右侧的三个文本框，同样给它们添加名为**淡化**的动画效果，将动画开始方式设置为**上一动画之后**，如图 3-1-33 所示。

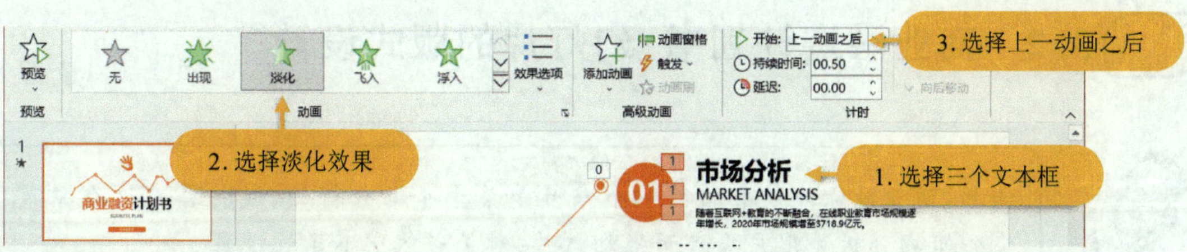

图 3-1-33　文本框动画

❸ **给其他目录添加动画**：使用相同的方式，给其他三个编号和对应的文本框添加名为**淡化**的动画效果，并设置动画开始方式为**上一动画之后**。

❹ **给左侧标题添加动画**：接着选择左侧的两个文本框，使用键盘上的 **Ctrl+g** 快捷键，将所选对象组合成一个对象。然后给所选对象添加名为**浮入**的动画效果，如图 3-1-34 所示。

❺ **设置切换效果**：打开**切换**选项卡。在切换效果列表中，选择**平滑**选项。

❻ **放映幻灯片**：目录页幻灯片的播放效果如图 3-1-35 所示。

图 3-1-34 标题浮入动画

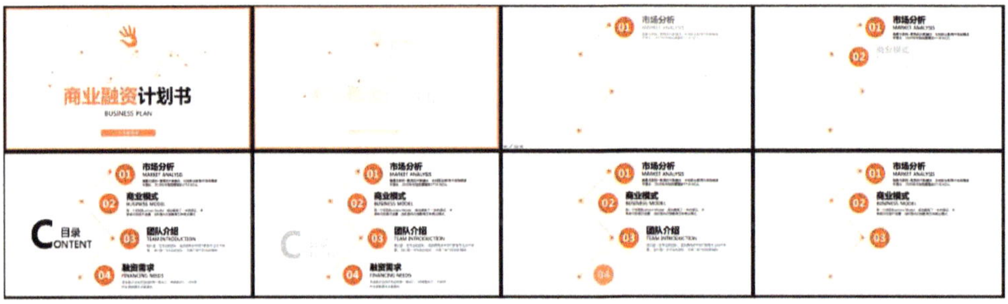

图 3-1-35 放映目录幻灯片

3.2 商业融资计划书:幻灯片的版式设计

老师,商业融资计划书的第一个章节是关于市场分析的,我打算在这个章节制作市场分析和用户痛点两张幻灯片,对了当然少不了过渡页。

是的,小王。不过呢,由于商业融资计划书包含多个过渡页和内页,因此咱们先来创建过渡页和内页的版式,然后再来创建过渡页幻灯片、市场分析幻灯片和用户痛点幻灯片。

3.2.1 制作过渡页幻灯片的版式

在完成目录页的设计之后,需要制作过渡页,由于演示文稿拥有四个过渡页,所以还需要创建一个新的版式。

❶ **创建版式**：打开**视图**选项卡。打开**幻灯片母版**命令。单击**插入版式**命令插入一个新的版式。删除所有占位符，这样就得到一个空白版式，如图 3－2－1 所示。

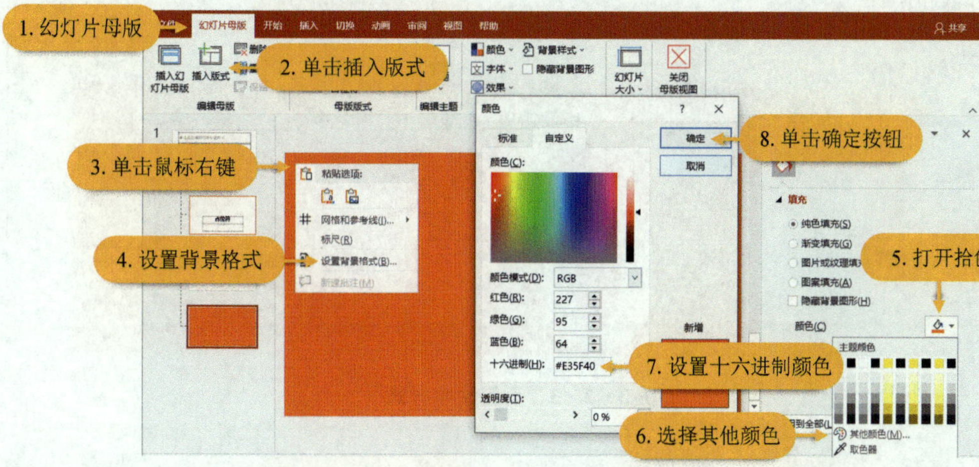

图 3－2－1　创建新式

❷ **设置版式**：接着来设置版式的背景颜色，在空白位置单击鼠标右键。选择**设置背景格式**命令，打开设置背景格式窗格。单击颜色下拉箭头，打开拾色器窗口，将背景颜色设置为：**#E35F40**，如图 3－2－2 所示。

❸ **添加占位符**：接着在版面上插入占位符，单击**插入占位符**命令，打开占位符列表。选择列表中的**内容**选项，在版面上绘制一个内容占位符，并设置占位符的内容为 **01**。

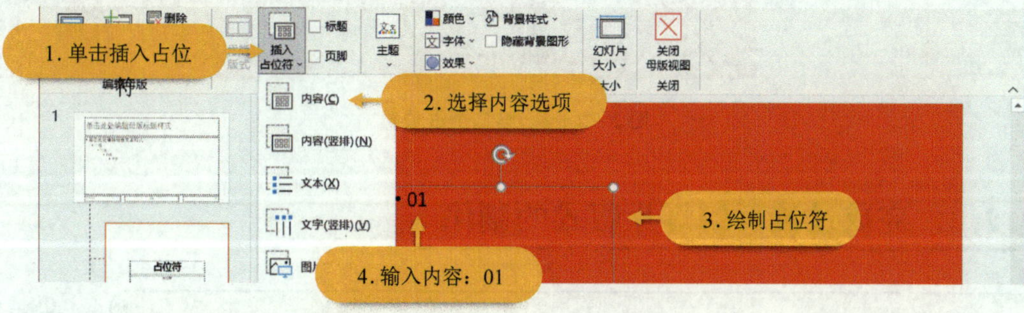

图 3－2－2　添加占位符

❹ **设置占位符样式**：打开**开始**选项卡，显示开始功能面板。单击**项目符号**图标，取消文字左侧的项目符号。在**字号**输入框里输入 284，以增加文字的尺寸。单击**加粗**图标。接着将文字的颜色设置为**白色**。将所选文字的字体修改为微软雅黑，如图 3－2－3 所示。

❺ **添加占位符**：使用相同的方式，在第一个占位符的正下方绘制另一个内容占位符。在内容占位符里输入：**PART ONE**。

❻ **设置占位符样式**：单击**项目符号**图标，取消文字左侧的项目符号。将文字的颜色设置为**白色**。将字号设置为 **24**，以缩小文字的尺寸，如图 3－2－4 所示。

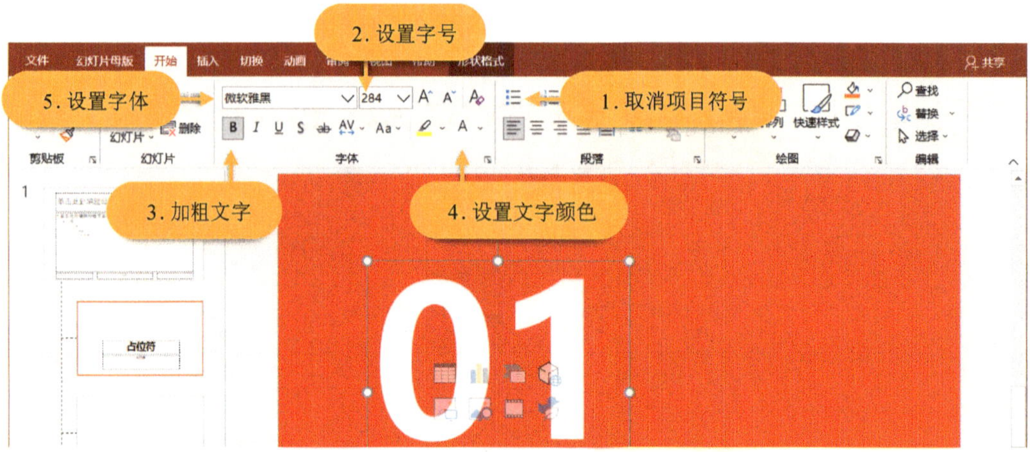

图 3-2-3　设置文字样式

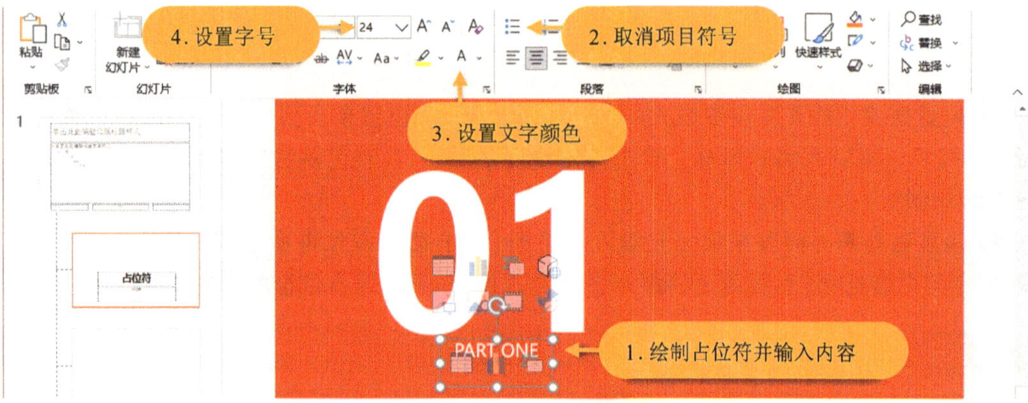

图 3-2-4　第二个占位符

3.2.2　完成过渡页幻灯片版式的制作

你将在本节继续制作三个内容占位符，用来显示过渡页的标题、副标题和描述文字，从而完成过渡页版面的制作。

❶ **添加标题占位符：**首先单击**插入占位符**图标，在幻灯片的右半部分绘制一个内容占位符。在内容占位符里输入：**市场分析**，如图 3-2-5 所示。

❷ **设置占位符样式：**单击**项目符号**图标，取消文字左侧的项目符号。将**字号**设置为 48，以增加文字的尺寸。单击**加粗**图标。接着将文字的**颜色**设置为白色。

❸ **创建英文标题占位符：**在按下 **Ctrl** 键的同时，向下方拖动以复制该占位符。修改文本框里的文字内容：**MARKET ANALYSIS**，如图 3-2-6 所示。

❹ **设置占位符样式：**单击**加粗**图标，取消文字的加粗显示效果。将字号设置为 **18**，以缩

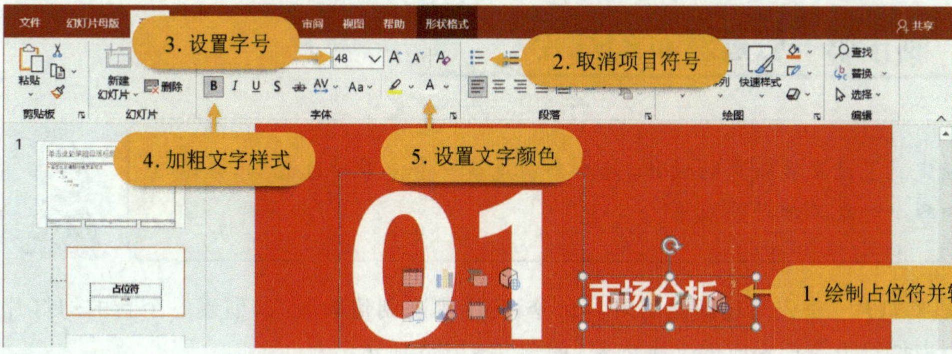

图 3-2-5　第三个占位符

小文字的尺寸。

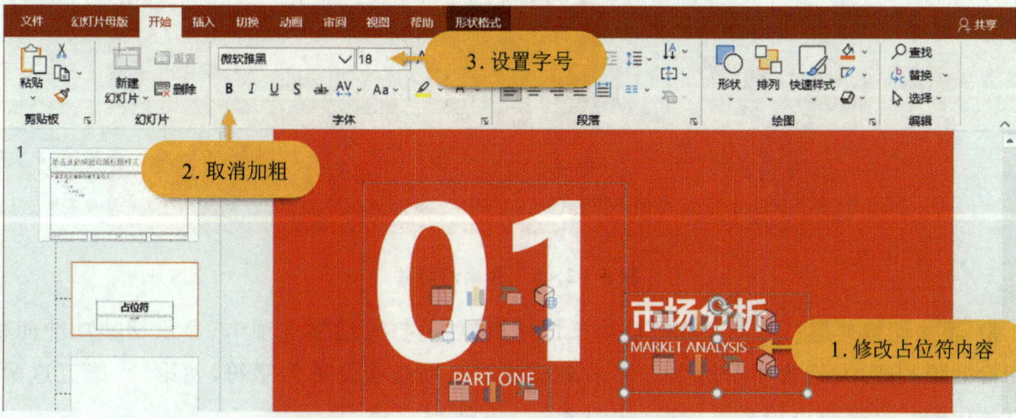

图 3-2-6　第四个占位符

❺ **创建描述文字占位符**：继续使用复制的方式，创建最后一个占位符。修改占位符里的文字内容。将字号设置为 **14**，以缩小文字的尺寸。在占位符右侧边界框上按下并向右侧拖动，增加占位符的宽度。

这样就完成了版面的设计，最终效果如图 3-2-7 所示。

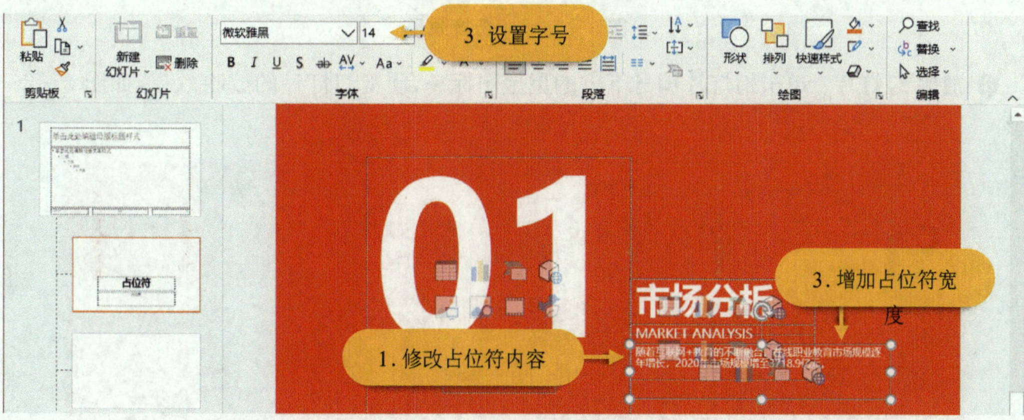

图 3-2-7　第五个占位符

3.2.3　制作第一张过渡页幻灯片

现在已经完成了过渡页版式的设计，接着来创建第一个章节的过渡页，并给过渡页中的各个对象添加动画效果。

❶ **创建幻灯片**：首先通过**新建幻灯片**命令，使用刚刚创建的版式，创建一个新的幻灯片。依次往五个占位符里添加相应的文字内容，如图 3－2－8 所示。

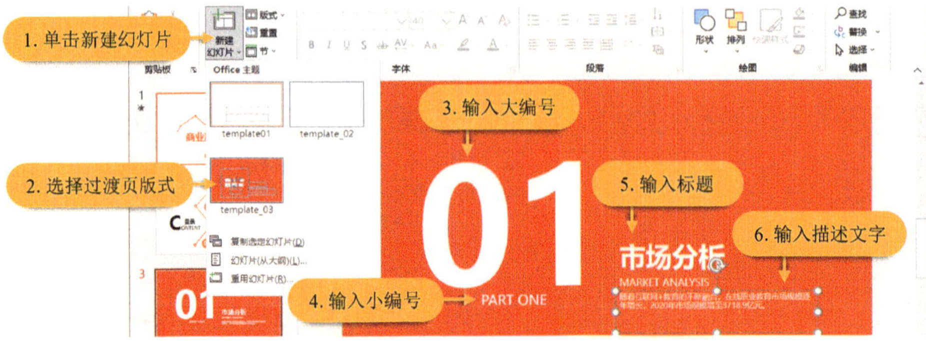

图 3－2－8　新建幻灯片

❷ **添加切换效果**：接着来给幻灯片添加切换效果，打开**切换**选项卡，显示切换功能面板。在切换效果列表中，选择**平滑**选项。将平滑切换的效果选项设置为**字符**，使第二、第三这两张幻灯片中的相同字符可以平滑切换，如图 3－2－9 所示。

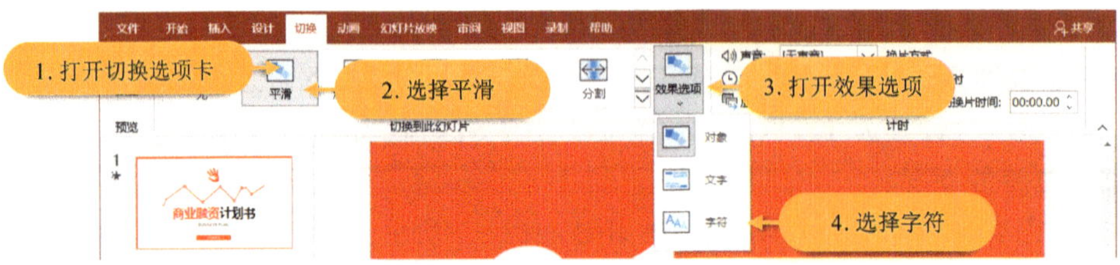

图 3－2－9　切换效果

❸ **放映幻灯片**：单击幻灯片编号下方的星星图标★，预览幻灯片的放映效果，如图 3－2－10 所示。

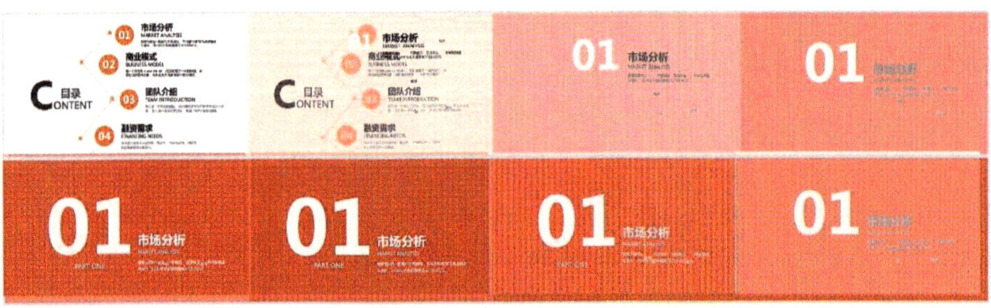

图 3－2－10　放映幻灯片

3.2.4 制作商业计划书内容页面的版式

你将在本节开始制作商业计划书的内容页面，由于内容页面的版面相似，因此先创建一个新的空白版式，创建步骤前面已经演示过，在此不再赘述。

❶ **绘制矩形**：接着在空白版式的左上角绘制两个矩形，首先选择**插入形状**列表中的**矩形**工具。依次绘制两个矩形，并设置它们的填充颜色为橙色，如图 3-2-11 所示。

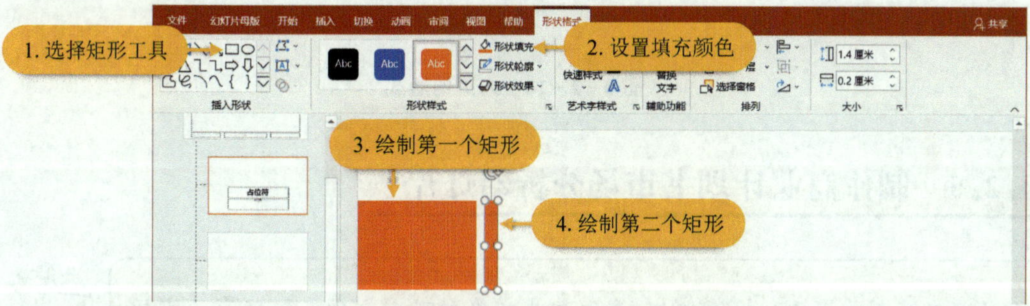

图 3-2-11 绘制矩形装饰

❷ **制作标题占位符**：接着在矩形的右侧绘制一个标题占位符，首先进入**幻灯片母版**功能区，然后选中**标题**复选框，往版式中添加一个标题占位符，如图 3-2-12 所示。

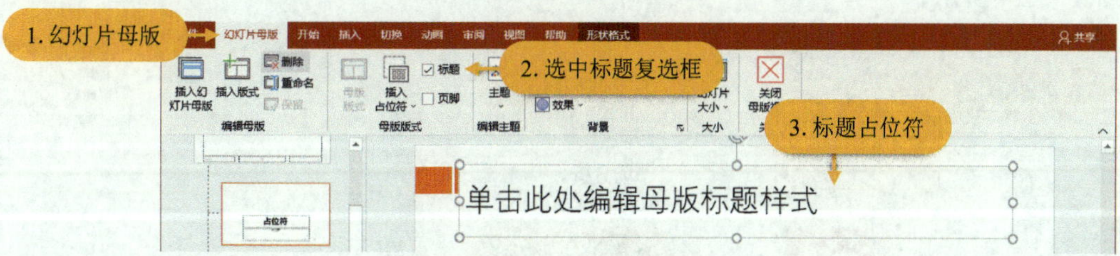

图 3-2-12 标题占位符

❸ **设置标题占位符样式**：接着修改标题占位符的样式。首先打开**开始**选项卡，显示开始功能面板。将所选文字的字体修改为**微软雅黑**。将字号设置为 **32**，以缩小文字的尺寸。将标题占位符向上移动，以和左侧的矩形保持对齐。

这样就完成了内页版式的设计，最终效果如图 3-2-13 所示。

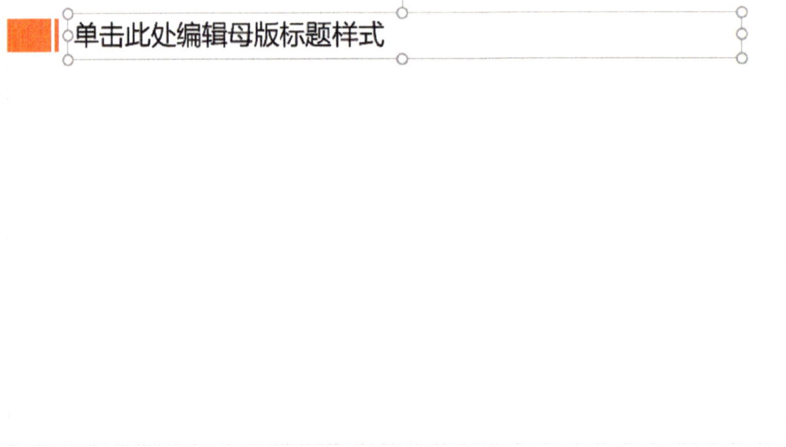

图 3-2-13 内页的版式

3.2.5 制作商业计划书市场分析幻灯片

你将在本节制作市场分析幻灯片，该幻灯片主要向观众分析在线教育的市场环境。

❶ **新建幻灯片**：通过新建幻灯片命令，使用刚刚创建的版式，创建一个新的幻灯片，如图 3-2-14 所示。

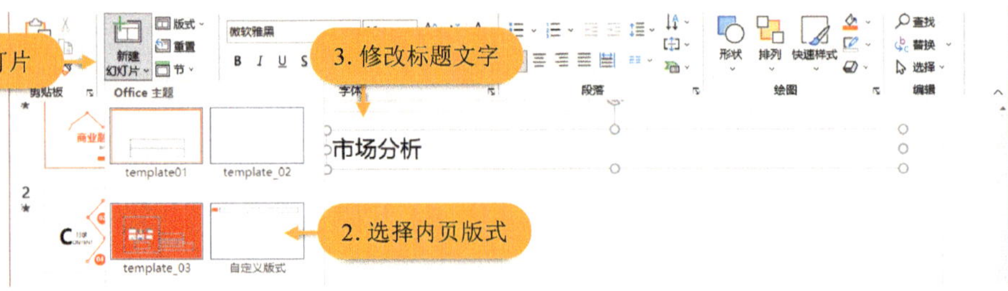

图 3-2-14 新建幻灯片

❷ **插入主题图片**：打开**插入**选项卡，进入插入功能区。单击**图片**命令组中的**此设备**命令，往幻灯片中插入一张和主题相关的图片素材。由于要在图片的上方显示文字内容，所以需要降低图片的亮度。单击**图片格式**选项卡，进入图片格式功能区。单击**校正**命令，显示图片校正功能面板，并选择**亮度-40%，对比度 0** 选项，如图 3-2-15 所示。

❸ **插入图片素材**：再次使用单击**图片**命令组中的**此设备**命令，在这张图片的上方添加另外两张图片素材，并按照如图 3-2-16 的位置摆放这两张图片。

❹ **制作趋势一**：选择**插入**功能区中的**文本框**工具，在图片的上方绘制一个文本框。文字的颜色设置为**白色**，然后将第一行的文字加粗显示。接着选择除第一行之外的文字内容，将字

图 3-2-15 插入主题图片

图 3-2-16 插入图片素材

号设置为 12，以缩小文字的尺寸，如图 3-2-17 所示。

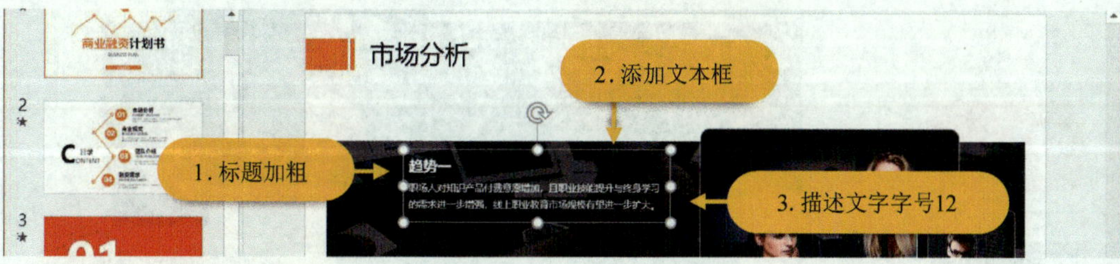

图 3-2-17 制作趋势一

❺ **制作趋势二**：按下键盘上的 Ctrl 键，然后向下拖动这个文本框，以复制的方式创建第二个文本框，并输入相应的文字内容，如图 3-2-18 所示。

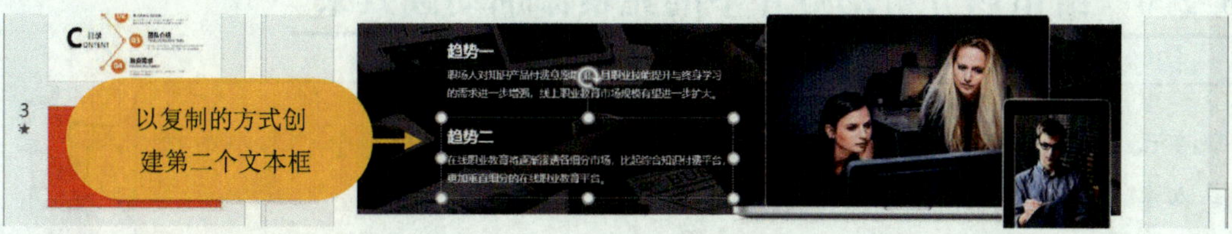

图 3-2-18 制作趋势二

❻ **添加项目符号**：接着在两个文本框的左侧各绘制一个圆形，作为趋势列表的项目符号，并分别给它们设置不同的填充颜色，如图 3-2-19 所示。

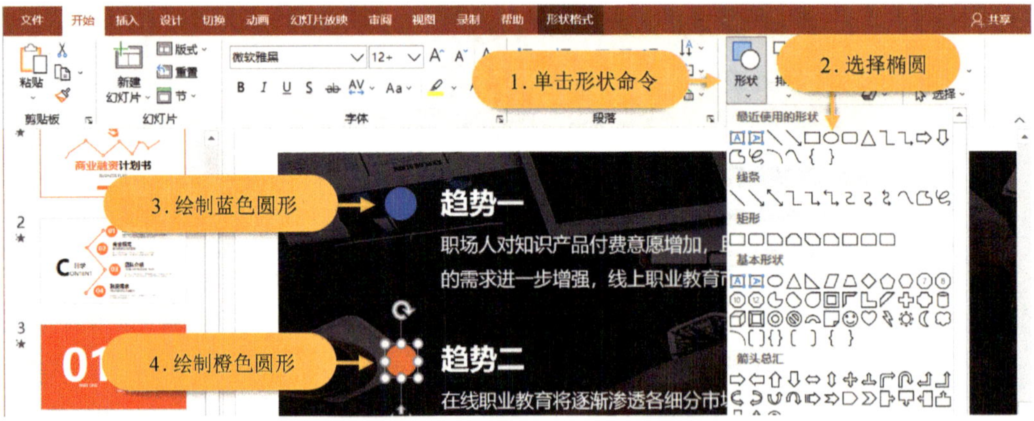

图 3-2-19　制作项目符号

❼ **制作趋势总结**：打开**插入**选项卡。然后选择插入功能面板中的**文本框**工具。在幻灯片的底部添加一个文本框，并输入关于**市场趋势总结**有关的文字内容。

❽ **设置文字样式**：将第一行文字字号设置为 **20**，并使文字**加粗**显示。将第一行之外的文字的字号设置为 **12**。最后将行距调整为 **2.0** 倍，以避免文字过于拥挤，如图 3-2-20 所示。

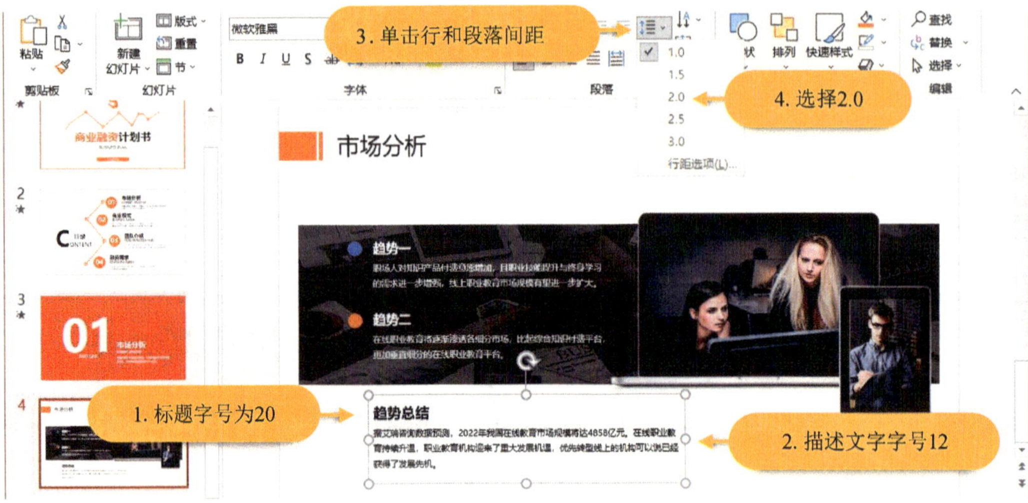

图 3-2-20　设置文字样式

3.2.6　给市场分析幻灯片中的元素添加动画效果

现在已经完成了市场分析幻灯片的设计，接着给幻灯片中的各个对象添加动画效果。

❶ **给主题图片添加动画**：首先选择需要添加动画效果的对象。打开**动画**选项卡，显示动画功能面板。单击动画下拉箭头，查看更多的动画效果。单击底部的**更多进入效果**命令，给所选对象添加名为**阶梯状**的动画效果。接着将动画的开始方式设置为**上一动画之后**，当上一个动画结束之后，就会立即播放这个动画，如图 3-2-21 所示。

图 3-2-21　图片添加动画

❷ **复制动画效果**：双击**高级动画组**中的**动画刷**工具，以连续使用该工具。然后在其他元素上单击，给它们应用相同的动画效果，如图 3-2-22 所示。

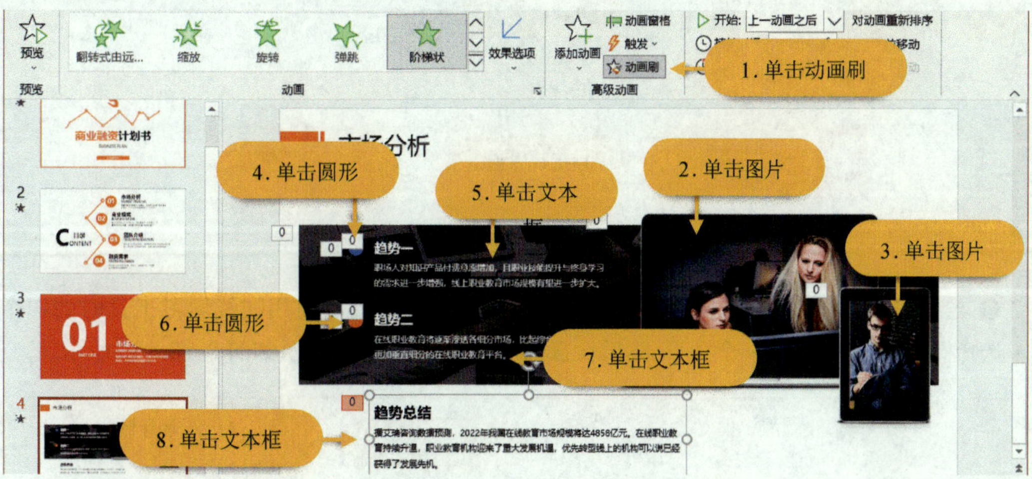

图 3-2-22　复制动画效果

❸ **添加切换效果**：打开**切换**选项卡。在切换效果列表中，选择**平滑**选项。

❹ **放映幻灯片**：单击幻灯片编号下方的星星图标★，预览幻灯片的放映效果，如图 3-2-23 所示。

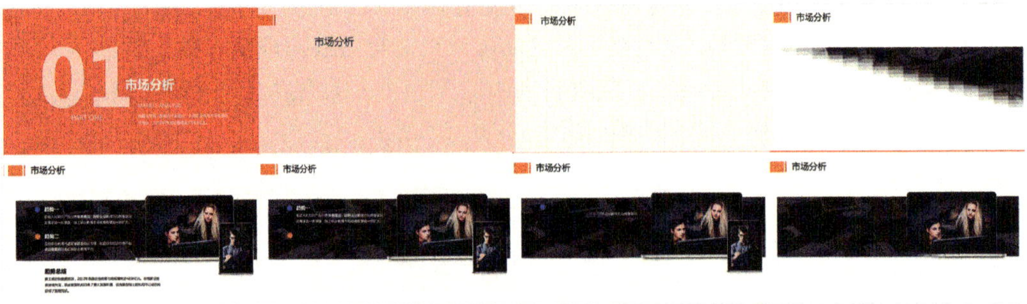

图 3-2-23 放映幻灯片

3.2.7 制作商业计划书的用户痛点幻灯片

对于市面上已有的同类产品，如果我们要做类似的产品，首先需要深入了解用户的需求和痛点。你将在本节制作用户痛点幻灯片，该幻灯片用于向意向投资者讲解，用户在使用在线学习工具时的常见问题。

❶ **新建幻灯片：**通过新建幻灯片命令，使用刚刚创建的版式，创建一个新的幻灯片，如图 3-2-24 所示。

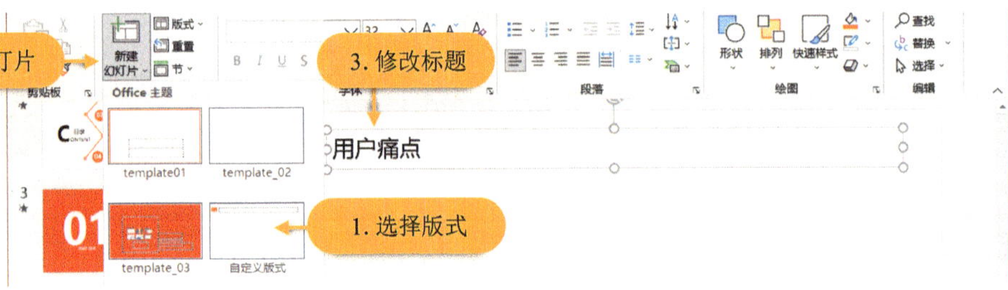

图 3-2-24 新建幻灯片

❷ **绘制圆形：**然后来绘制一些图形，以更加形象地展示用户使用在线学习工具时的四个问题。选择**椭圆**工具，并绘制一个圆形，然后设置圆形的填充颜色为灰色，如图 3-2-25 所示。

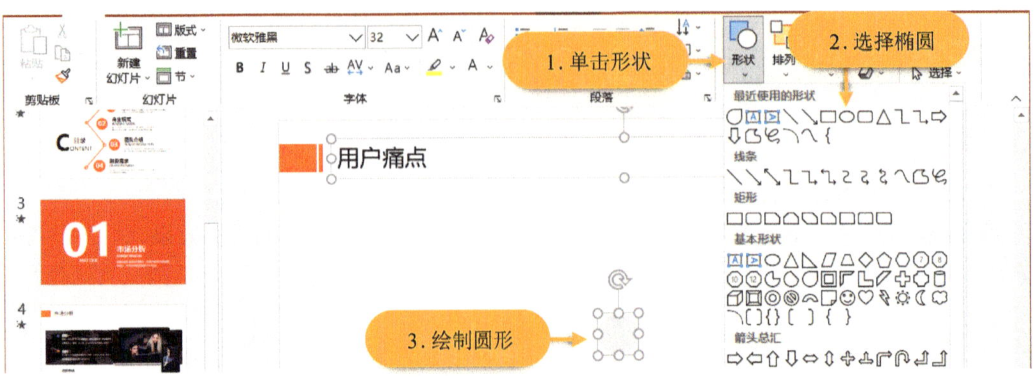

图 3-2-25 绘制圆形

❸ **绘制水滴形状**：接着来绘制一个水滴形状，在插入形状列表中，选择基本形状组中的**泪珠形**。然后绘制在灰色圆形的右上方，如图 3－2－26 所示。

图 3－2－26　绘制水滴形状

❹ **增加水滴尾巴**：在黄色小圆点上按下并向右上方拖动，增加水滴尾部的长度，如图 3－2－27 所示。

图 3－2－27　增长水滴尾巴

❺ **复制水滴形状**：按下 **Ctrl＋c** 复制水滴形状，然后使用 **Ctrl＋v** 粘贴形状，从而生成另外三个水滴形状。单击**旋转**图标，显示图形旋转菜单，然后使用**水平翻转**、**垂直翻转**命令，对复制得到的三个形状进行翻转操作。将四个形状分别移动到灰色圆形的四个角落。将水滴形状的颜色修改为橙色，如图 3－2－28 所示。

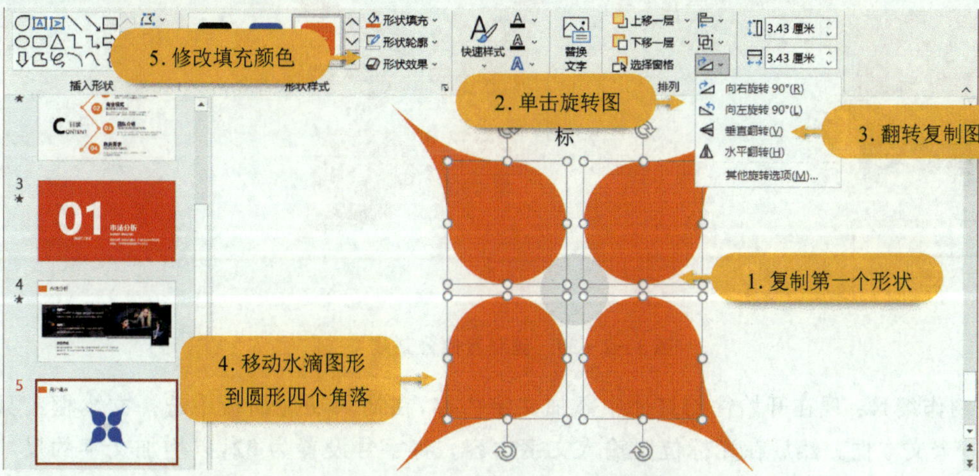

图 3－2－28　复制水滴形状

3.2.8　往用户痛点幻灯片中添加文字内容

在完成形状的设计之后，接着你需要往用户痛点幻灯片中插入相关的文字内容。

❶ **制作分隔线**：首先需要在形状的一侧绘制分隔线。在常用形状列表区域选择**线条**工具。在此处按下并向右下方拖动，以绘制一条直线。将线条的轮廓颜色设置为**橙色**。然后给直线的两端添加圆形端点，如图 3－2－29 所示。

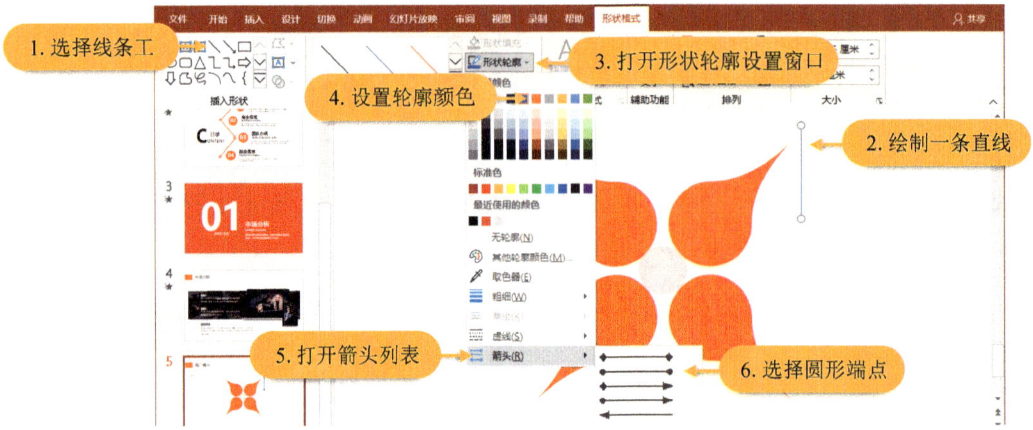

图 3－2－29 制作分隔线

❷ **制作其他分割线**：按下键盘上的 **Ctrl** 键，然后分别向左侧、下方和左下角拖动直线，以复制的方式创建另外三条直线，分别放在其他三个水滴形状的旁边，如图 3－2－30 所示。

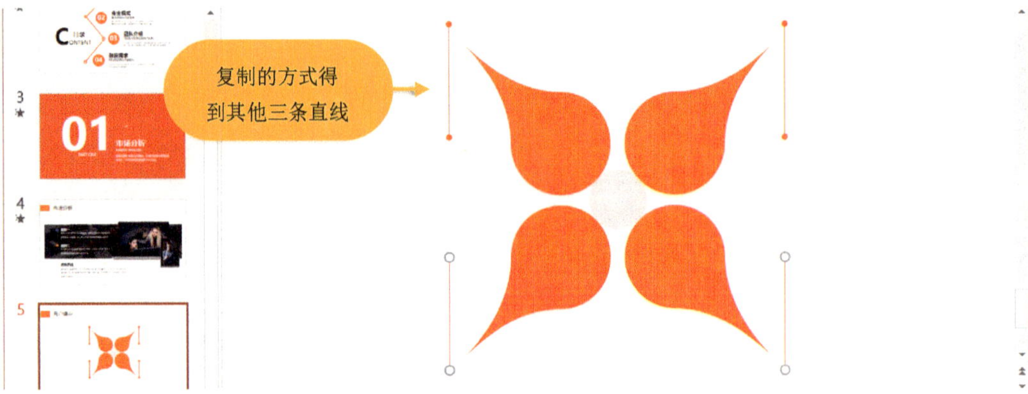

图 3－2－30 复制其他分割线

❸ **制作编号**：现在开始往幻灯片中添加文字内容，在插入功能面板中选择**文本框**工具，以绘制一个文本框。然后在光标位置输入文字内容。将字号设置为 **32**，以增加文字的尺寸。单击**加粗**图标，使所选文字加粗显示。移动文本框使文字位于图形的中心位置。

❹ **制作用户痛点文本框**：继续绘制文本框，输入用户痛点内容，如图 3－2－31 所示。

❺ **设置文本框样式**：选择标题文字，将标题字号设置为 **18**。单击**加粗**图标，使标题文字加粗显示。选择描述文字，将描述文字的字号设置为 **12**。将文本框里的文字居右对齐。将行距调整为 **2.0** 倍，以避免文字过于拥挤。

❻ **制作其他用户痛点文本框**：接着以复制的方式创建另外三个文本框。按下 **Ctrl** 键，然后向右侧、下方和右下角拖动，创建另外三个文本框，显示用户痛点的其他三条内容，如图 3－2－32 所示。

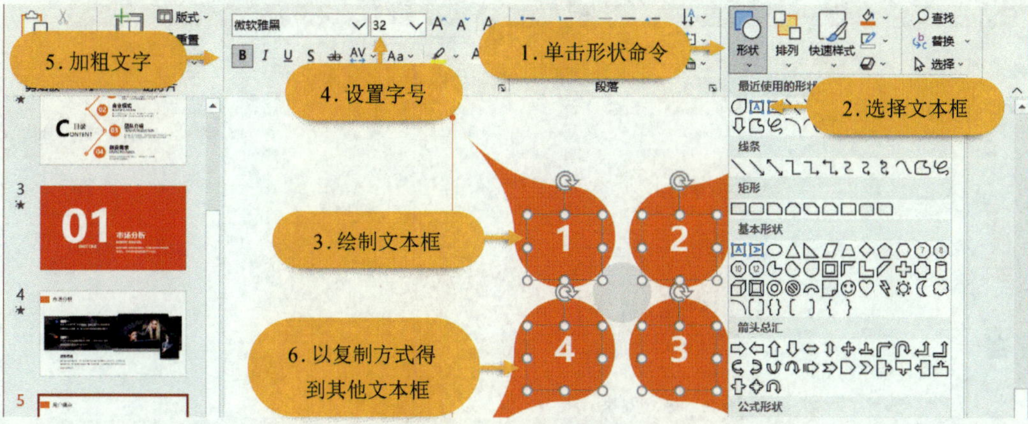

图 3-2-31　制作编号

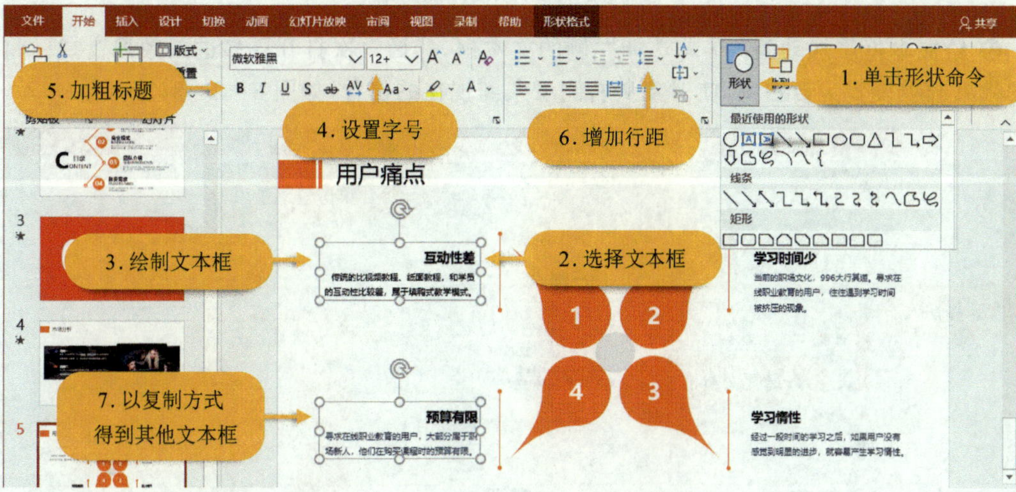

图 3-2-32　四大用户痛点

3.2.9　给用户痛点幻灯片中的元素添加动画效果

您已经完成了用户痛点幻灯片的制作，现在来给幻灯片中的元素添加动画效果。

❶ **给水滴形状添加动画：** 选择右上角的水滴形状、内容为 1 的文本框和左侧的分割线。使用键盘上的 **Ctrl+g**，将所选对象组合成一个对象。打开**动画**选项卡。单击**动画**下拉箭头，查看更多的动画效果。给所选对象添加名为**阶梯状**的动画效果。将动画的效果选项设置为**左上**，使阶梯状的动画效果的方向为左上方，如图 3-2-33 所示。

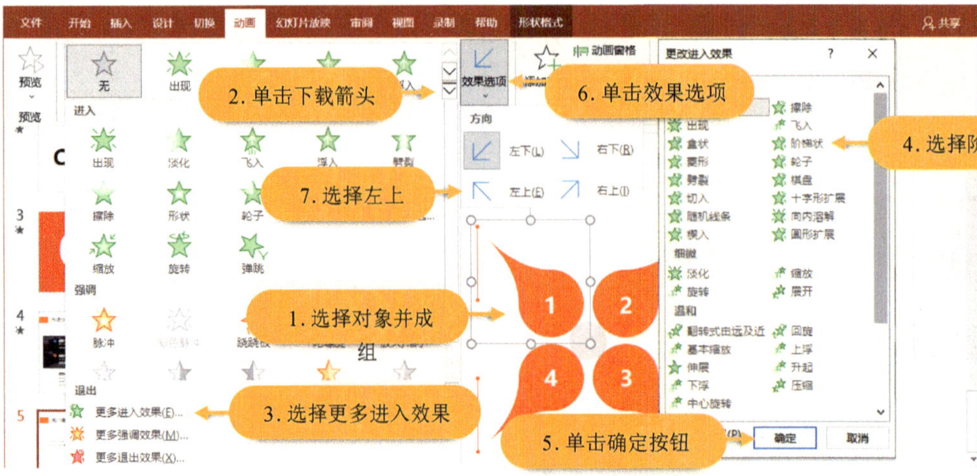

图 3-2-33　水滴添加动画

❷ **给文本框添加动画：** 接着选择左侧的文本框，然后再次打开**更多进入效果**窗口。将动画的效果选项设置为**自右侧**，使对象从右侧滑入到现在的位置，如图 3-2-34 所示。

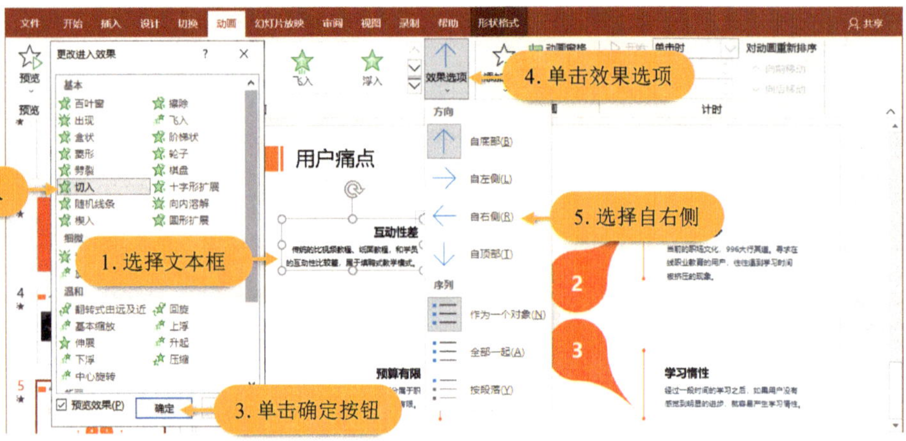

图 3-2-34　给文本框添加动画

❸ **复制动画效果：** 双击**动画刷**工具，将动画效果复制到第 2、3、4 三组对象。

❹ **添加切换效果：** 打开切换选项卡。在切换效果列表中，选择平滑选项。

❺ **放映幻灯片：** 这样就完成了幻灯片的动画和切换设置，效果如图 3-2-35 所示。

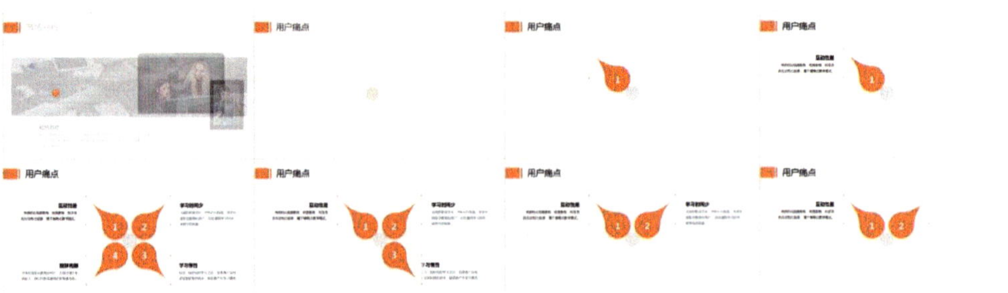

图 3-2-35　放映幻灯片

3.3 商业模式

老师，商业模式已经成为风险投资者嘴边的一个名词。几乎每一个投资人都确信，有了一个好的商业模式，成功就有了一半的保证。我们如何在商业融资计划书中写好商业模式？

强者恒强是资本市场里不断上演的故事，A 股市场中表现出色的大牛股无不具备优秀的商业模式。好的商业模式就是企业 DNA，是为风险投资人提供盈利的最终保障。为了向投资者清晰传达公司的商业模式，我们可以从商业模式、产品服务和盈利模式三个方面入手。

3.3.1 制作过渡页幻灯片

你已经完成了和市场分析有关的幻灯片的制作，现在来制作第二个章节，该章节主要向观众讲解本公司的商业模式。首先完成第二个章节的过渡页幻灯片。

❶ **创建幻灯片**：首先通过**新建幻灯片**命令，使用刚刚创建的版式，创建一个新的幻灯片。接着修改幻灯片中的五个占位符里的文字内容，如图 3-3-1 所示。

图 3-3-1 创建幻灯片

❷ **添加动画效果**：完成幻灯片的制作之后，现在来给幻灯片中的元素添加动画效果。首先选择需要添加动画效果的对象。打开**动画**选项卡，显示动画功能面板。单击**动画**下拉箭头，

查看更多的动画效果。单击底部的**更多进入效果**命令，给所选对象添加名为**阶梯状**的动画效果。将动画的开始方式设置为**上一动画之后**，当上一个动画结束之后，就会立即播放这个动画，如图 3-3-2 所示。

❸ **添加动画效果**：在**高级动画**命令组中，双击**动画刷**工具，以连续使用该工具。然后在其他对象上单击，即可给它应用相同的动画效果，如图 3-3-2 所示。

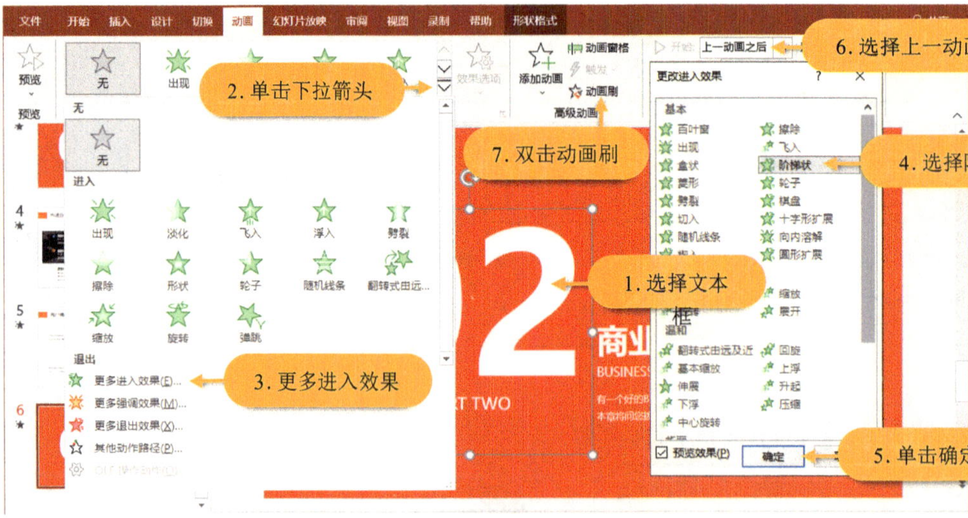

图 3-3-2　添加动画效果

❹ **绘制矩形背景**：由于当前幻灯片的背景颜色和上一张幻灯片的背景颜色不同，因此您需要绘制一个矩形，使两张幻灯片的背景可以平滑切换。打开**开始**选项卡，单击**形状**命令，选择**矩形**工具，然后绘制一个和幻灯片相同尺寸的矩形，设置它的填充颜色和幻灯片背景相同。接着单击**排列**命令，选择菜单中的**置于底层**命令，将矩形移到幻灯片其他元素的下方，如图 3-3-3 所示。

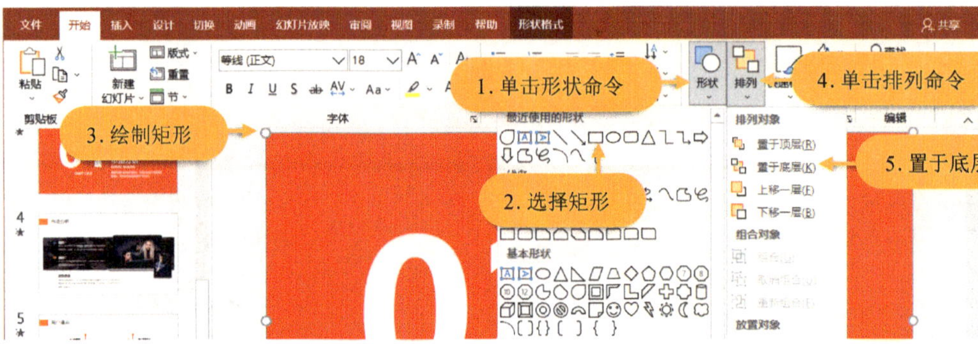

图 3-3-3　绘制矩形背景

❺ **添加切换效果**：接着来给幻灯片添加切换效果，打开**切换**选项卡，打开切换功能面板。在切换效果列表中，选择**平滑**选项。

❻ **放映幻灯片**：这样就完成了幻灯片的动画和切换设置，幻灯片的播放效果如图 3-3-4 所示。

图 3-3-4　放映幻灯片

3.3.2　制作商业计划书的商业模式幻灯片(一)

现代管理学之父彼得·德鲁克曾经说过“今天企业的竞争已经不单是产品的竞争,而是商业模式之间的竞争”。本章的第一张幻灯片就是向投资者讲解企业经营的商业模式。

❶ **新建幻灯片**:首先通过**新建幻灯片**命令,使用刚刚创建的版式,创建一个新的幻灯片。修改标题占位符里的文字内容为:**商业模式**。

❷ **绘制圆形**:接着来绘制一些形状,以更加形象地表达商业模式。首先绘制一个圆形。将圆形的形状填充设置为**无填充**。接着将圆形的轮廓颜色修改为**灰色**,如图 3-3-5 所示。

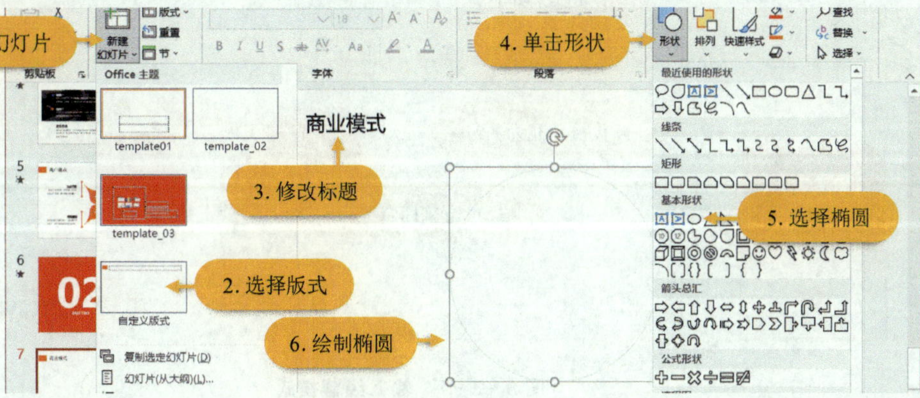

图 3-3-5　绘制圆形

❸ **制作其他圆形**:使用键盘上的 **Ctrl+c** 键复制圆形,然后按下两次 **Ctrl+v** 键,粘贴拷贝的圆形,这样就得到了另外两个圆形。

❹ **居中对齐圆形**:将两个圆形依次缩小,然后同时选择这三个圆形。单击**排列**命令组中的**对齐**命令,打开对齐和分布菜单。选择菜单中的**对齐幻灯片**命令,将对齐的目标设置为幻灯片。接着依次使用**水平居中**、**垂直居中**命令,将三个圆形居中对齐,如图 3-3-6 所示。

❺ **设置圆形颜色**:选择位于中间的圆形,将它的填充颜色修改为**灰色**。接着选择最里面

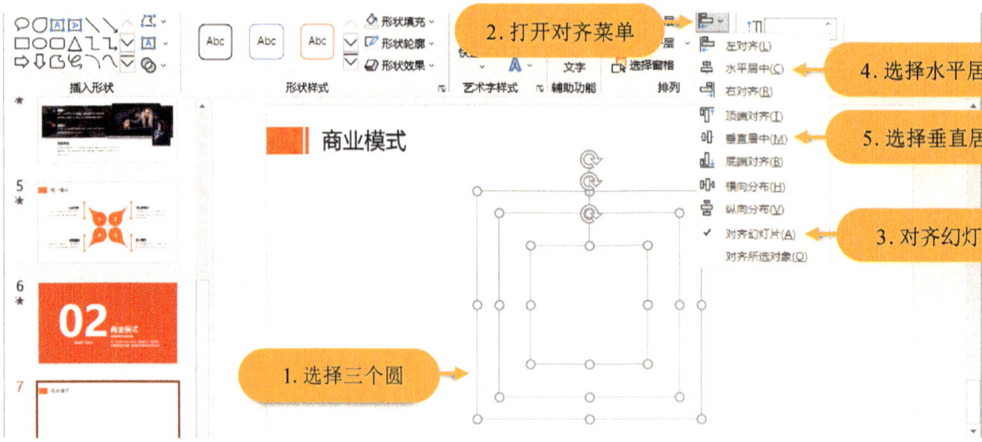

图 3-3-6　居中对齐三圆

的圆形,将它的填充颜色修改为**橙色**,如图 3-3-7 所示。

❻ **输入文字**:在图形上单击鼠标右键,显示右键菜单。选择菜单中的**编辑文字**命令,进入文字编辑状态。在文本框里输入:**运营模式**。将字号设置为 28,以增加文字的尺寸。单击**加粗**图标,使所选文字加粗显示。

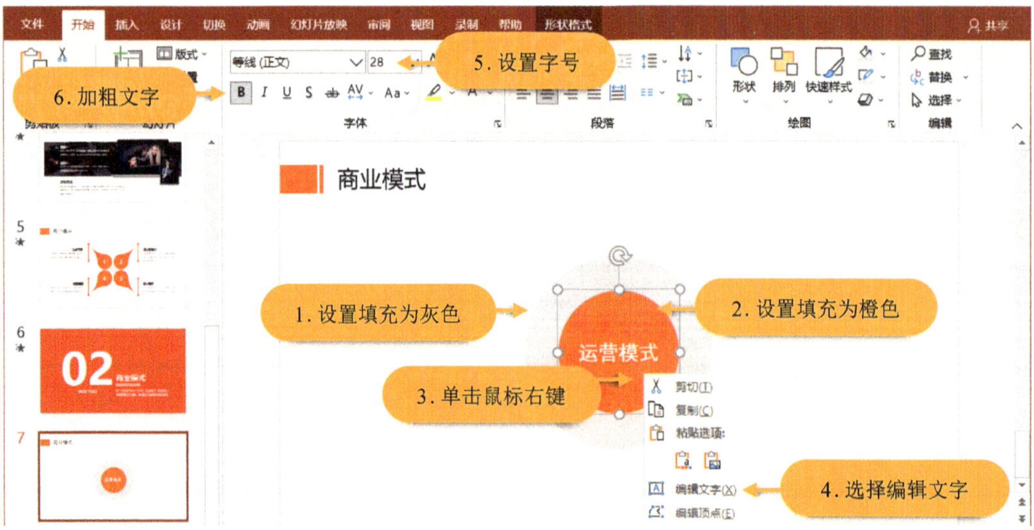

图 3-3-7　输入经营模式

3.3.3　制作商业计划书的商业模式幻灯片(二)

你将在本节继续制作商业模式幻灯片,从而完成商业模式幻灯片中的具体内容。

❶ **绘制圆形标注**：在**插入形状**面板中选择**椭圆形标注**，然后绘制一个圆形标注。将圆形标注旋转 45°，使圆形标注的箭头指向位于中心的橙色圆形。将圆形标注的颜色修改为橙色，如图 3-3-8 所示。

❷ **绘制另外三个圆形标注**：在按下 **Ctrl** 的同时拖动圆形标注以复制该对象。将复制的圆形标注移到橙色圆形的旁边。旋转圆形标注，使箭头指向橙色圆形。

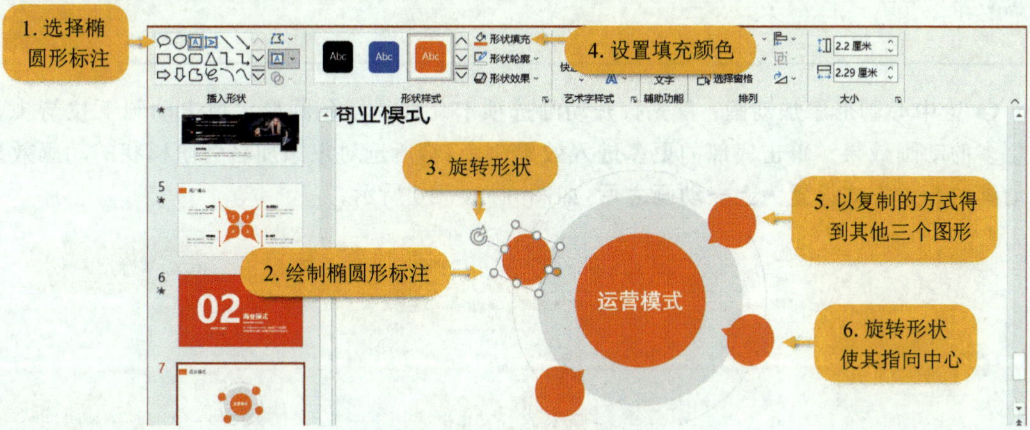

图 3-3-8　绘制圆形标注

❸ **绘制文本框**：打开开始选项卡，单击形状命令，选择文本框工具，以绘制一个文本框。然后在光标位置输入文字内容，如图 3-3-9 所示。

❹ **设置文字样式**：选择除第一行之外的文字内容。将字号设置为 12，以缩小文字的尺寸。选择第一行的文字内容。单击加粗图标，使所选文字加粗显示。接着将文字的行距调整为 2.0 倍，以避免文字过于拥挤。

❺ **复制文本框**：接着以复制的方式，创建另外三个文本框。首先按下键盘上的 **Ctrl** 键。在按下该键的同时拖动文本框，以复制该文本框。将复制的文本框移到圆形标注的旁边。修改文本框里的文字内容。

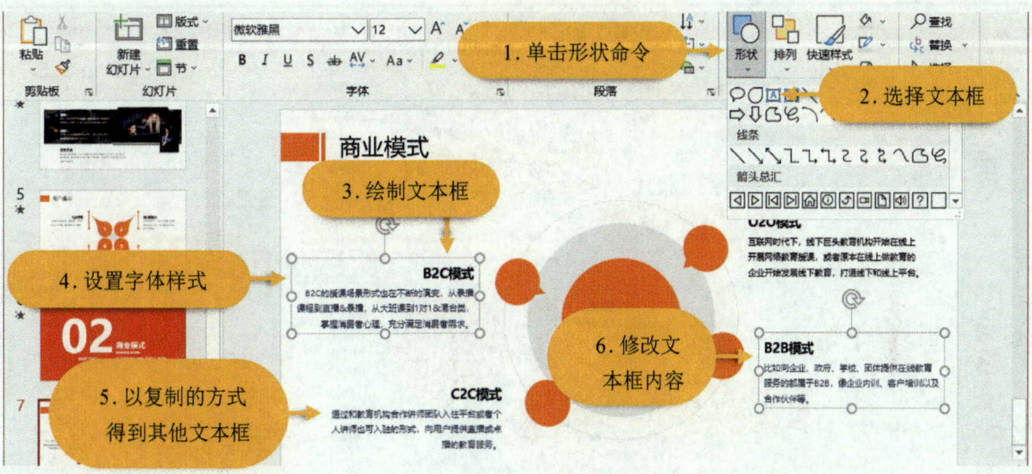

图 3-3-9　绘制文本框

3.3.4 给商业模式幻灯片中的元素添加动画效果

现在已经完成了商业模式幻灯片的设计，接着给幻灯片中的各个对象添加动画效果。

❶ **给中心圆形添加动画：** 首先打开动画选项卡。选择橙色圆形。单击动画下拉箭头，查看更多的动画效果。单击底部的**更多进入效果**命令，给所选对象添加名为**阶梯状**的动画效果。将动画的开始方式设置为**上一动画之后**，如图 3－3－10 所示。

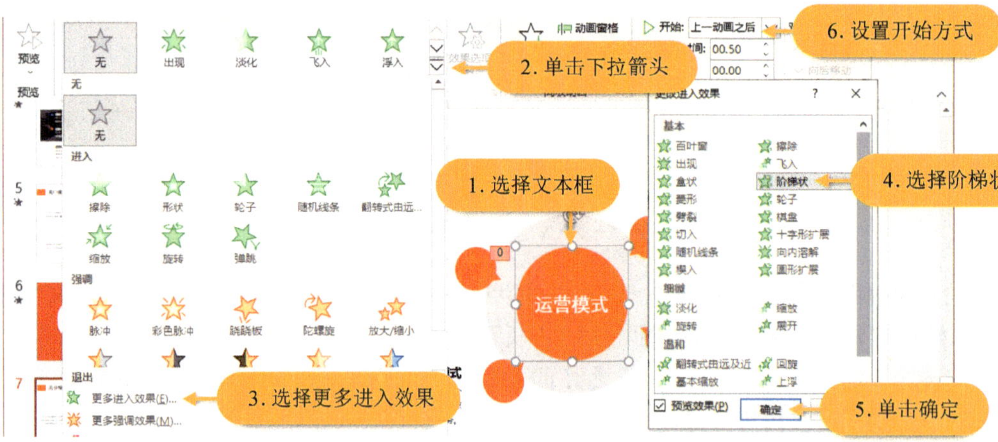

图 3－3－10　圆形添加动画

❷ **给其他圆形添加动画：** 双击**高级动画**命令组中的**动画刷**工具，以连续使用该工具。然后在其他圆形上单击，即可给它应用相同的动画效果，如图 3－3－11 所示。

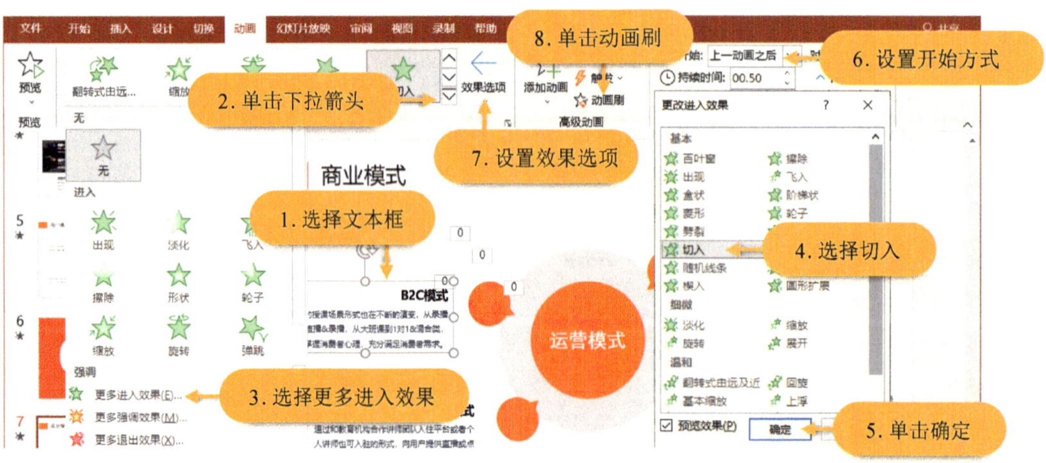

图 3－3－11　给文本框添加切入动画

❸ **给文本框添加动画效果**：选择左上方的文本框，给该文本框添加动画效果。单击动画下拉箭头，查看更多的动画效果。单击底部的**更多进入效果**命令，给所选对象添加名为**切入**的动画效果。将动画的效果选项设置为**自右侧**，使对象从右侧滑入到现在的位置。将动画的开始方式设置为**上一动画之后**。

❹ **给其他文本框添加动画**：单击**高级动画**命令组中的**动画刷**工具，将动画效果复制到其他的文本框。

❺ **添加切换效果**：打开切换选项卡。在切换效果列表中，选择**平滑**选项。

❻ **放映幻灯片**：单击幻灯片编号下方的星星图标★，预览幻灯片的放映效果，如图 3－3－12 所示。

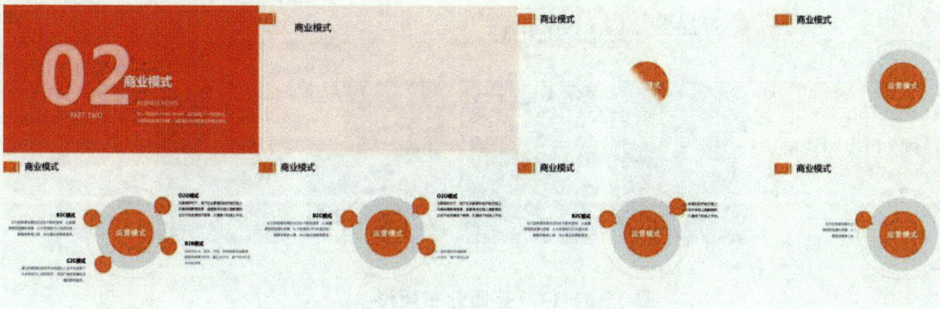

图 3－3－12　放映幻灯片

3.3.5　制作商业计划书的产品服务幻灯片

你将在本节制作产品服务幻灯片，该幻灯片用于向意向投资者讲解公司的产品和服务。

❶ **创建幻灯片**：首先通过**新建幻灯片**命令，使用刚刚创建的版式，创建一个新的幻灯片。修改此处占位符里的文字内容为：**产品服务**，如图 3－3－13 所示。

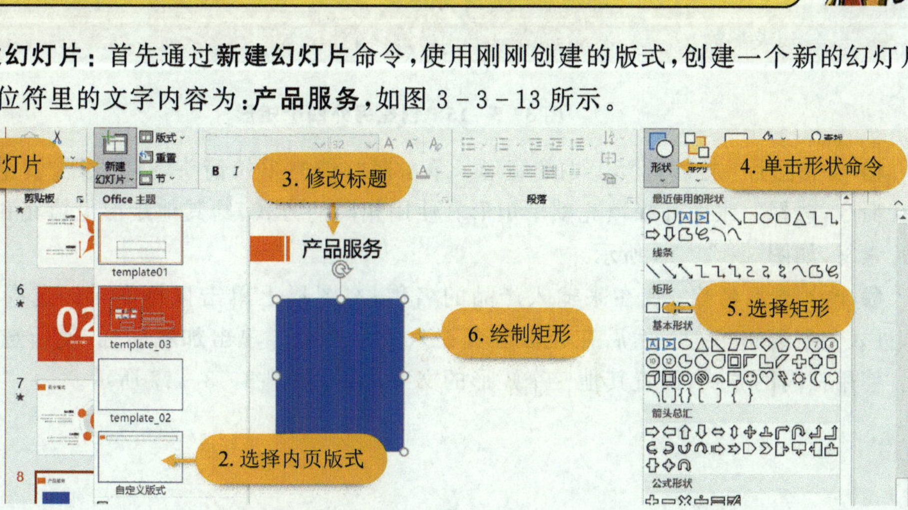

图 3－3－13　创建幻灯片

❷ **绘制矩形**：接着来绘制一些矩形，作为图片素材的容器。打开**开始**选项卡，单击**形状**命令，选择**矩形工具**以绘制一个矩形。

❸ **绘制另外三个矩形**：接着以复制的方式创建其他矩形。首先按下 **Ctrl** 键。在按下该键的同时，向右侧拖动矩形以复制该矩形。继续复制以得到另外两个矩形。

❹ **矩形的等距分布**：同时选择四个矩形。单击**对齐对象**图标，打开对齐和分布菜单。使用**横向分布**命令，使四个矩形在水平方向上等距分布，如图 3－3－14 所示。

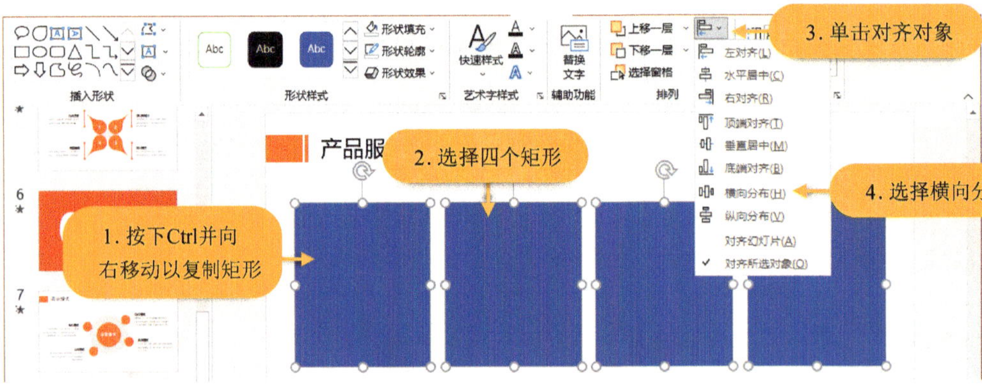

图 3－3－14　等距分布矩形

❺ **创建另外四个矩形**：这四个矩形将用来显示产品的名称。选择四个矩形，然后使用快捷键 Ctrl＋d，复制四个矩形。缩小四个矩形的高度。将它们移到原来四个矩形的正下方。将矩形的填充颜色修改为橙色，如图 3－3－15 所示。

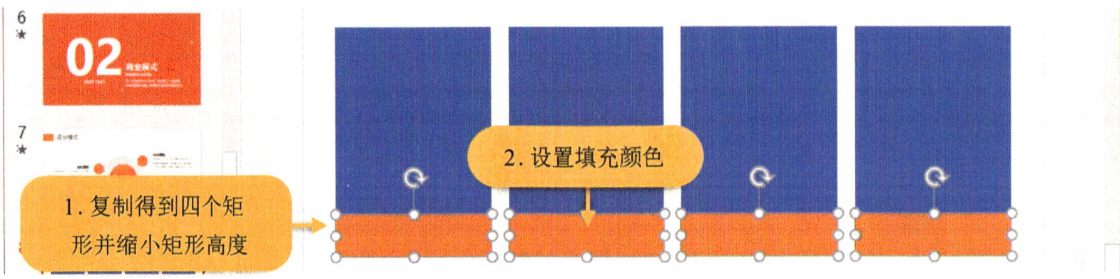

图 3－3－15　创建另外四个矩形

❻ **填充图片**：接着选择上方的矩形。单击**形状填充**下拉箭头，打开形状填充菜单。单击**图片**命令，选择一张图片来填充整个矩形。使用相同的方式，给其他矩形也填充和主题有关的图片素材，如图 3－3－16 所示。

❼ **输入产品名称**：现在来输入产品的名称，在图形上单击鼠标右键。选择**编辑文字**命令，进入文字编辑状态。然后在光标位置输入文字内容。单击**加粗**图标，使所选文字加粗显示。使用相同的方式，设置其他三个矩形的文字内容，如图 3－3－17 所示。

图 3-3-16　填充图片

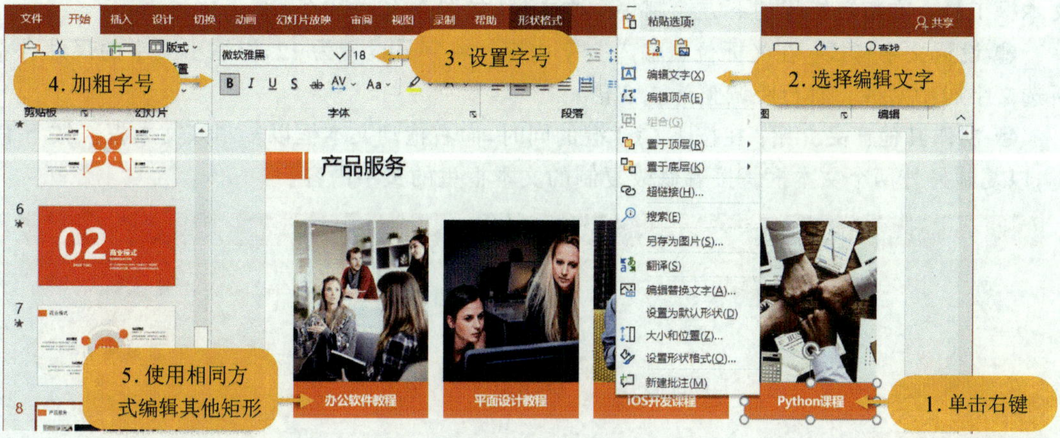

图 3-3-17　输入产品名称

3.3.6　完成产品服务幻灯片的制作

您将在本节详细描述每个产品的具体信息，从而完成产品服务幻灯片的制作。

❶ **设置矩形样式**：首先单击**形状格式**选项卡。单击**形状填充**下拉箭头，打开形状填充菜单。将所选矩形的形状填充设置为无填充。单击**形状轮廓**命令，打开形状轮廓设置面板。接着将矩形的轮廓颜色设置为橙色。将矩形的轮廓宽度设置为 **1.5** 磅。将矩形里的文字的颜色设置为黑色，如图 3-3-18 所示。

❷ **复制矩形样式**：打开**开始**选项卡，显示开始功能面板。单击**格式刷**图标，激活格式刷工具。在其他三个矩形上单击，将所选对象的样式，复制到其他对象上。

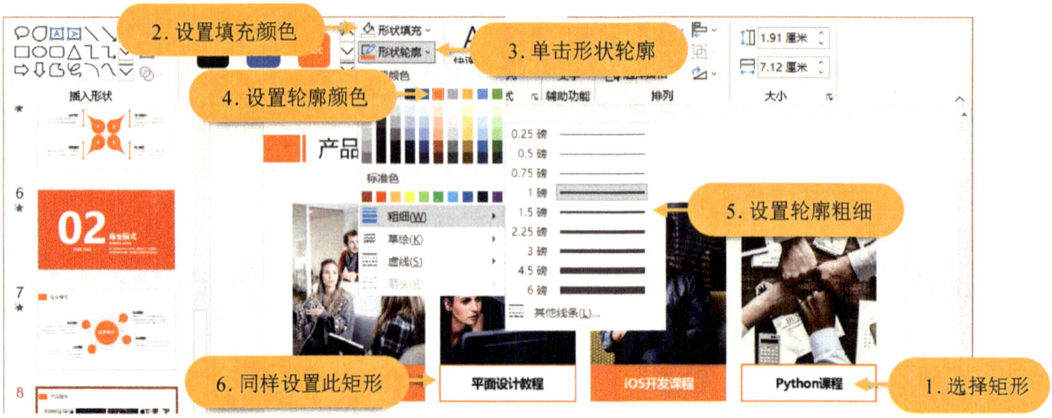

图 3-3-18　设置矩形样式

❸ **制作产品介绍**：打开**插入**选项卡，显示插入功能面板。在打开的插入功能面板中单击**文本框**工具。在橙色矩形的下方绘制一个文本框，如图 3-3-19 所示。

❹ **设置文字样式**：在光标位置输入文字内容。将字号设置为 **12**，以缩小文字的尺寸。将所选文字居中对齐。将行距调整为 **2.0** 倍。

❺ **制作其他产品介绍**：在按下 **Ctrl** 键的同时，向右拖动文本框以复制该文本框。按下 **F4** 键，以复制另外两个文本框。接着修改复制的文本框里的文字内容。

图 3-3-19　制作产品介绍

3.3.7　给产品服务幻灯片中的元素添加动画效果

现在已经完成了产品服务幻灯片的设计，接着给幻灯片中的各个对象添加动画效果。

❶ **组合元素**：首先同时选择包含图片的矩形和用来显示标题的矩形。使用键盘上的 **Ctrl+g** 快捷键，将所选对象组合成一个对象。

❷ **给图片添加动画**：打开**动画**选项卡。单击动画下拉箭头，查看更多的动画效果。给对象添加名为**阶梯状**的动画效果。将动画开始方式设置为**上一动画之后**，如图 3-3-20 所示。

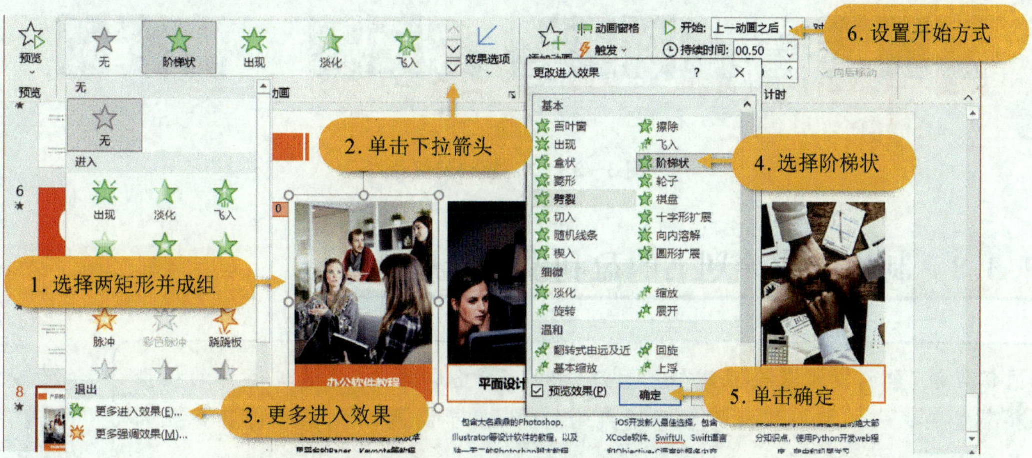

图 3-3-20　给图片添加阶梯状动画

❸ **给文本框添加动画**：接着选择位于下方的文本框。单击动画下拉箭头，查看更多的动画效果。给所选对象添加名为**切入**的动画效果。将动画的开始方式设置为**上一动画之后**。将动画的效果选项设置为**自顶部**，使对象从顶部滑入到现在的位置，如图 3-3-21 所示。

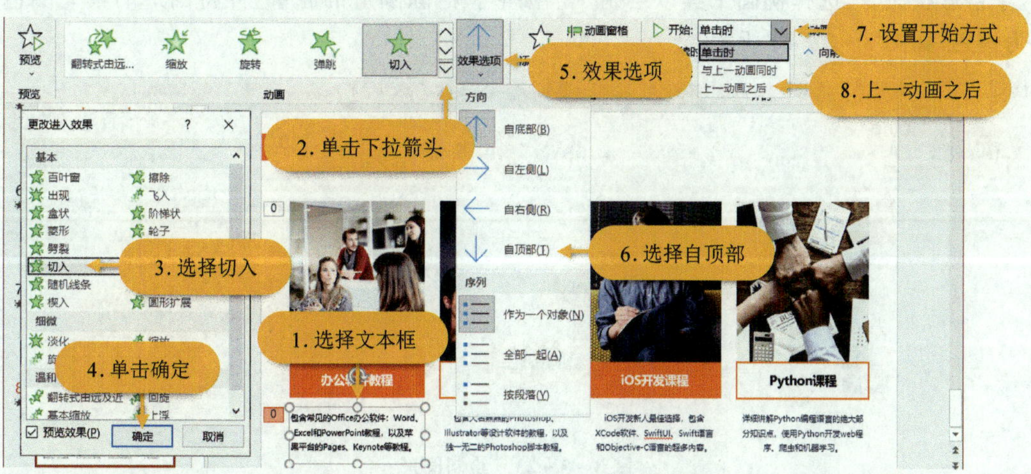

图 3-3-21　给文本框添加切入动画

❹ **复制动画**：使用**动画刷**工具将矩形、文本框的动画，复制到其他矩形和文本框中。

❺ **添加切换效果**：打开**切换**选项卡。在切换效果列表中，选择**平滑**选项。

❻ **放映幻灯片**：单击幻灯片编号下方的星星图标★，预览幻灯片的放映效果，如图 3-3-22 所示。

图 3-3-22 放映幻灯片

3.3.8 制作商业计划书的盈利模式幻灯片

通俗点说,盈利模式是企业赚钱的套路、招式、策略和方法,是通过怎样的模型和渠道来赚钱。本小节制作盈利模式幻灯片,用于向意向投资者讲解企业的盈利模式。

❶ **创建幻灯片**:首先通过**新建幻灯片**命令,使用之前创建的版式,创建一个新的幻灯片。修改标题占位符里的文字内容为:**盈利模式**。

❷ **绘制圆形**:接着来绘制一些图形,以更加形象地展示企业的盈利模式。打开**开始**选项卡,单击**形状**命令,选择**椭圆工具**以绘制一个圆形。清除圆形的轮廓,并将圆形的填充颜色设置为**橙色**,如图 3-3-23 所示。

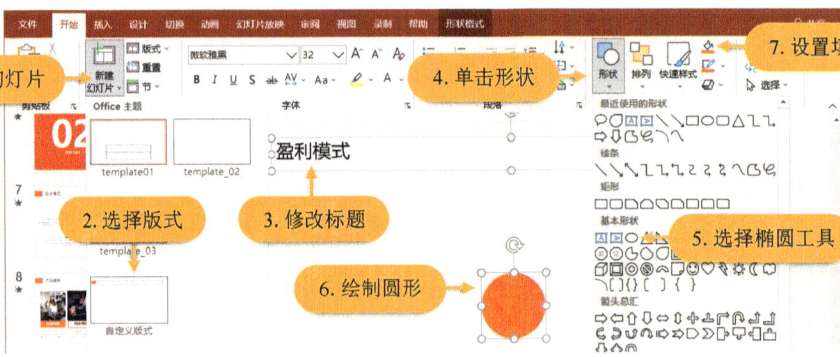

图 3-3-23 绘制圆形

❸ **创建其他圆形**:以复制的方式,创建其他的圆形。按下键盘上的 **Ctrl** 键,在按下该键的同时拖动圆形以复制圆形。缩小新的四个圆形,如图 3-3-24 所示。

❹ **绘制连接线**:接着在这些分散的圆形之间绘制连线。在插入形状面板中选择**箭头**工具。在两个圆形之间绘制一条箭头。接着将直线的宽度设置为 **2.25** 磅。将直线的线型设置为虚线,如图 3-3-25 所示。

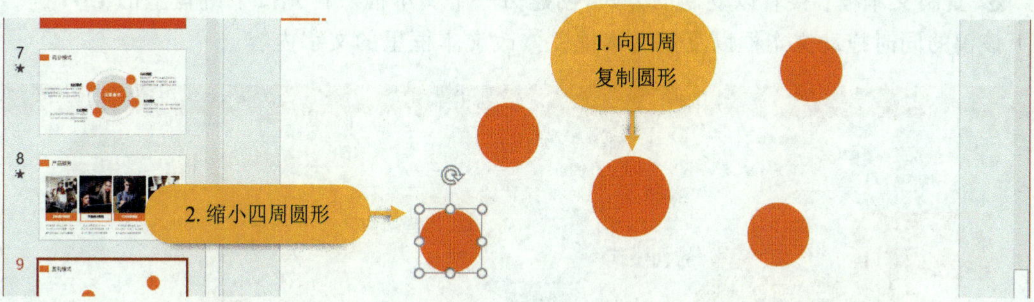

图 3-3-24　创建其他圆形

❺ **绘制曲线连接线：** 在插入形状面板中选择**曲线**工具。在两个圆形之间绘制一条曲线。

❻ **复制箭头：** 选择一条直线连接线。打开**开始**选项卡，显示开始功能面板。双击**格式刷**图标，激活格式刷工具。在曲线上单击，将所选对象的样式复制到曲线上，从而完成直线箭头和曲线箭头的绘制。

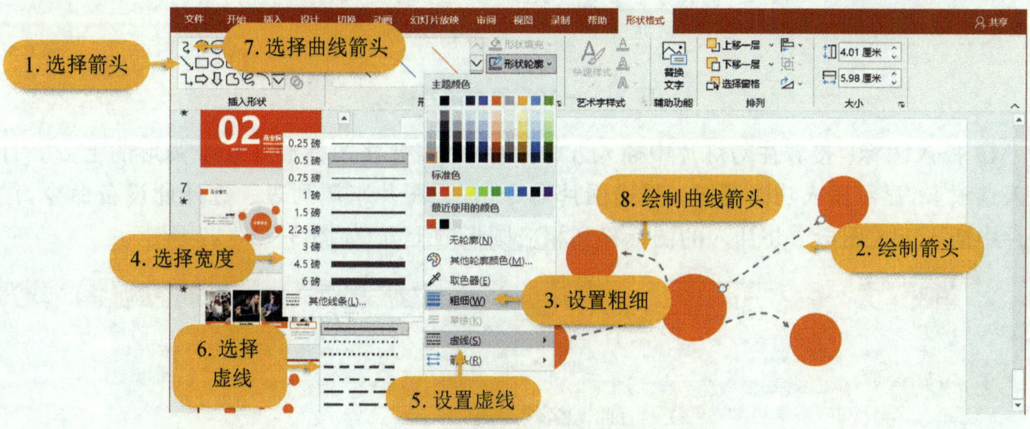

图 3-3-25　绘制连接线

3.3.9　往盈利模式幻灯片中添加文字内容

你已经完成了盈利模式幻灯片的图形部分的制作，现在来往幻灯片中添加文字内容。

❶ **制作盈利模式内容：** 打开**开始**选项卡，单击**形状**命令，选择**文本框**工具以绘制一个文本框。然后在光标位置输入文字内容，如图 3-3-26 所示。

❷ **设置文字样式：** 选择除第一行之外的文字内容。将字号设置为 **12**，以缩小文字的尺寸。选择第一行的文字内容。单击**加粗**图标，使所选文字加粗显示。单击**文字居右**图标。接着将文字的行距调整为 2.0 倍，以避免文字过于拥挤。

❸ **复制文本框**：接着以复制的方式，创建另一个文本框。首先按下键盘上的 Ctrl 键。在按下该键的同时拖动文本框以复制文本框。修改文本框里的文字内容。

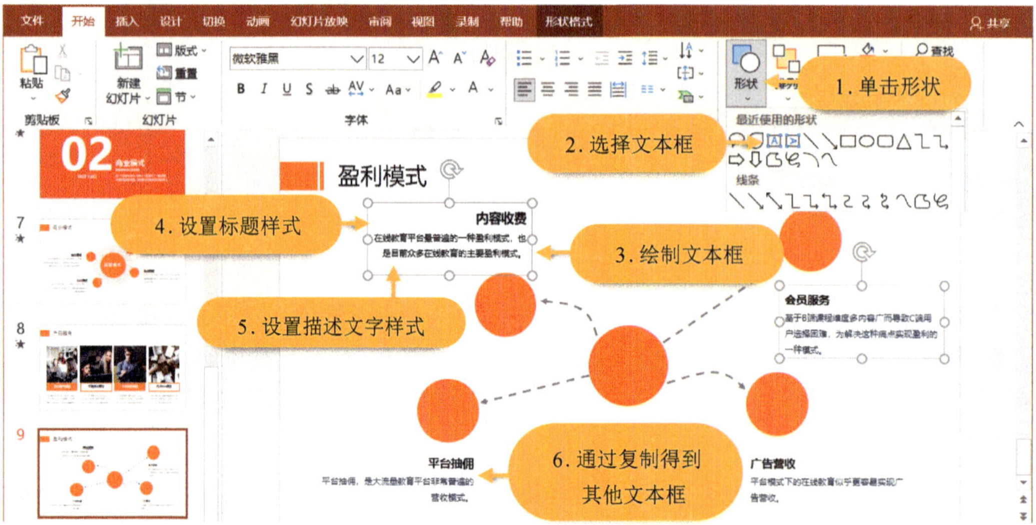

图 3-3-26　四大盈利模式

❹ **插入图标**：接着往幻灯片中插入五个图标，您需要将图标放在五个圆形的上方。打开**插入**选项卡，显示插入功能面板。单击**图片**命令，打开图片来源列表。选择**此设备**命令，往幻灯片中插入五枚图标。将插入的图标移到相应圆形的上方，如图 3-3-27 所示。

图 3-3-27　插入图标

3.3.10　给盈利模式幻灯片中的元素添加动画效果

现在已经完成了盈利模式幻灯片的设计，接着给幻灯片中的各个对象添加动画效果。

❶ **给图标添加动画**：首先选择需要添加动画效果的图标。打开**动画**选项卡，显示动画功能面板。单击**动画**下拉箭头，查看更多的动画效果。单击底部的**更多进入效果**命令，给所选对象添加名为**阶梯状**的动画效果。将动画的开始方式设置为**上一动画之后**，当上一个动画结束之后，就会立即播放这个动画，如图 3-3-28 所示。

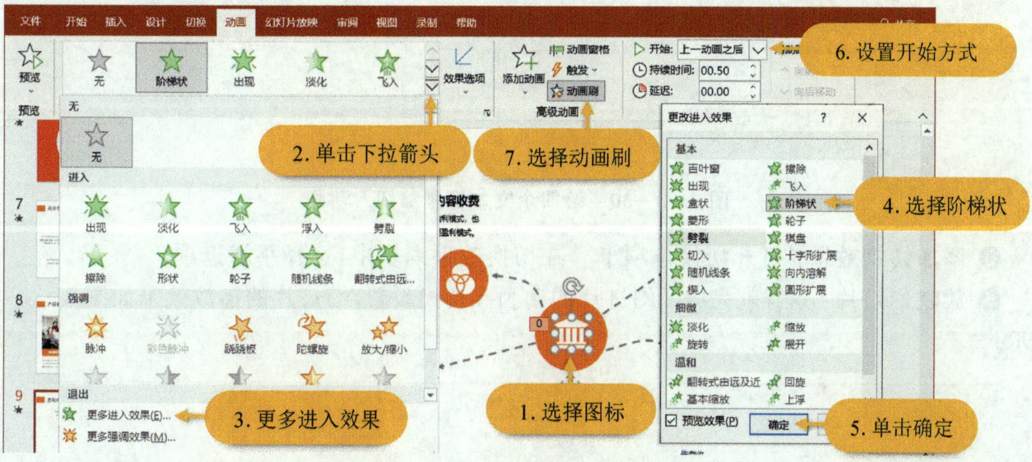

图 3-3-28　给图标添加阶梯状动画

❷ **复制图标动画**：双击**高级动画**命令组中的**动画刷**工具。然后在其他图标上单击，即可给它应用相同的动画效果。根据图标的位置，设置相应的效果选项，如图 3-3-29 所示。

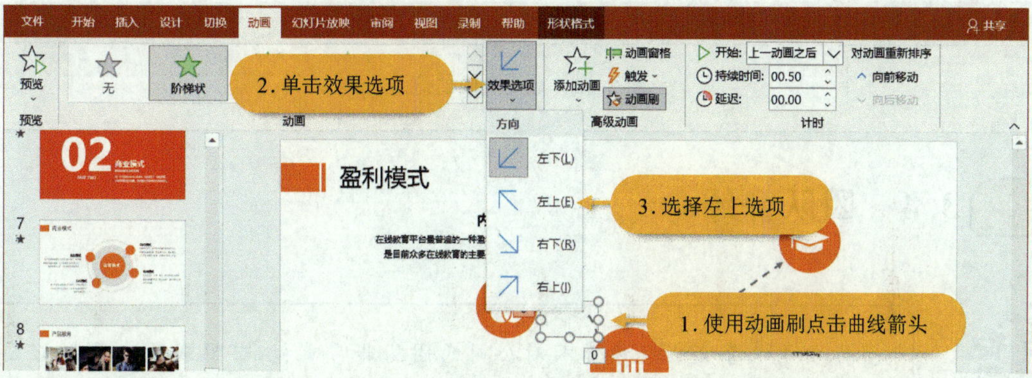

图 3-3-29　复制图标动画

❸ **给文本框添加动画**：选择左上角的文本框。单击**动画**下拉箭头，查看更多的动画效

果。单击**更多进入效果**命令,给对象添加**切入**动画效果,如图 3-3-30 所示。

❹ **复制文本框动画:** 双击**高级动画**命令组中的**动画刷**工具。然后在其他文本框上单击,即可给它应用相同的动画效果。根据文本框的位置,设置相应的效果选项。

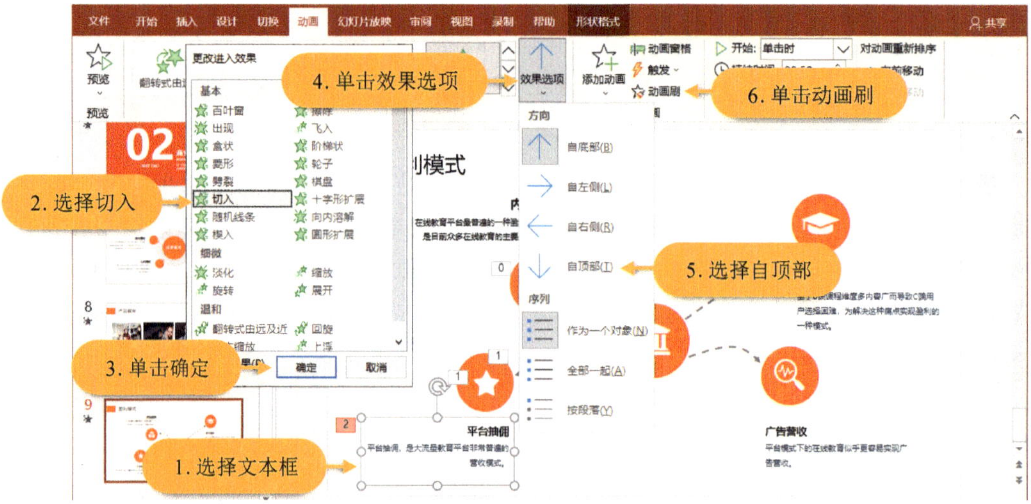

图 3-3-30　给四个文本框添加切入动画

❺ **添加切换效果:** 打开**切换**选项卡。在切换效果列表中,选择**平滑**选项。

❻ **放映幻灯片:** 这样就完成了幻灯片的动画和切换设置,幻灯片的播放效果如图 3-3-31 所示。

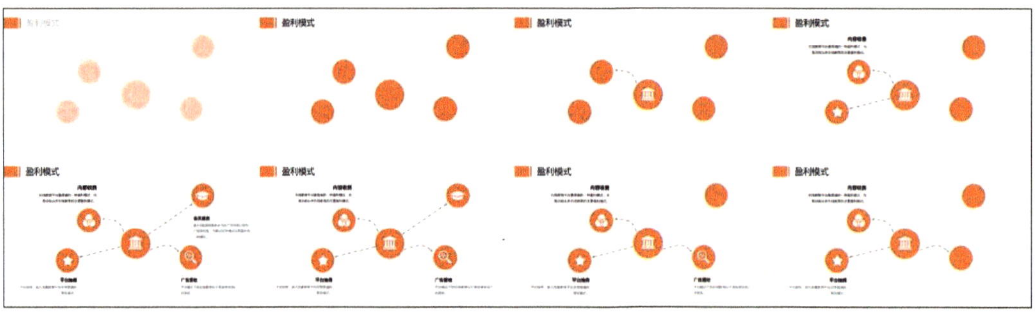

图 3-3-31　放映幻灯片

3.4　团队介绍

老师,公司领导交代说投资人对公司的团队非常重视,叮嘱我一定要做好团队介绍这一块。

投资投资，投的是资，靠的是人！所以大家最关注团队，只要团队好，商业模式、市场与利润都是可以创造的。企业融资最应该关注的是团队，而投资者最关注的也是团队。

3.4.1　制作过渡页幻灯片

你已经完成了和商业模式有关的幻灯片的制作，现在来制作第三个章节，该章节主要向投资者讲解公司的团队优势和公司基本情况。不过首先来完成这个章节的过渡页幻灯片。

❶ **创建幻灯片**：首先通过**新建幻灯片**命令，创建一个新的幻灯片。接着修改幻灯片中的各个占位符里的文字内容，如图 3-4-1 所示。

图 3-4-1　创建幻灯片

❷ **添加阶梯动画**：首先选择需要添加动画效果的文本框。打开**动画**选项卡，显示动画功能面板。单击**动画**下拉箭头，查看更多的动画效果。单击底部的**更多进入效果**命令，给所选对象添加名为**阶梯状**的动画效果，如图 3-4-2 所示。将动画的开始方式设置为**上一动画之后**，当上一个动画结束之后，就会立即播放这个动画。

❸ **复制动画**：双击**高级动画**命令组中的**动画刷**工具，以连续使用该工具。然后在其他文本框上单击，即可给它应用相同的动画效果。

❹ **添加切换效果**：接着来给幻灯片添加切换效果，打开**切换**选项卡，打开切换功能面板。在切换效果列表中，选择**平滑**选项。

❺ **放映幻灯片**：这样就完成了幻灯片的动画和切换设置，幻灯片的插入效果如图 3-4-3 所示。

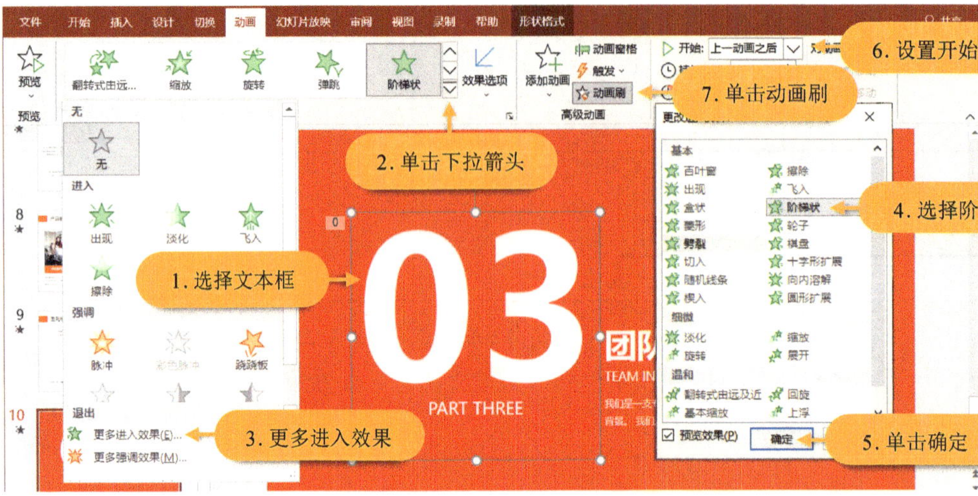

图 3-4-2　添加阶梯状动画

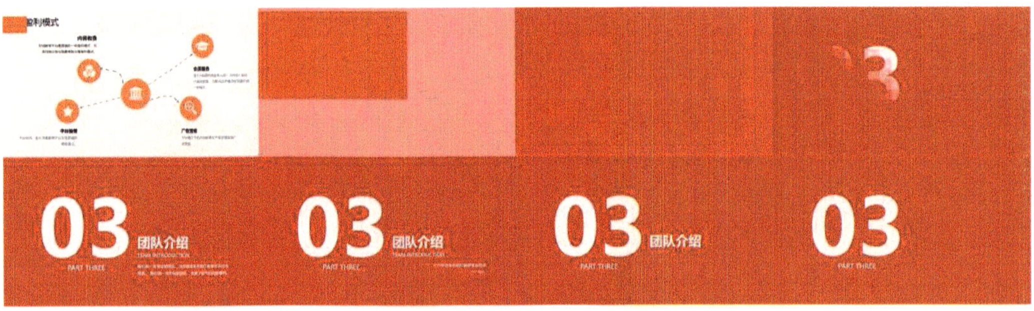

图 3-4-3　放映幻灯片

3.4.2　制作商业计划书的团队介绍幻灯片

团队对于企业经营来说具有非常重要的作用,在商业融资计划书中,企业要清晰地展示团队的优势,从而展现出一个投资者喜欢的团队。

❶ **创建幻灯片**:首先通过**新建幻灯片**命令,使用之前创建的版式,创建一个新的幻灯片。修改标题占位符里的文字内容为:**团队介绍**。

❷ **绘制橙色矩形**:打开**开始**选项卡,单击**形状**命令,选择**矩形工具**以绘制一个矩形。设置矩形的颜色为橙色,这样它就可以和上一张幻灯片中的橙色背景矩形,在放映幻灯片时进行平滑切换了。使用相同的方式绘制一个白色矩形,如图 3-4-4 所示。

❸ **添加阴影**:接着给矩形添加阴影效果,以突出显示矩形里的内容。单击**形状样式**图标,以打开设置形状格式窗格,您需要修改阴影的样式。将阴影的透明度修改为 **90%**,以增强阴影的透明度,如图 3-4-5 所示。

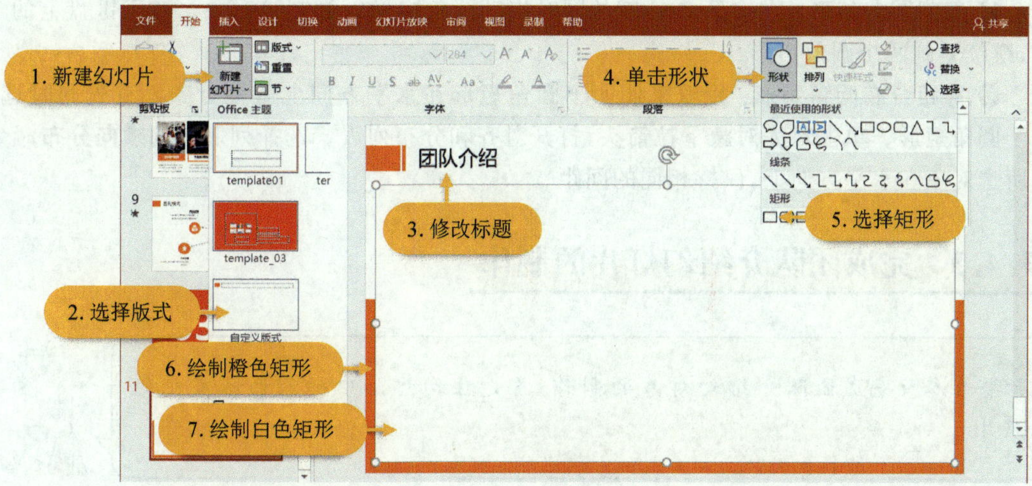

图 3-4-4　绘制矩形

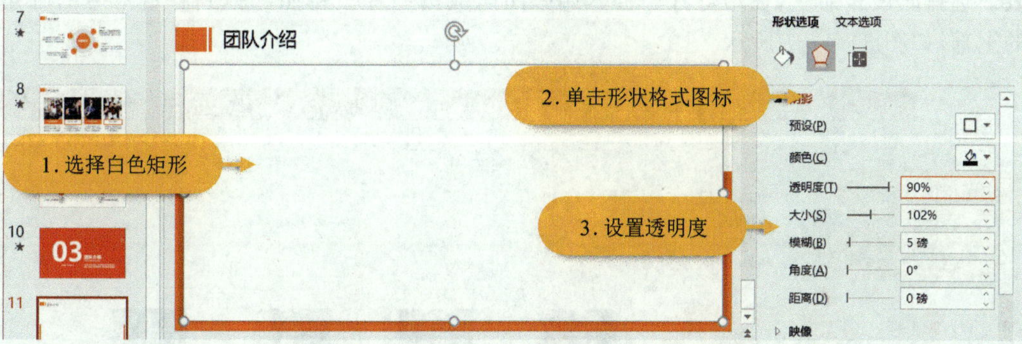

图 3-4-5　添加阴影

❹ **绘制圆角矩形**：在**插入形状**面板中选择**圆角矩形**工具，以绘制一个圆角矩形。适当缩小圆角矩形的圆角半径。将圆角矩形的形状填充修改为**无填充**。将圆角矩形的轮廓颜色修改为**灰色**。将圆角矩形的轮廓宽度设置为 **1** 磅，如图 3-4-6 所示。

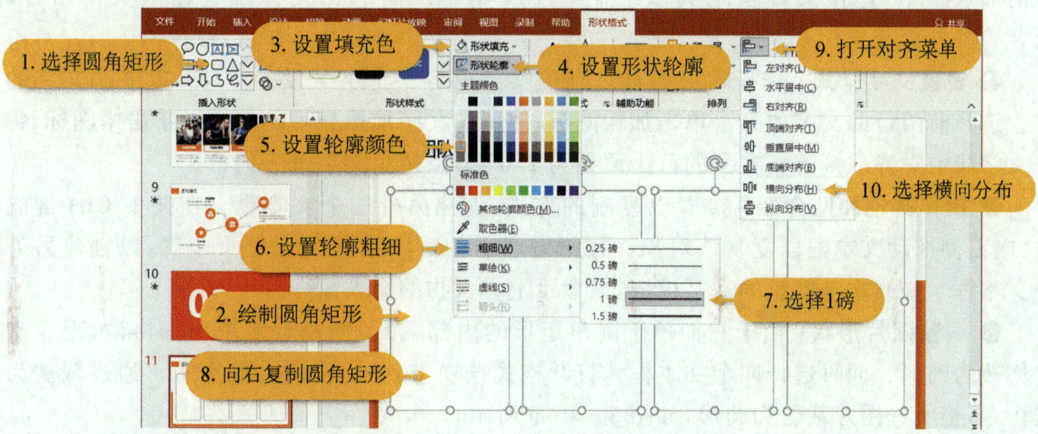

图 3-4-6　绘制圆角矩形

❺ **复制圆角矩形**：在按下 Ctrl 键的同时拖动圆角矩形以复制该对象。按下键盘上的 F4 键，继续复制两个圆角矩形。

❻ **等距分布圆角矩形**：接着来使四个圆角矩形在水平方向上等距分布。首先同时选择四个圆角矩形。单击**对齐对象**下拉箭头，打开对齐和分布列表。选择列表中的**横向分布**命令，使所选对象在水平方向上，保持相同的间距。

3.4.3　完成团队介绍幻灯片的制作

你将在本节完成团队介绍幻灯片的制作，首先往幻灯片中插入团队成员的照片。

❶ **插入成员照片**：打开**插入**选项卡，显示插入功能面板。单击**图片**命令，打开图片来源列表。选择**此设备**命令，往幻灯片中插入四张团队成员照片。将照片拖到各自对应的圆角矩形的上部，如图 3－4－7 所示。

图 3－4－7　插入成员照片

❷ **制作团队介绍**：接着来插入文本框，以显示团队成员的介绍文字。打开**开始**选项卡，单击**形状**命令，选择**文本框**工具以绘制一个文本框。然后在光标位置输入文字内容，如图 3－4－8 所示。

❸ **设置文字样式**：选择除前两行之外的文字内容。将字号设置为 12，以缩小文字的尺寸。选择前两行的文字内容。单击**加粗**图标，使所选文字加粗显示。单击**文字居中**图标，将所选文字居中对齐。接着将文字的行距调整为 **2.0** 倍，以避免文字过于拥挤。

❹ **制作其他团队介绍**：接着以复制的方式，创建另外三个文本框。在按下 **Ctrl** 键的同时，向右侧拖动文本框以复制该对象。按下键盘上的 **F4** 键，重复上一个步骤，以创建另外两个文本框。修改文本框里的文字内容，以显示上方人物的个人简介。

❺ **调整照片形状**：由于它们位于圆角矩形的内部，为了使视觉效果更加协调，现在来将它们改为圆形。同时选择四个文本框。打开**格式**选项卡，显示格式功能面板。通过**裁剪为形状**命令，将所选图片裁剪为圆形，如图 3－4－9 所示。

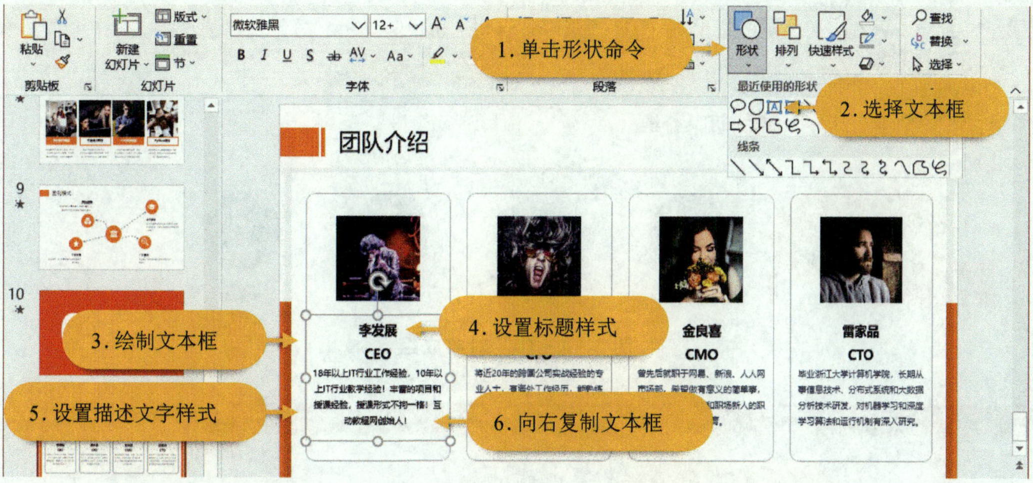

图 3-4-8　制作成员介绍

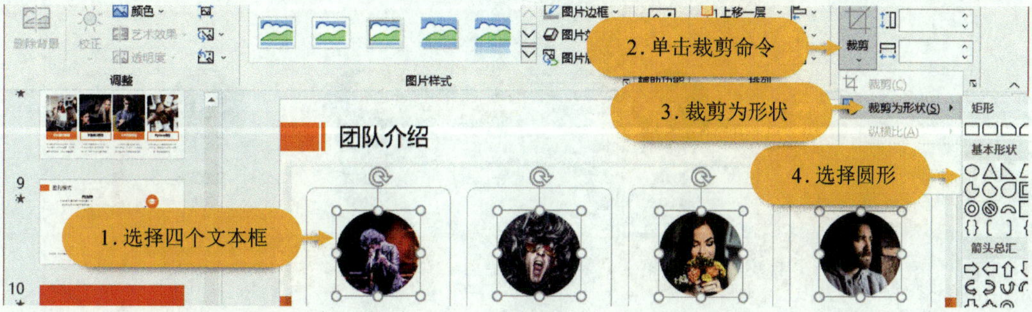

图 3-4-9　调整照片形状

3.4.4　给团队介绍幻灯片元素添加动画效果

您已经完成团队介绍幻灯片的制作，现在来给幻灯片中的元素添加动画效果。

❶ **对象成组**：为了方便给这些对象添加动画效果，现在来将每个人物对应的内容组合起来。同时选择头像、文本框和圆角矩形。使用快捷键 **Ctrl＋g**，将所选对象组合成一个对象。使用相同的方式，将其他的人物相关的对象也组合起来，如图 3-4-10 所示。

❷ **给橙色矩形添加动画**：首先选择需要添加动画效果的橙色矩形。单击**动画**选项卡，显示动画功能面板。单击**动画**下拉箭头，查看更多的动画效果。给所选对象添加名为**切入**的动画效果。将动画的开始方式设置为**上一动画之后**，如图 3-4-11 所示。

❸ **给白色矩形添加动画**：接着显示位于橙色矩形上方的白色矩形。单击**动画**下拉箭头，查看更多的动画效果。单击底部的**更多进入效果**命令，给所选对象添加名为**升起**的动画效果，使矩形从下而上滑入到屏幕上。将动画的开始方式设置为**上一动画之后**，如图 3-4-12 所示。

图 3-4-10　对象成组

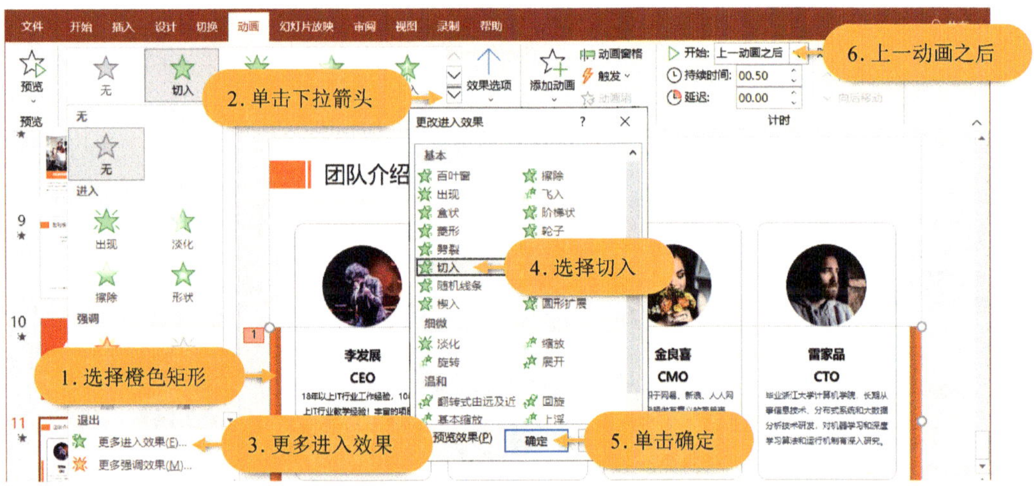

图 3-4-11　给橙色矩形添加动画

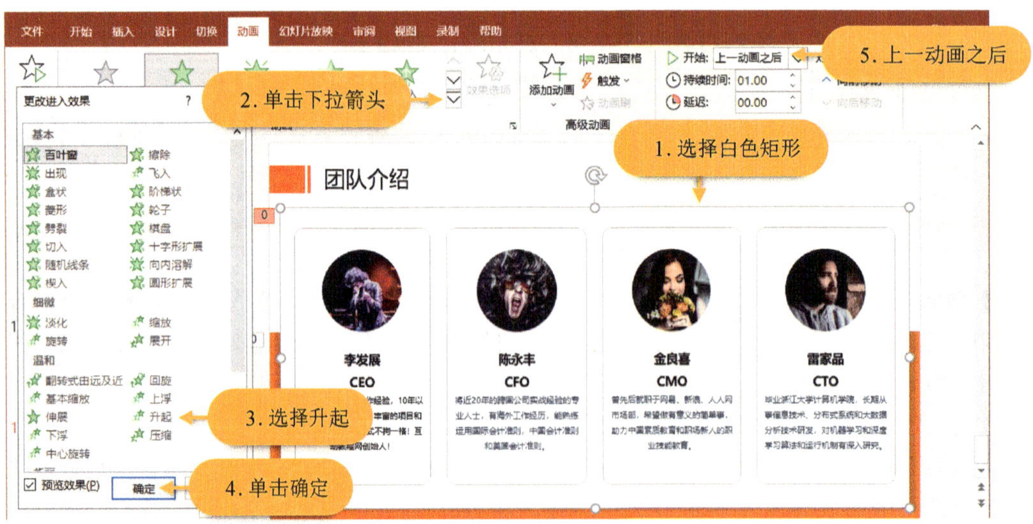

图 3-4-12　给白色矩形添加升起动画

❹ **给人物介绍组合添加动画**：选择人物介绍组合对象。单击**动画**下拉箭头，查看更多的

动画效果。单击底部的**更多进入效果**命令，给所选对象添加名为**阶梯状**的动画效果。将动画的开始方式设置为**上一动画之后**，如图 3－4－13 所示。

❺ **复制动画**：双击**高级动画**命令组中的**动画刷**工具，以连续使用该工具。然后在其他人物介绍组合对象上单击，即可给它们应用相同的动画效果。

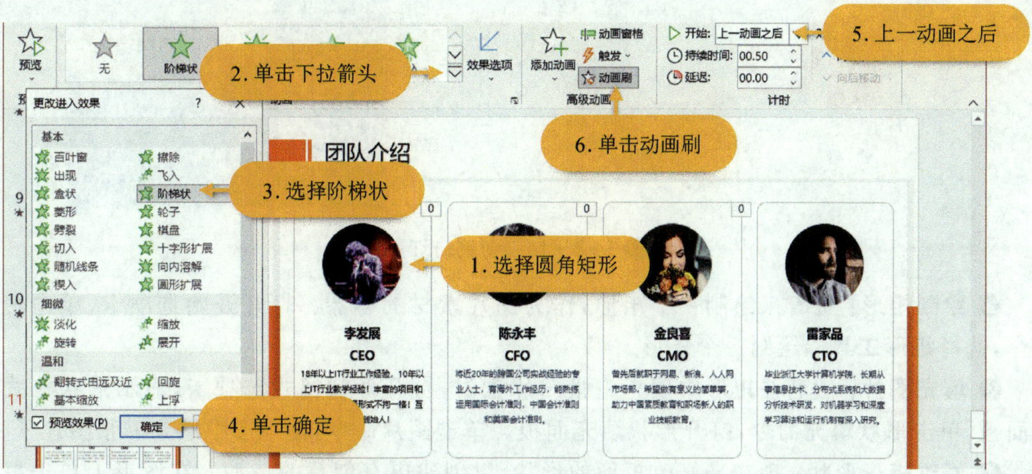

图 3－4－13　给对象组合添加阶梯状动画

❻ **添加切换效果**：打开**切换**选项卡。在切换效果列表中，选择**平滑**选项。

❼ **放映幻灯片**：单击幻灯片编号下方的星星图标★，预览幻灯片的放映效果，如图 3－4－14 所示。

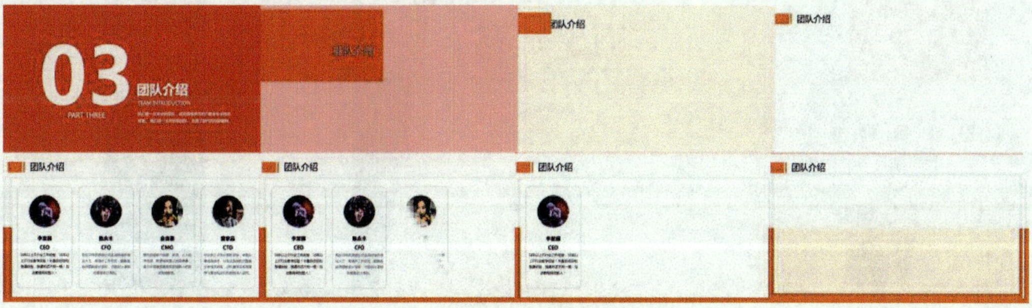

图 3－4－14　放映幻灯片

3.4.5　完成公司简介幻灯片的图片和形状的设计

企业简介幻灯片将通过文字、图片、动画等形式，向投资者介绍企业基本情况和经营战略。

❶ **创建幻灯片**：首先通过**新建幻灯片**命令，使用之前创建的版式，创建一个新的幻灯片。

修改幻灯片中的占位符里的文字内容为:**公司简介**,如图 3-4-15 所示。

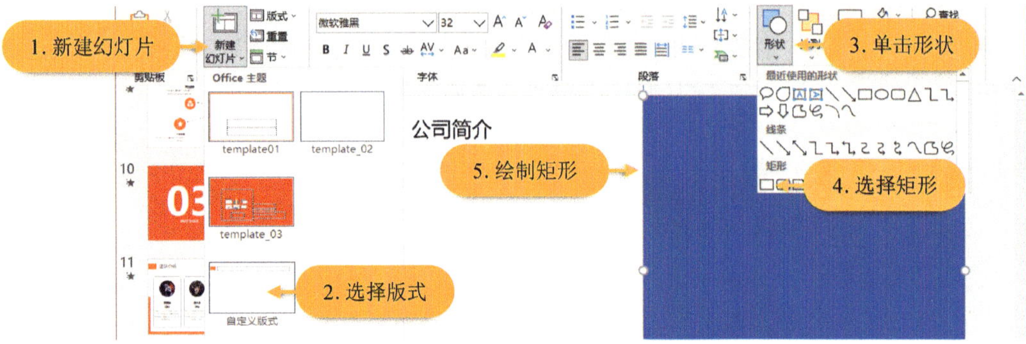

图 3-4-15 创建幻灯片

❷ **绘制矩形:** 接着来绘制一个矩形,作为图片素材的容器。打开**开始**选项卡,单击**形状**命令,选择**矩形工具**以绘制一个矩形。

❸ **填充图片:** 然后往矩形中填充一张图片素材,打开**形状格式**选项卡,显示**形状格式**功能面板,单击**形状填充**命令,打开形状填充面板。单击**图片**命令,往矩形中填充一张图片素材。

❹ **修改矩形形状:** 现在来修改矩形的形状,以创建更有创意的造型。在图形上单击鼠标右键,显示右键菜单。选择菜单中的**编辑顶点**命令,进入顶点编辑模式。在左下角的顶点上按下并向右侧拖动,如图 3-4-16 所示。

图 3-4-16 修改矩形形状

❺ **绘制分割线:** 图片和左侧白色区域的连接处显得过于突兀,现在来在图片的左边缘绘制一条边框。在**插入形状**面板中选择线条工具,以绘制一条斜线。接着来增加斜线的粗细程度,首先打开设置**形状格式**窗格。将线条的颜色修改为**橙色**。在**宽度**输入框里输入 **16** 磅,以增加线条的粗细程度。将斜线的线端类型修改为**方**,如图 3-4-17 所示。

❻ **复制分割线:** 使用键盘上的快捷键 **Ctrl+d** 复制分割线。将第二条分割线的宽度修改为 1.5 磅。缩小斜线的高度,并将它移到第一条分割线的左侧,如图 3-4-18 所示。

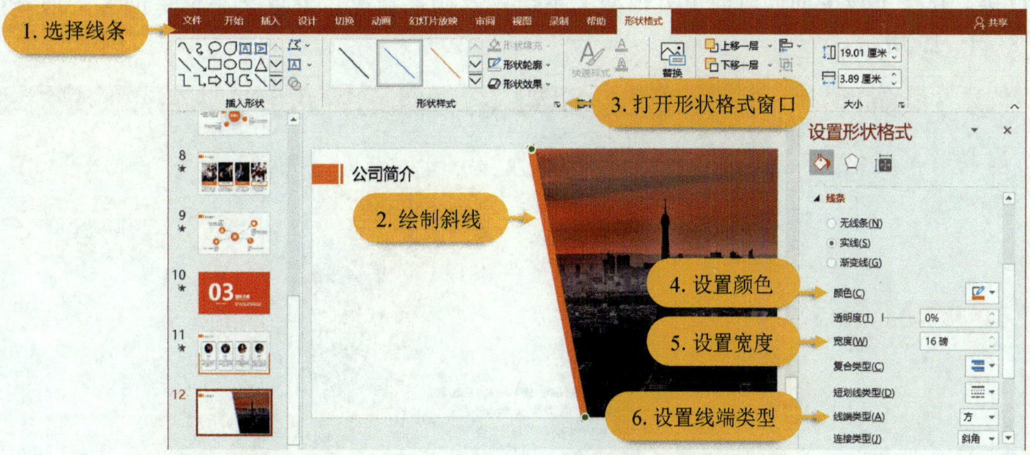

图 3－4－17　绘制分割线

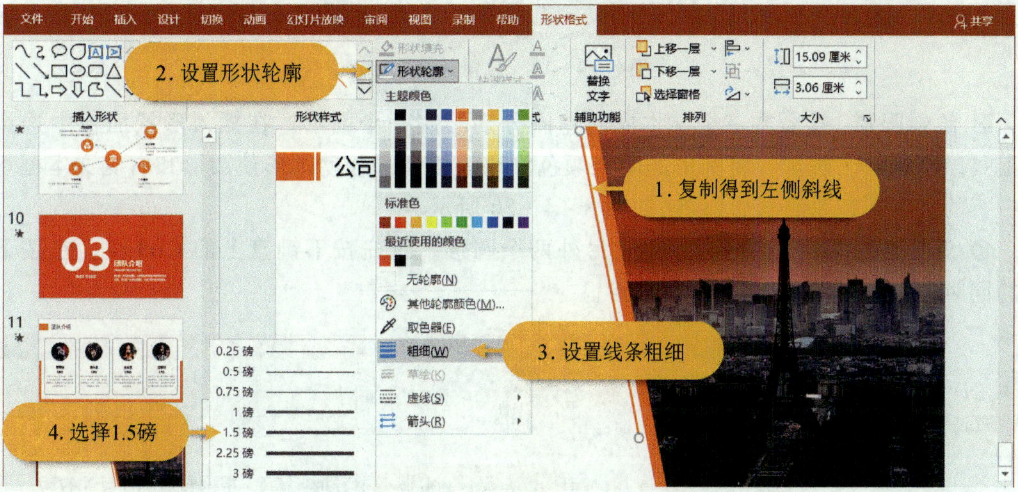

图 3－4－18　复制分割线

3.4.6　往公司简介幻灯片中添加文字内容

你已经完成了公司简介幻灯片的图片和形状的设计，现在来插入文字内容。

❶ **制作公司简介文字：**打开**开始**选项卡，单击**形状**命令，选择**文本框**工具以绘制一个文本框。然后在光标位置输入文字内容。

❷ **设置文字样式：**将字号设置为 14，以缩小文字的尺寸。接着将文字的行距调整为 2.0 倍，以避免文字过于拥挤。

❸ **制作公司简介其他内容：**接着以复制的方式，创建另一个文本框。首先按下键盘上的

Ctrl 键。在按下该键的同时向下方拖动文本框以复制该对象。修改文本框里的文字内容，如图 3－4－19 所示。

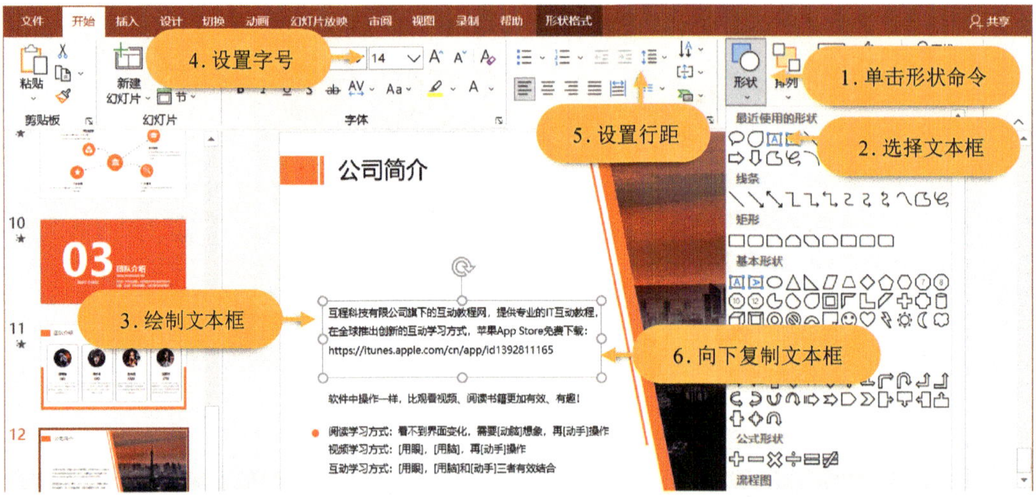

图 3－4－19　公司简介文字

❹ **绘制圆形**：接着在三个文本框的左侧分别绘制一个圆形。在**插入形状**面板中选择**椭圆**工具以绘制一个圆形。将圆形的填充颜色修改为**橙色**。移动圆形使圆形和右侧文本框里的第一行的文字保持垂直居中对齐，如图 3－4－20 所示。

❺ **复制圆形**：以复制的方式创建另外两个圆形。首先按下键盘上的 **Ctrl** 键。在按下该键的同时，向下方拖动以复制两个圆形。

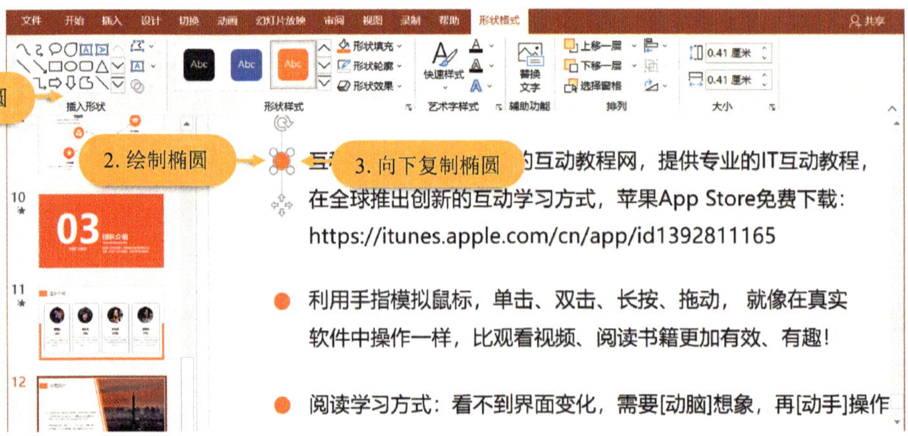

图 3－4－20　绘制圆形

❻ **组合图片和分割线**：选择右侧的图片，您需要将图片和图片左侧的线条组合起来，以方便给它们添加动画效果。按下键盘上的 **Shift** 键。在按下该键的同时，依次单击两条分割线，以同时选择三个对象。使用键盘上的快捷键 **Ctrl＋g**，将所选对象组合成一个对象。

❼ **给图片分割线组合添加动画**：您已经完成了幻灯片的制作，现在来给幻灯片中的元素添加动画效果。首先单击**动画**选项卡，显示动画功能面板。单击**动画**下拉箭头，查看更多的动

画效果。单击底部的**更多进入效果**命令，给所选对象添加名为**阶梯状**的动画效果。将动画的开始方式设置为**上一动画之后**，当上一个动画结束之后，就会立即播放这个动画，如图 3-4-21 所示。

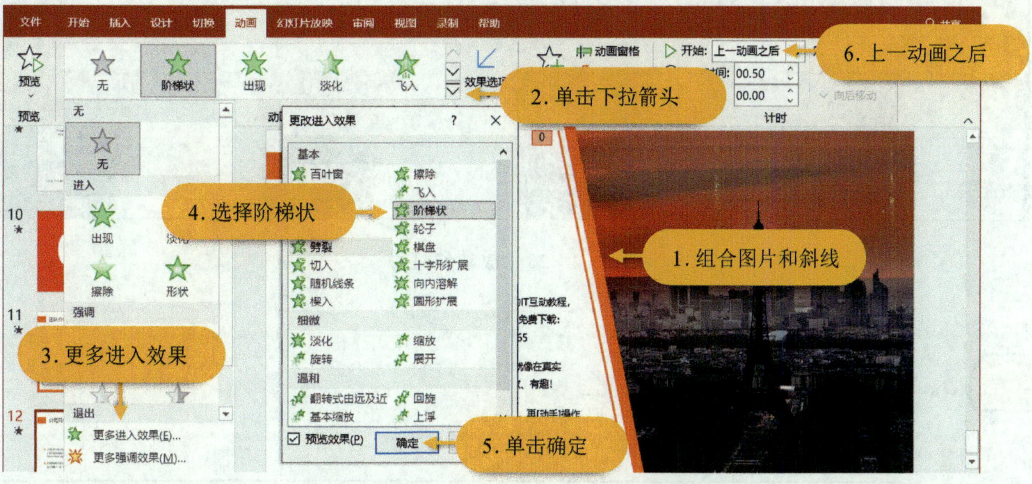

图 3-4-21　给对象组合添加阶梯状动画

❽ **给文本框添加动画**：接着选择文本框。单击**动画**下拉箭头，查看更多的动画效果。单击底部的**更多进入效果**命令，给所选对象添加名为切入的动画效果。将动画的开始方式设置为**上一动画之后**，当上一个动画结束之后，就会立即播放这个动画，如图 3-4-22 所示。

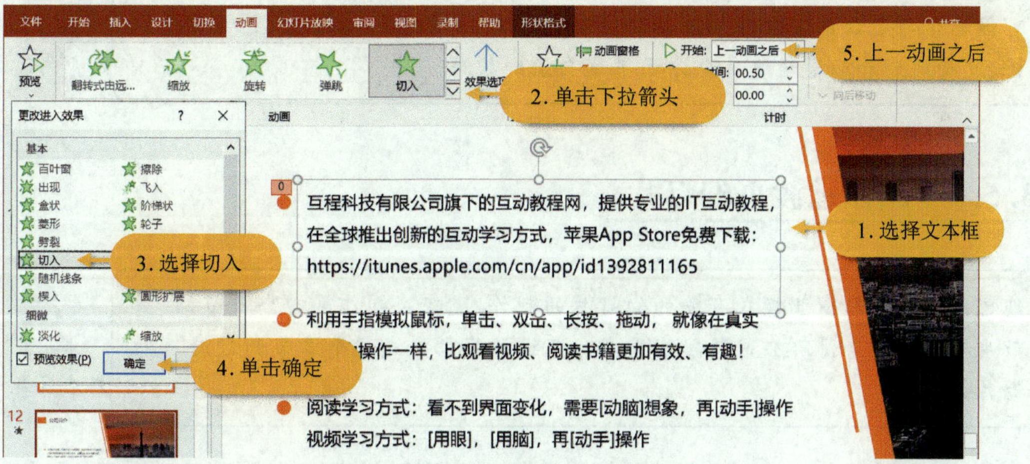

图 3-4-22　给文本框添加切入动画

❾ **复制动画**：单击**高级动画**组中的**动画刷**工具。使用动画刷工具，将文本框和圆形的动画效果，复制到下方的两个文本框和圆形。

❿ **添加切换效果**：单击**切换**选项卡。在切换效果列表中，选择**平滑**选项。

⓫ **放映幻灯片**：这样就完成了幻灯片的动画和切换设置，幻灯片的插入效果如图 3-4-23 所示。

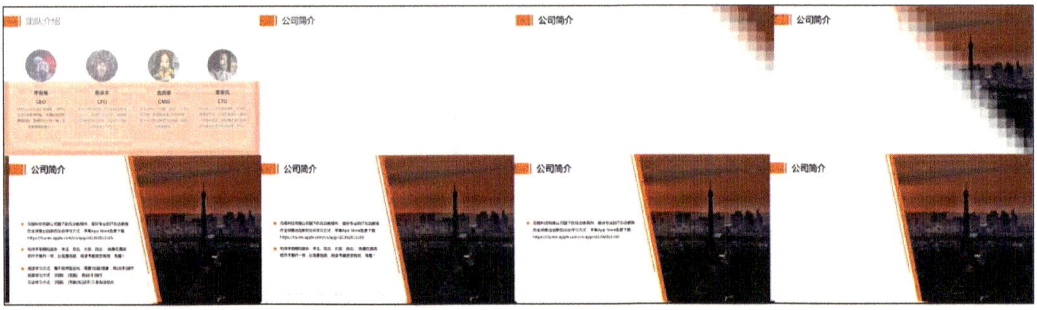

图 3-4-23　放映幻灯片

3.5　融资需求

就像电影的情节一样，前面的章节都是铺垫，现在终于到高潮了。接下来就要对意向投资人阐明我们的融资要求了。

哈哈，小王，你的比喻很形象！融资虽然很复杂，但是成功的融资也是有规律可循的。为了让意向投资人理解和支持我们的融资需求，我们需要从财务分析、发展规划和融资用途三个方面讲述自己的故事。

3.5.1　制作过渡页幻灯片

您已经完成了和商业模式有关的幻灯片的制作，现在来制作第四个章节，该章节主要向投资者讲解公司的融资需求。不过首先来完成这个章节的过渡页幻灯片。

❶ **创建幻灯片**：首先通过**新建幻灯片**命令，使用刚刚创建的版式，创建一个新的幻灯片。接着修改幻灯片中的所有占位符里的文字内容，如图 3-5-1 所示。

❷ **给文本框添加动画**：接着来给幻灯片中的对象添加动画效果，首先选择需要添加动画效果的文本框。单击**动画**选项卡，显示动画功能面板。单击**动画**下拉箭头，查看更多的动画效果。单击底部的**更多进入效果**命令，给所选对象添加名为**阶梯状**的动画效果。将动画的开始方式设置为**上一动画之后**，如图 3-5-2 所示。

❸ **复制动画**：双击**高级动画**命令组中的**动画刷**工具，以连续使用该工具。然后在其他文本框上单击，即可给它们应用相同的动画效果。

❹ **添加切换效果**：打开**切换**选项卡。在切换效果列表中，选择**平滑**选项。

图 3-5-1　创建幻灯片

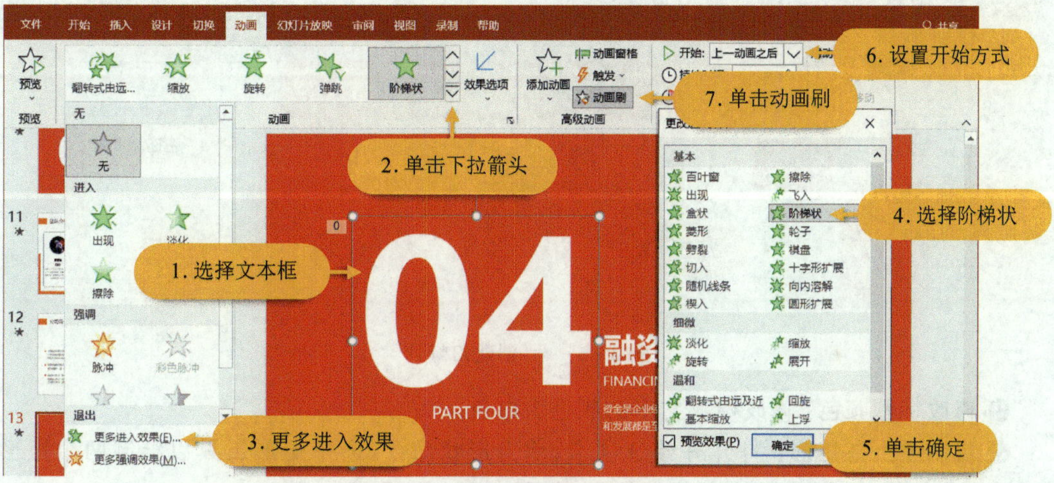

图 3-5-2　给文本框添加动画阶梯状

❺ **放映幻灯片**：单击幻灯片编号下方的星星图标★，预览幻灯片的放映效果，如图 3-5-3 所示。

图 3-5-3　放映幻灯片

3.5.2 制作商业计划书的财务分析幻灯片

财务分析是企业经营业绩和财务状况的真实反映。从晦涩的会计程序中会将数据背后的经济含义挖掘出来,为投资者提供决策基础。
你将在本小节制作财务分析幻灯片,该幻灯片向投资者展示最近三年的营业额、净利润等财务信息。

❶ **创建幻灯片**:首先通过**新建幻灯片**命令,使用刚刚创建的版式,创建一个新的幻灯片。接着修改幻灯片中的标题占位符里的文字内容,如图 3-5-4 所示。

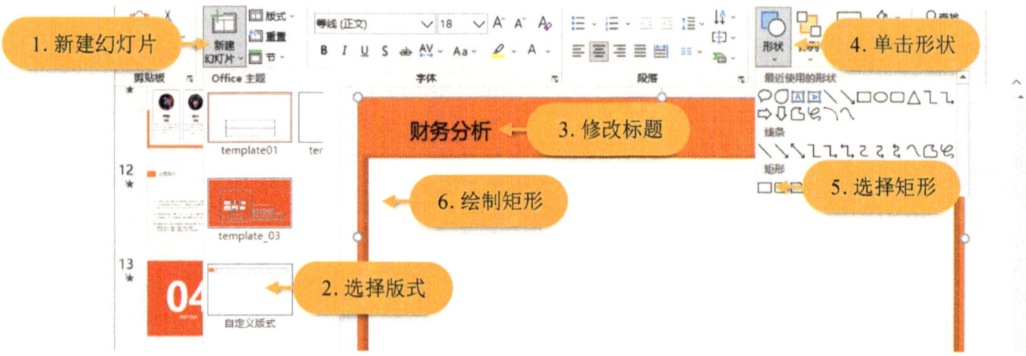

图 3-5-4　创建幻灯片

❷ **修改标题颜色**:修改标题文字的颜色为**白色**。

❸ **绘制左上角矩形**:打开**开始**选项卡,单击**形状**命令,选择**矩形工具**以绘制两个矩形。接着将两个矩形的填充颜色都设置为**白色**,如图 3-5-5 所示。

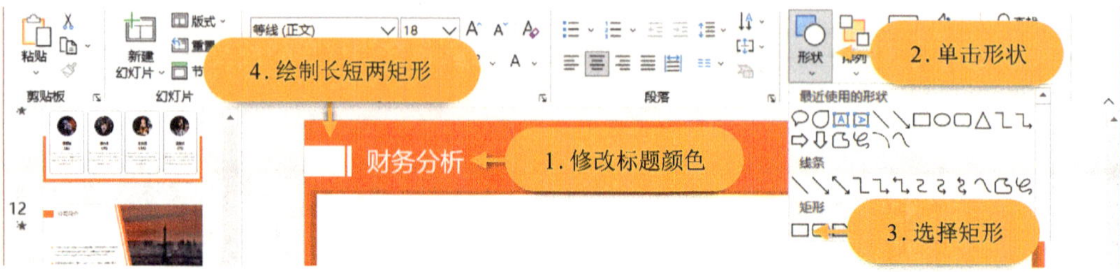

图 3-5-5　绘制矩形

❹ **制作表格**:当需要展示财务数据时,可以使用表格。打开**插入**选项卡,显示插入功能面板。在**表格**命令组中单击**表格**命令,然后单击**插入表格**命令,插入一个五行五列的表格,如图 3-5-6 所示。

❺ **设置表格样式**:将表格的背景颜色修改为**白色**。接着来修改表格画笔的颜色,将表格画笔的颜色修改为**橙色**。通过**所有框线**命令,使用设置的表格画笔描绘表格的所有框线。

❻ **输入内容**:在第一行单元格里,输入各列单元格的标题。继续输入其他单元格里的内

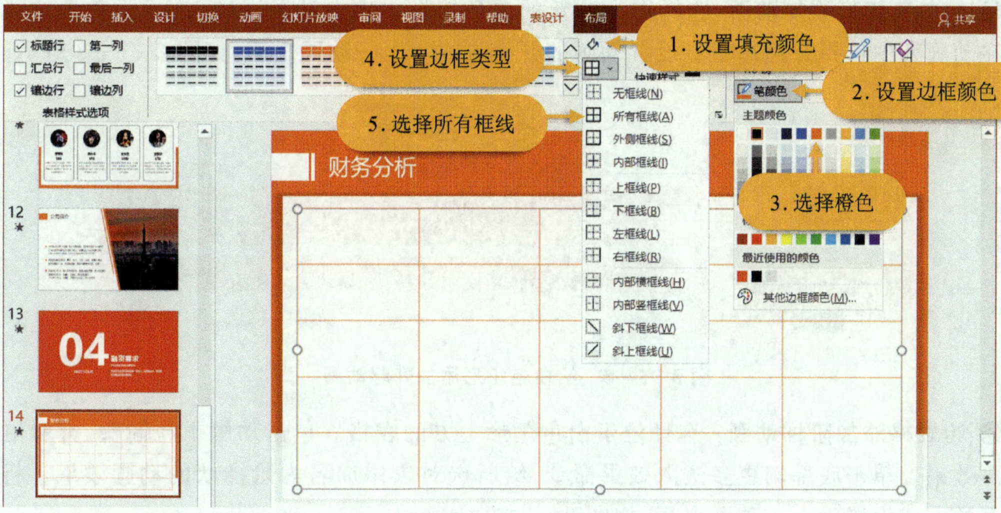

图 3-5-6　制作表格

容。缩小前面四列的宽度。

❼ **制作单位文本框**：在插入功能面板中选择**文本框**工具。在表格的下方绘制一个文本框。然后在光标位置输入文字内容：**单位：万**，如图 3-5-7 所示。

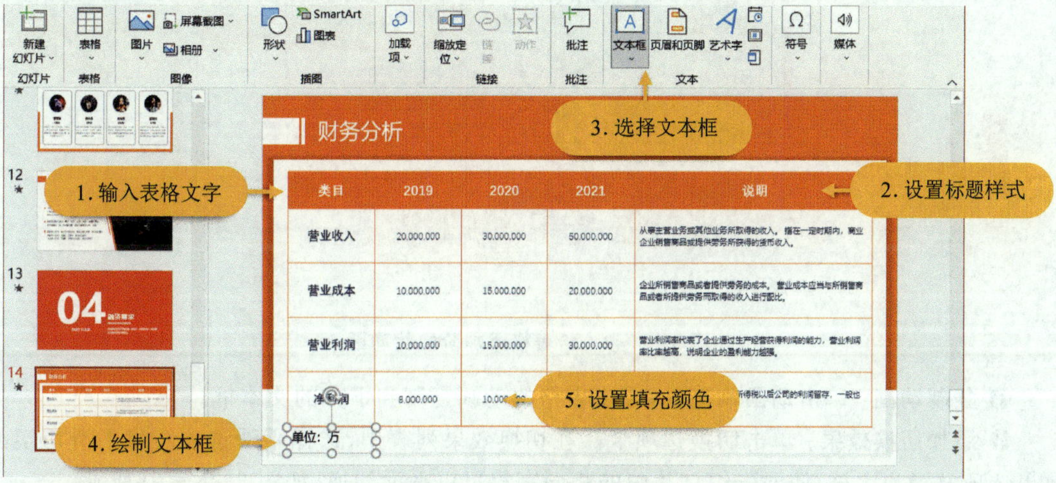

图 3-5-7　制作单位文本框

这样就完成了财务分析幻灯片的制作，您将在下一节给这张幻灯片中的元素添加动画效果。

3.5.3　给财务分析幻灯片中的元素添加动画效果

您已经完成了财务分析幻灯片的设计，现在来给幻灯片中的元素添加动画效果。

❶ **给白色矩形添加动画**:选择作为背景的白色矩形。单击**动画**选项卡,显示动画功能面板。在动画列中选择**升起**选项。设置动画的开始方式为**上一动画之后**,如图 3-5-8 所示。

图 3-5-8 给白色矩形添加升起动画

❷ **给表格添加阶梯动画**:选择位于白色矩形上方的表格。单击**动画**下拉箭头,查看更多的动画效果。单击底部的**更多进入效果**命令,给所选对象添加名为**阶梯状**的动画效果。将动画的开始方式设置为**上一动画之后**,如图 3-5-9 所示。

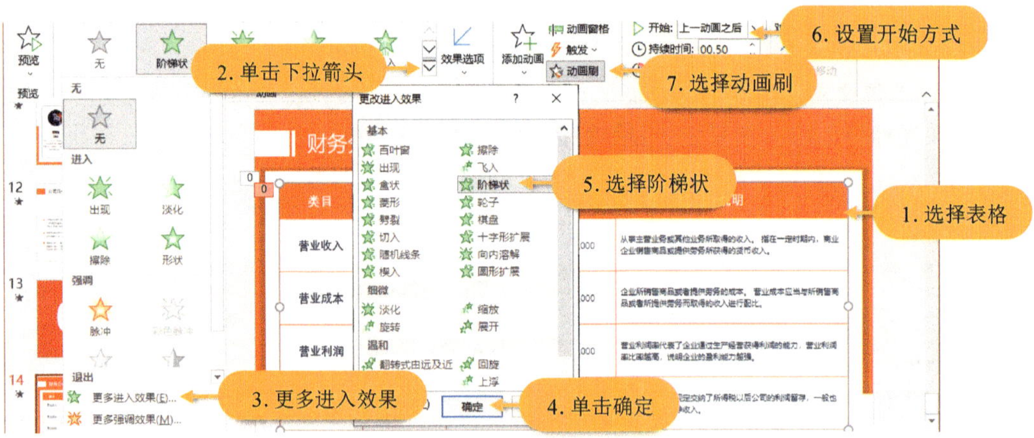

图 3-5-9 给表格添加阶梯状动画

❸ **复制动画**:单击**动画刷**工具,以将表格的动画复制到下方的文本框。

❹ **添加切换效果**:单击**切换**选项卡。在切换效果列表中,选择**平滑**选项。将平滑切换的效果选项设置为**字符**,使两张幻灯片中的相同字符可以平滑切换,如图 3-5-10 所示。

图 3-5-10 添加切换效果

❺ **放映幻灯片**:单击幻灯片编号下方的星星图标★,预览幻灯片的放映效果,如图 3-5-11

所示。

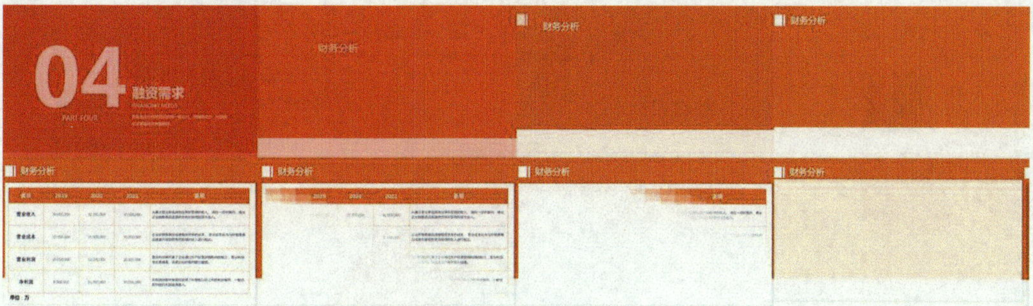

图 3-5-11　放映幻灯片

3.5.4　制作商业计划书的发展规划幻灯片

你将在本节制作发展规划幻灯片，该幻灯片向投资者描述企业在获客手段、授课类型等方向上的发展规划，为投资者的行动提供依据。

❶ **创建幻灯片**：首先通过**新建幻灯片**命令，使用之前创建的版式，创建一个新的幻灯片。修改标题占位符里的文字内容为：**发展规划**。

❷ **绘制三角形**：接着绘制一些图形以更加形象的描述发展规划。打开**开始**选项卡，单击**形状**命令，选择**三角形工具**以绘制一个三角形，如图 3-5-12 所示。

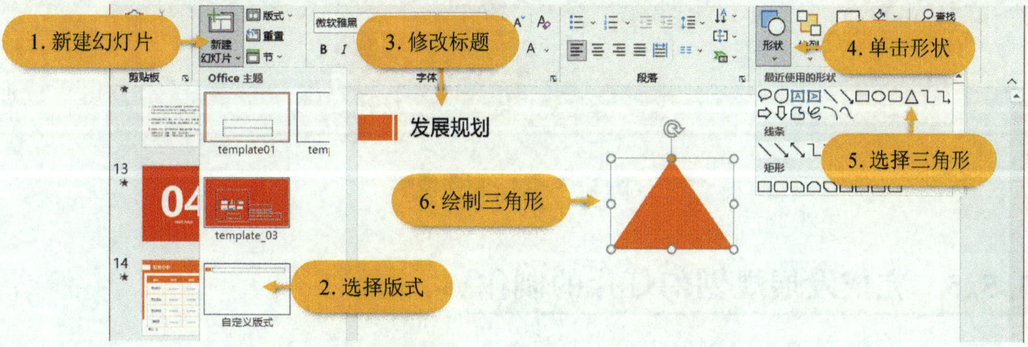

图 3-5-12　绘制三角形

❸ **设置三角形样式**：单击**形状轮廓**图标，打开形状轮廓面板。选择**无轮廓**以清除三角形的轮廓。然后将三角形的填充颜色修改为**橙色**。

❹ **复制三角形**：使用快捷键 **Ctrl+d**，复制三个三角形。通过**垂直翻转**命令将三角形垂直翻转。移动四个三角形，使它们排列成如图 3-5-13 所示的样式。

❺ **制作编号**：打开**开始**选项卡，单击**形状**命令，选择**文本框**工具以绘制一个文本框。然后输入文字内容：**01**，如图 3-5-14 所示。

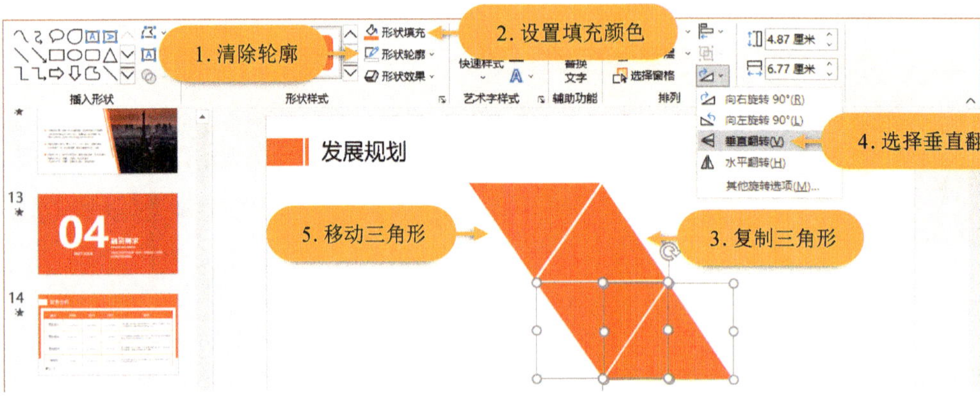

图 3-5-13　复制三角形

❻ **设置文字样式**：将字号设置为 **40**，增加文字的尺寸。单击**加粗**图标。将文字的颜色设置为**白色**。单击**文字居中**图标，将文字居中对齐。

❼ **复制文本框**：接着以复制的方式，创建另外三个文本框。首先按下键盘上的 **Ctrl** 键。在按下该键的同时拖动文本框以复制三个文本框。将这些文本框移动对应的三角形的内部，如图 3-5-14 所示。依次修改文本框里的数字。

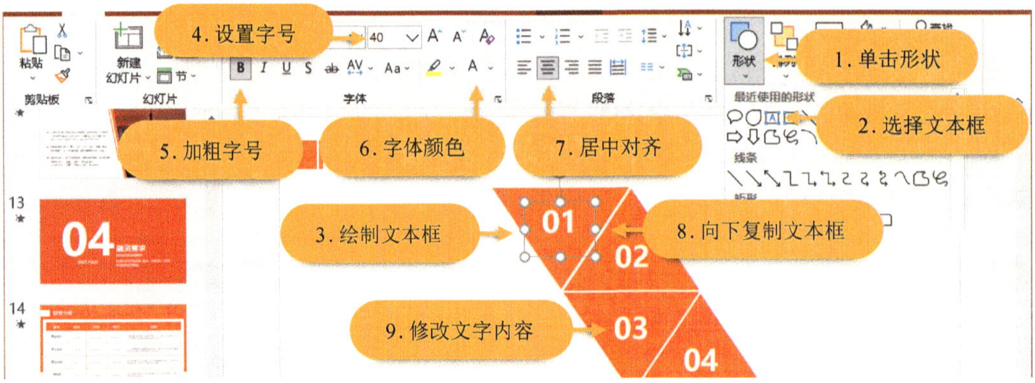

图 3-5-14　制作编号

3.5.5　完成发展规划幻灯片的制作

你将在本节添加公司发展规划相关的内容，从而完成发展规划幻灯片的制作。

❶ **制作发展规划内容**：打开**开始**选项卡，单击**形状**命令，选择**文本框**工具以绘制一个文本框。然后在光标位置输入文字内容，如图 3-5-15 所示。

❷ **设置文字样式**：选择除第一行之外的文字内容。将字号设置为 **12**，以缩小文字的尺寸。选择第一行的标题文字。单击**加粗**图标。将文字的颜色设置为**橙色**。单击**文字居右**图

标，将文字居右对齐。将文字的行距调整为 **1.5** 倍。

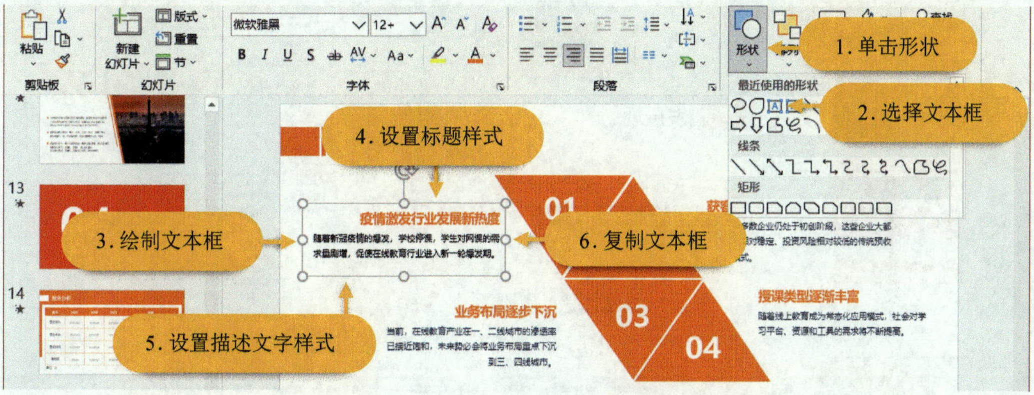

图 3-5-15　制作发展规划内容

❸ **复制文本框：**首先按下键盘上的 **Ctrl** 键。在按下该键的同时，拖动文本框以复制三个文本框。根据文本框在编号的左侧或右侧，将它们设置为左对齐或右对齐。依次修改新复制的文本框里的文字内容。

❹ **绘制分隔线：**接着在这些内容的下方，绘制一条分隔线。在插入形状面板中选择**线条**工具，绘制一条分隔线。将分隔线的宽度设置为 **1.0** 磅，以增加分隔线的粗细程度。接着将分隔线的颜色设置为**灰色**。将分隔线的线型设置为**虚线**样式，如图 3-5-16 所示。

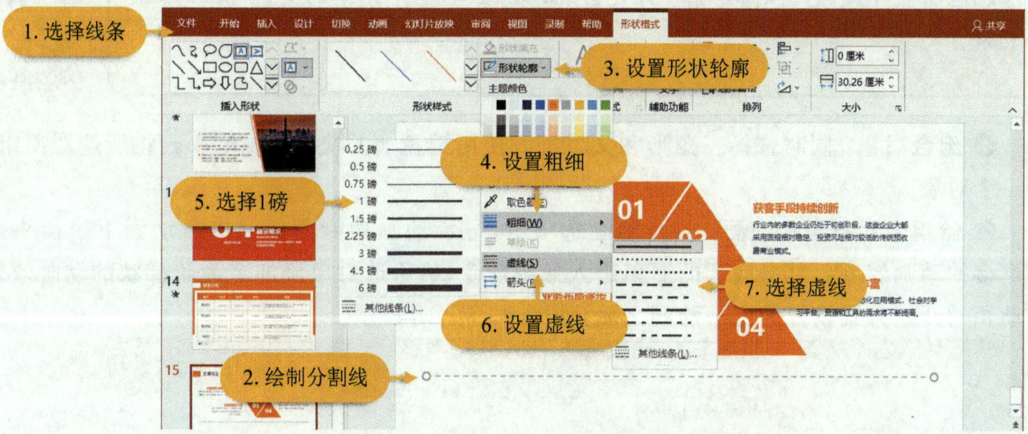

图 3-5-16　绘制分隔线

❺ **制作发展规划总结：**打开**开始**选项卡，单击**形状**命令，选择**文本框**工具以绘制一个文本框。然后在光标位置输入文字内容。

❻ **设置文字样式：**将字号设置为 **12**，以缩小文字的尺寸。接着将文字的行距调整为 **1.5** 倍，以避免文字过于拥挤，如图 3-5-17 所示。

这样就完成了幻灯片的制作，您将在下一节给幻灯片中的元素添加动画效果。

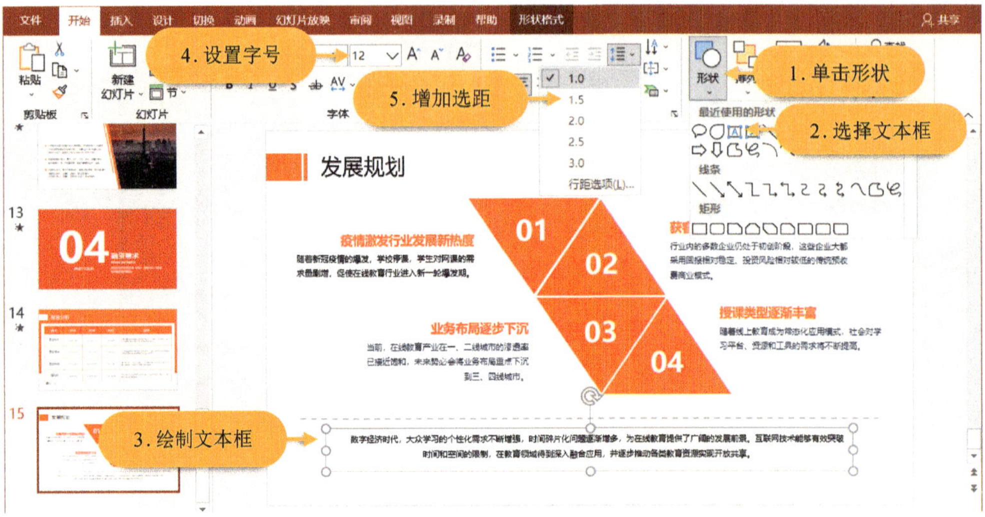

图 3-5-17　设置文字样式

3.5.6　给发展规划幻灯片中的元素添加动画效果

您已经完成了发展规划幻灯片的设计，现在来给幻灯片中的元素添加动画效果。

❶ **组合对象**：同时选择三角形和文本框。使用键盘上的快捷键 **Ctrl+g**，将所选对象组合成一个对象。

❷ **给组合对象添加动画**：打开**动画**选项卡，显示动画功能面板。单击**动画**下拉箭头，查看更多的动画效果。单击底部的**更多进入效果**命令，给所选对象添加名为**阶梯状**的动画效果。将动画的开始方式设置为**上一动画之后**，如图 3-5-18 所示。

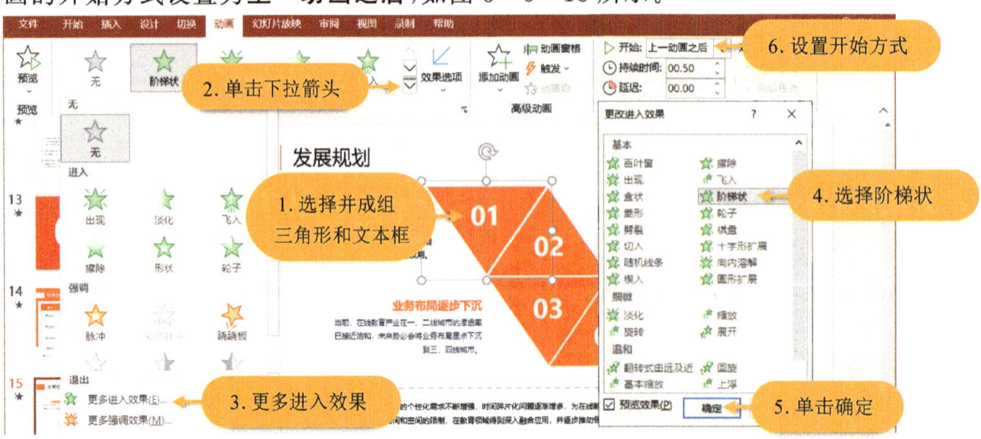

图 3-5-18　给组合对象添加动画

❸ **给文本框添加动画**：选择左上角的文本框，以给它添加动画效果。单击**动画**下拉箭头，查看更多的动画效果。给所选对象添加名为**切入**的动画效果。将动画的效果选项设置为**自右侧**，使对象从右侧滑入到现在的位置。将动画的开始方式设置为**上一动画之后**。使用相同的方式，设置其他三角形和文本框的动画效果，如图 3－5－19 所示。

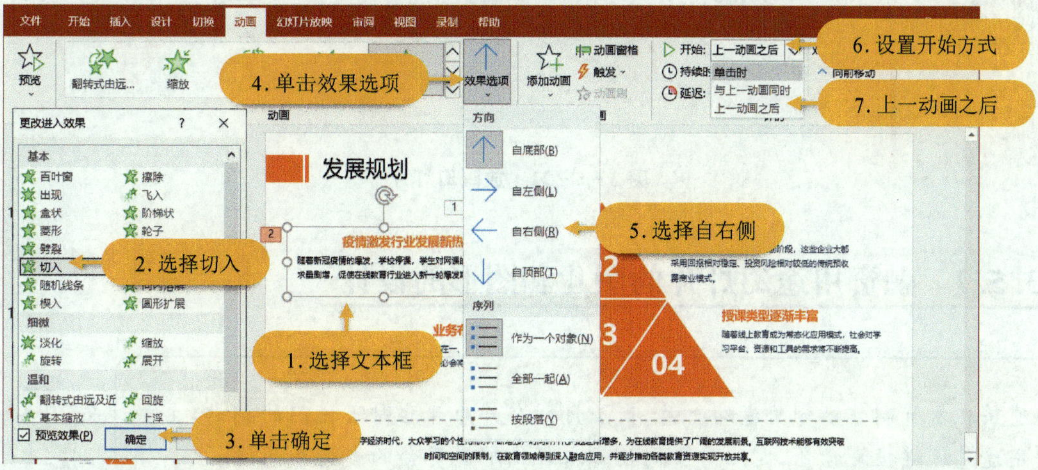

图 3－5－19　给文本框添加动画

❹ **给分隔线添加劈裂动画**：选择分隔线。给分割线添加名为**劈裂**的动画效果。将动画开始方式设置为**上一动画之后**，如图 3－5－20 所示。

❺ **给发展规划总结文本框添加动画**：选择左上角的文本框。单击**高级动画**组中的**动画刷**工具。然后在底部的文本框上单击，即可给它应用相同的动画效果。将动画的效果选项设置为**自顶部**，使对象从分隔线的位置滑入到现在的位置。

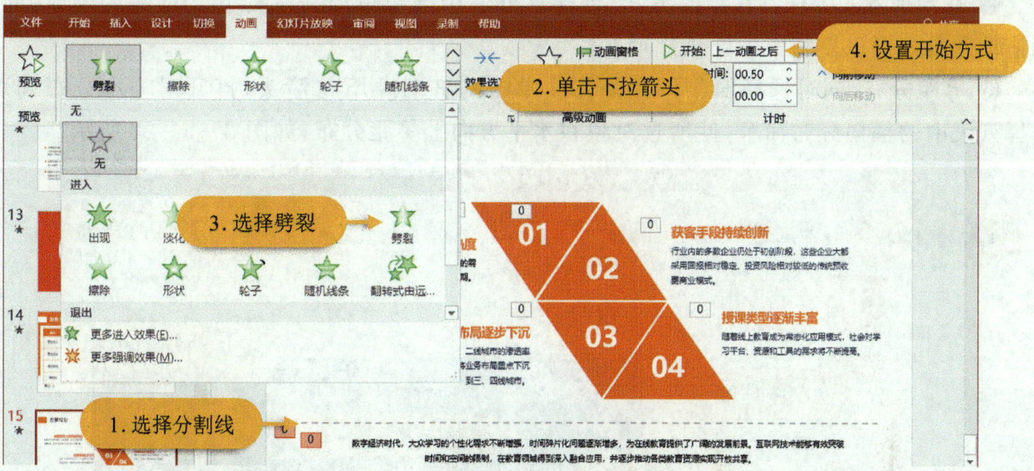

图 3－5－20　结文本框添加劈裂动画

❻ **放映幻灯片**：这样就给幻灯片中的所有元素添加了动画效果，单击幻灯片编号下方的星星图标★，预览幻灯片的放映效果，如图 3－5－21 所示。

图 3-5-21　放映幻灯片

3.5.7　融资用途幻灯片的图片和图形的设计

您将在本节制作融资用途幻灯片，商业计划书作为开启财富之门的钥匙，主要用途是获得投资资金，因此需要向投资人详细解说资金的去向和用途。

❶ **新建幻灯片**：首先通过**新建幻灯片**命令，使用之前创建的版式，创建一个新的幻灯片。修改标题占位符里的文字内容为：**融资用途**。

❷ **绘制形状**：接着来绘制一些圆角矩形，作为图片素材的容器。打开**开始**选项卡，单击**形状**命令，选择**圆角矩形工具**以绘制一个矩形。在此处按下并向右下方拖动，以绘制一个圆角矩形。

❸ **复制形状**：接着以复制的方式，创建另外三个圆角矩形。在按下 **Ctrl** 键的同时，向右侧拖动圆角矩形以复制三个圆角矩形。

❹ **等距分布**：同时选择四个圆角矩形。单击**对齐对象**下拉箭头，打开对齐和分布列表。选择列表中的**横向分布**命令，使所选对象在水平方向上等距分布，如图 3-5-22 所示。

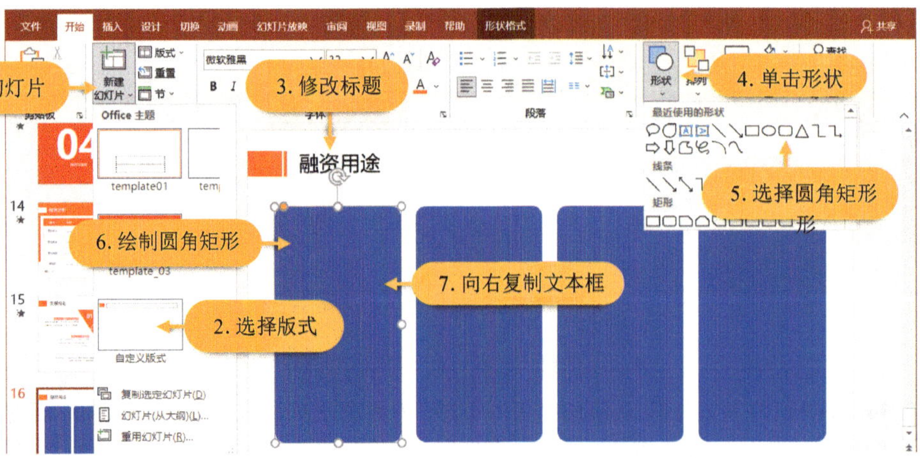

图 3-5-22　等距分布形状

❺ **填充图片**：选择最左侧的圆角矩形。单击**形状填充**下拉箭头，打开形状填充菜单。单击**图片**命令，选择一张图片来填充整个圆角矩形。使用相同的方法，给第三个圆角矩形也填充一张图片，如图 3-5-23 所示。

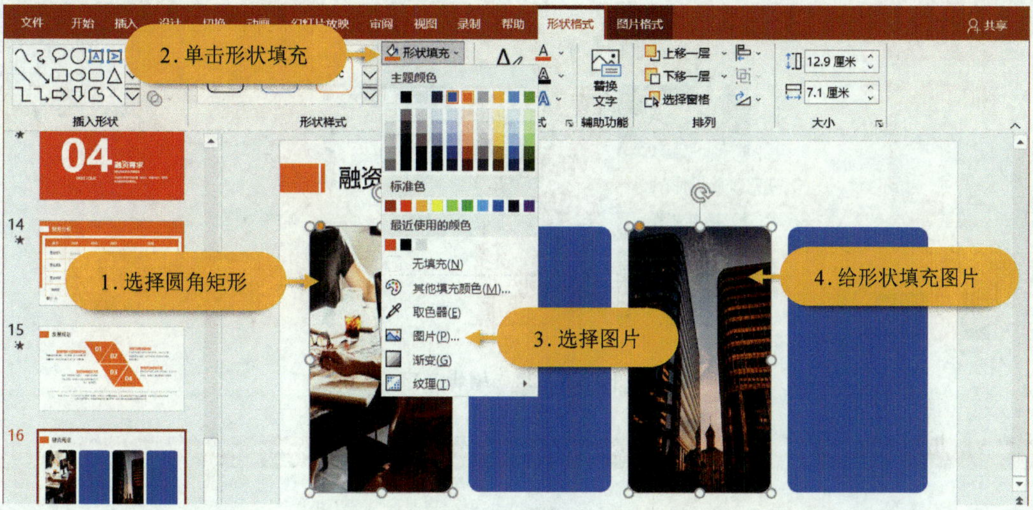

图 3-5-23　填充图片

3.5.8　往融资用途幻灯片中添加文字内容

您已经完成了融资用途幻灯片中的图片和图形的设计，现在来往幻灯片中插入文字内容。

❶ **编辑文字**：选择第二个圆角矩形，将它的颜色设置为**橙色**。在图形上单击右键。选择**编辑文字**命令。在光标位置输入文字内容，如图 3-5-24 所示。

❷ **设置文字样式**：选择除了前面两行之外的文字内容。将**字号**设置为 12，以缩小文字的尺寸。选择前面第二行的文字内容。将**字号**设置为 24。单击**加粗**图标。继续选择第一行的文字内容。将字号设置为 54，以增加文字的尺寸。单击**加粗**图标。接着将文字的行距调整为 1.5 倍。

❸ **编辑第四个圆角矩形**：使用相同的方法往第四个圆角矩形中输入相应的文字内容。

❹ **给第一个圆角矩形添加动画**：现在来给幻灯片中的元素添加动画效果。选择第一个圆角矩形。打开**动画**选项卡。单击**动画**下拉箭头，查看更多的动画效果。给所选对象添加名为**阶梯状**的动画效果。将动画的开始方式设置为**上一动画之后**，如图 3-5-25 所示。

❺ **复制动画**：双击**高级动画**命令组中的**动画刷**工具，以连续使用该工具。然后在其他三个圆角矩形上单击，即可给它们应用相同的动画效果。

❻ **添加切换效果**：接着来给幻灯片添加切换效果，打开**切换**选项卡，打开切换功能面板。在切换效果列表中，选择**平滑**选项。

图 3-5-24　编辑文字

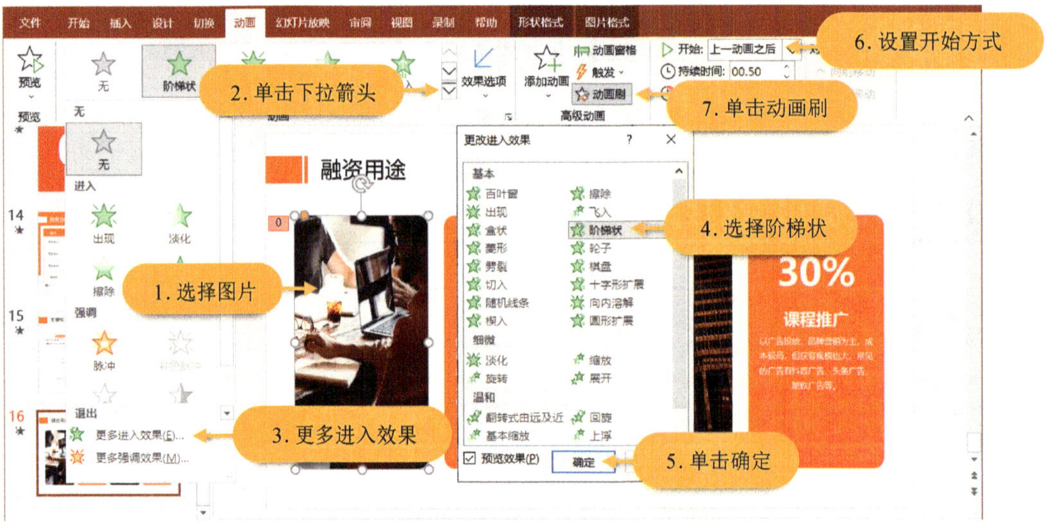

图 3-5-25　给圆角矩形添加阶梯状动画

❼ **放映幻灯片**：这样就完成了幻灯片的动画和切换设置，融资用途幻灯片的播放效果如图 3-5-26 所示。

图 3-5-26　放映幻灯片

3.5.9 制作商业计划书的封底并实现动画效果

终于完成了商业计划书的大部分内容，现在可以制作《商业融资计划书》的封底了。和《企业宣传 PPT》的封底制作方式相似，我们也将以 PPT 的封面为基础制作封底幻灯片。

❶ **新建幻灯片：**首先通过**新建幻灯片**命令，使用之前创建的版式，创建一个新的幻灯片。依次修改两个占位符里的文字内容，如图 3-5-27 所示。

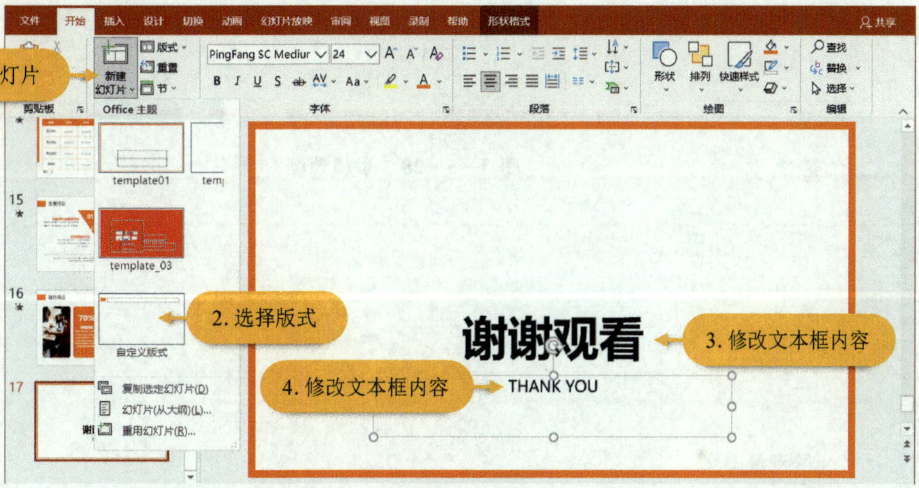

图 3-5-27　新建幻灯片

❷ **拷贝封面幻灯片中的内容：**根据四大排版原则中的重复性原则，您需要在封底幻灯片重复使用封面中的折线图表。打开演示文稿中的第一张幻灯片。选择 Logo 和折线图表等对象。使用快捷键 **Ctrl+c**，拷贝所选的内容。

❸ **粘贴到封底：**接着返回最后一张封底幻灯片。使用键盘上的快捷键 **Ctrl+v**，粘贴之前拷贝的内容。

❹ **添加动画：**这样就完成了封底幻灯片的设计，接着来给幻灯片中的元素添加动画效果。首先打开**动画**选项卡，显示动画功能面板。首先选择企业 Logo。单击**高级动画**命令组中的**动画刷**工具，以将当前对象的动画复制到内容为谢谢观看的文本框，如图 3-5-28 所示。将谢谢观看文本框的动画效果选项设置为**自顶部**，使对象从折线图表的位置滑入到现在的位置。将动画的开始方式设置为**与上一动画同时**，当上一个动画开始播放时，就会立即播放这个动画。

❺ **添加切换效果：**接着来给幻灯片添加切换效果，打开**切换**选项卡，打开切换功能面板。在切换效果列表中，选择**平滑**选项。

❻ **放映幻灯片：**这样就完成了封底的制作，单击幻灯片编号下方的星星图标★，预览幻灯片的放映效果，如图 3-5-29 所示。

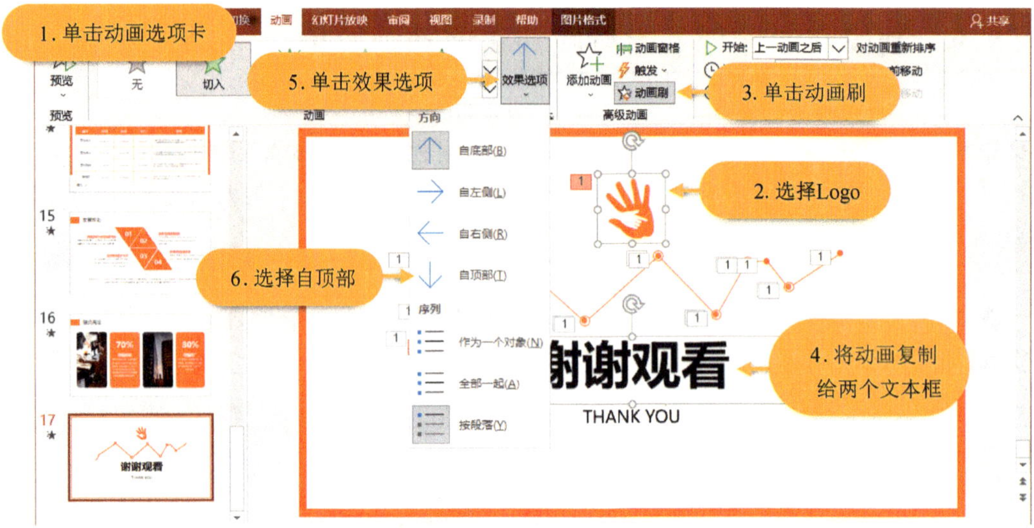

图 3-5-28　添加动画

图 3-5-29　放映幻灯片

第 4 章

iSlide：PowerPoint 的给力神器

您将在本章收获以下知识：

❶ iSlide：让 PPT 设计简单起来

❷ iSlide 资源库：快速创建专业的演示文稿

❸ iSlide 的动画功能：创建幻灯片动画

❹ iSlide 的导出功能

❺ 八个幻灯片辅助设计神器的使用

……

4.1 iSlide:让 PPT 设计简单起来

老师,iSlide 最近很火,很多同事都装了这款插件,它都有什么样的功能?PowerPoint 已经非常强大了,为什么还需要 iSlide 呢?

iSlide 是一款基于 PowerPoint 的插件,包含 38 个设计辅助功能,8 大在线资源库,超 30 万专业 PPT 模板/素材,同时支持 macOS 系统和 Windows 系统,并且兼容 Office 软件和 WPS 软件。

iSlide 专门针对 PPT 编辑过程中的问题,通过功能、模板及课程学习的方式,帮助用户做出改变。和 PowerPoint 相比,它在某些方面可以更加高效地帮助我们创建专业 PPT 演示文稿。

iSlide 产品包含桌面端(插件)、移动端(App/小程序)以及网页端应用,同一账号可以在不同产品端使用,会员权益共享。

iSlide 插件包含众多的 PPT 设计辅助功能,如图 4-1-1 所示。

图 4-1-1　PPT 设计辅助功能,无须联网,离线可用

4.1.1　iSlide 的安装并使用 iSlide 统一演示文稿中的字体

iSlide 是一款非常强大的 PowerPoint 插件，它为用户制作幻灯片提供了大量的优质方案。使用它能够以最少的时间，做出一份美观、专业的幻灯片。

❶ 要使用 iSlide 首先要下载和安装该软件，打开浏览器并进入 islide. cc 网站。

❷ 在 iSlide 官网首页下载该插件，如图 4-1-2 所示。下载完成后，单击下载后的安装文件，即可安装该插件。

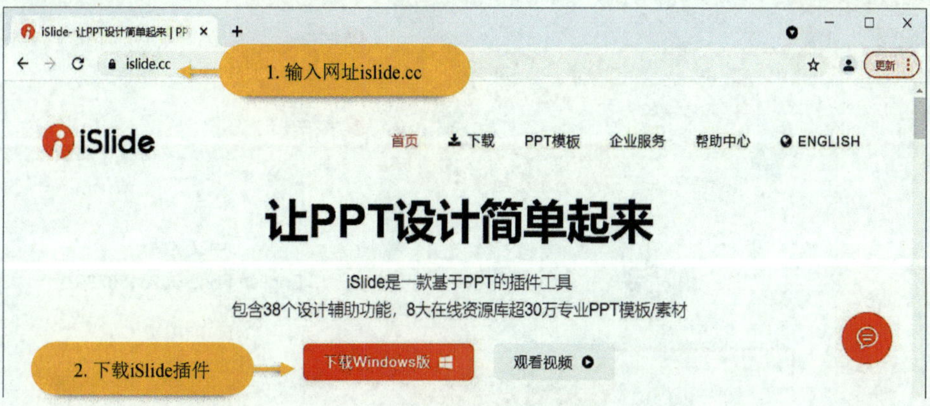

图 4-1-2　进入 iSlide 官网并下载 iSlide 软件

❸ 安装完成之后，如果无法在选项卡栏看到 iSlide 插件，还需要进行一些设置。在功能区单击鼠标右键，在打开的右键菜单中选择**自定义功能区**命令。然后在选项卡列表区域，选中 iSlide 左侧的复选框，就可以在 PowerPoint 上看到 iSlide 插件了，如图 4-1-3 所示。

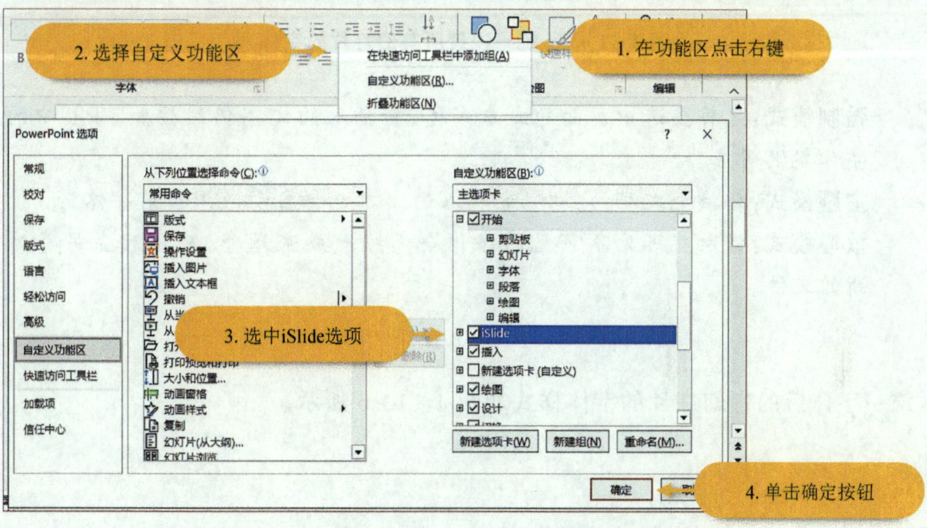

图 4-1-3　PowerPoint 选项设置面板选中 iSlide

❹ 单击 **Slide** 选项卡，显示相应的功能面板。当前的演示文稿包含多张幻灯片，这些幻灯片使用了多种字体，为了统一幻灯片的风格，现在来统一所有幻灯片中的字体。

❺ 单击**一键优化**命令，然后单击菜单中的**统一字体**命令。

❻ 在打开的**统一字体**设置窗口中，将幻灯片中的所有中文字体设置为**微软雅黑**。

❼ 将所有英文的字体设置为 **Arial**。

❽ 在模式选项列表中，选中**主题模式**单选框。

❾ 最后选中**所有幻灯片**单选框，以统一修改演示文稿中的所有幻灯片。

❿ 单击**应用**按钮，统一所有幻灯片中的文字的字体，选项设置如图 4－1－4 所示。

图 4－1－4　统一设置所有幻灯片的字体

强制模式：只替换选中页面的文本字体，新插入的文字仍然按照 PPT 中的主题字体规则对应。

主题模式：替换全文档的字体，新插入的文本也会自动应用当前字体。

核心模式：将所有可见不可见的字体全部统一成主题字，应用后会另存为一个新的文件。

⓫ 统一字体后的各幻灯片的字体样式如图 4－1－5 所示。

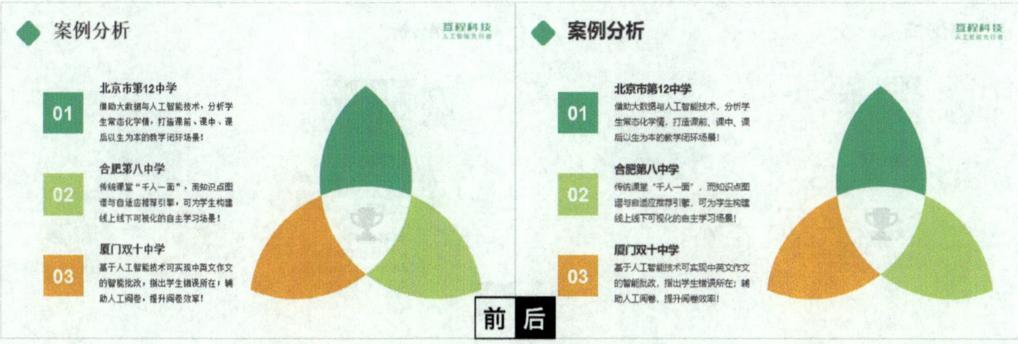

图 4-1-5　统一字体的前后对比

4.1.2　使用 iSlide 统一所有幻灯片的段落样式

本小节示例幻灯片中的文字都比较拥挤，如图 4-1-7 左图所示。现在演示如何统一所有幻灯片的行距、段前间距和段后间距。小王，通过本节的学习，会发现 iSlide 相对 PowerPoint 更强大的一个地方。

❶ 在 iSlide 功能区单击**一键优化**命令，显示幻灯片优化功能菜单。

❷ 单击菜单中的**统一段落**命令，打开统一段落设置窗口，如图 4-1-6 所示。

❸ 将段落的**行距**设置为 1.5 倍，以增加段落的行距。

❹ 将**段前间距**设置为 1.5 倍，以增加段落与前面内容的间距。

❺ 选中**包含隐藏页面**复选框，可以将段落的设置应用到隐藏的幻灯片。

❻ 最后单击**应用**按钮，将刚刚设置的段落属性应用到所有的幻灯片。

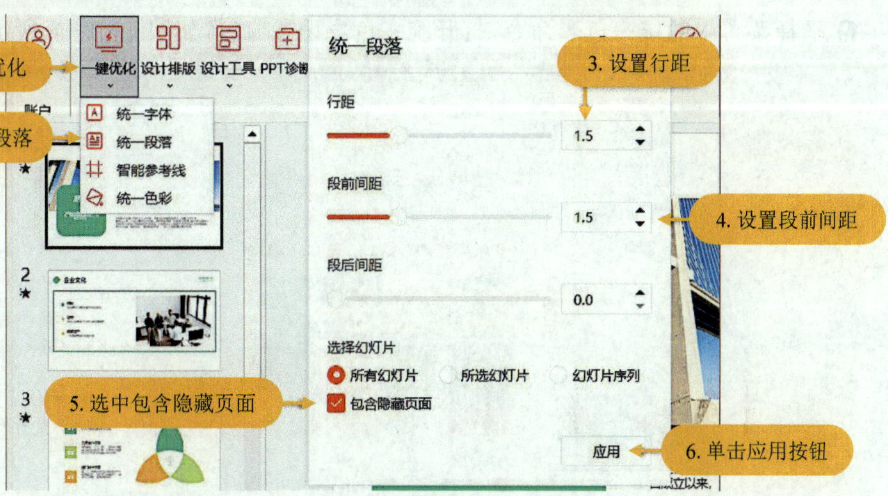

图 4-1-6　统一幻灯片的段落样式

❼ 此时所有幻灯片的段落样式都发生了变化，其前后效果对比如图 4-1-7 所示。

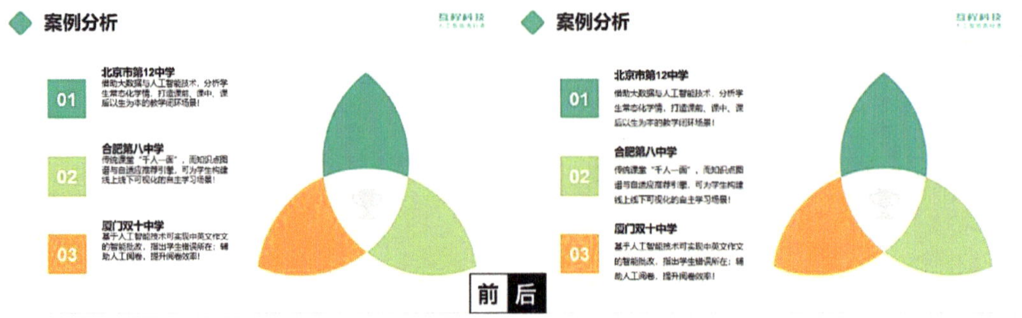

图 4-1-7　统一段落后幻灯片前后对比

PPT 中 1.0 倍的默认行距是根据英文字符定义的规则，不适合中文(方块字字体结构)多文本(密集)时的排版和阅读。
在大多数的幻灯片设计中，会对中文字体的排版行距设置为 1.2 倍(文字较多)或最高 1.5 倍(文字较少)，避免密集的中文段落，提升阅读流畅度。

4.1.3　使用 iSlide 的统一色彩命令统一修改某种颜色

如果需要制作专业、严肃的幻灯片时，就需要限制颜色的数量，以及保证各幻灯片中的颜色的统一性，本小节演示如何使用 iSlide 的统一色彩命令统一修改某个颜色。

❶ 首先单击**一键优化**命令，显示幻灯片优化功能列表。

❷ 选择菜单中的统一色彩命令，打开统一色彩设置窗口，如图 4-1-8 所示。

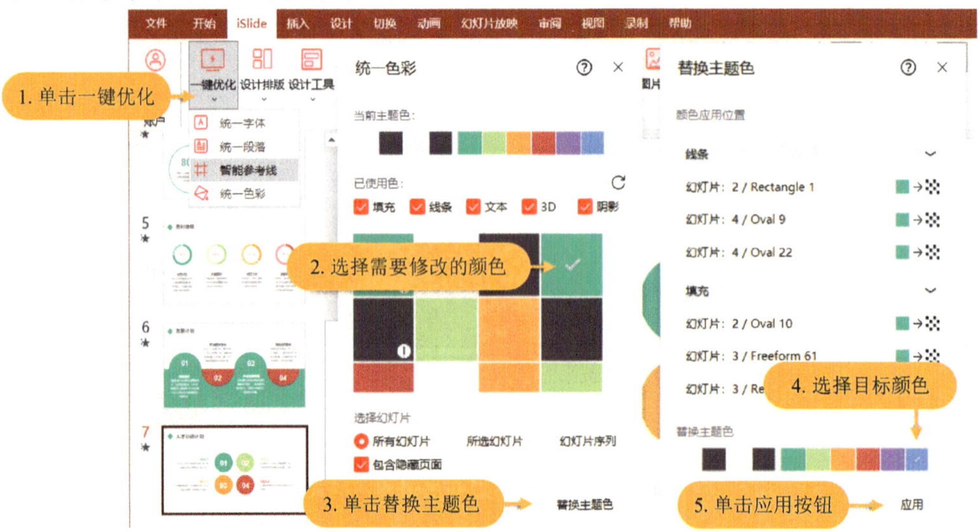

图 4-1-8　统一色彩设置窗口

❸ 在**已使用色**列表中，选择需要被替换的颜色。

❹ 单击**替换主题色**按钮，打开替换主题色设置窗口。

❺ 在**替换主题色**列表中，选择一个颜色作为目标颜色。

❻ 单击**应用**按钮，将演示文稿中的绿色替换为蓝色。

此时幻灯片上的所有指定颜色都被替换为蓝色，效果如图 4－1－9 所示。

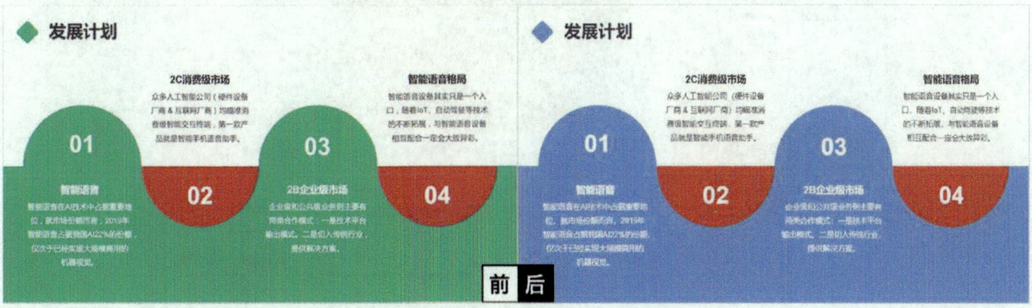

图 4－1－9　批量替换颜色

统一色彩可快速读取到全文档所用的色彩，同时能快速跳转到色彩应用的对象；通过自由筛选颜色类型（填充，线条，文本等）统一替换成指定的主题色，从而实现全文档色彩的规范统一。

4.1.4　使用 iSlide 对幻灯片中的多张图片进行矩阵布局

根据前面讲到的排版四大原则中的对齐原则，幻灯片中的内容大部分是对齐布局的，而 iSlide 提供了非常完美的矩阵布局工具。矩阵布局实现两大功能：矩形排列和矩形复制，现在先来使用矩形排列功能。

❶ 首先选择需要进行矩阵布局的四个文本框（借助 shift 键同时选择多个元素）。

❷ 然后单击**设计排版**工具，打开设计排版工具列表。

❸ 选择**矩阵布局**命令，打开矩阵布局设置窗口，如图 4－1－10 所示。

❹ 将矩阵的**横向数量**设置为 2。

❺ 然后选择**形状百分比**，作为矩阵元素间距的单位。

❻ 将横向间距设置为 **232**，以增加矩阵元素横向上的距离。横向间距是指第 1 个形状左上角到第 2 个形状左上角的间距。默认形状本身为 100，如图 4－1－11 所示。

❼ 将纵向间距设置为 **180**，以增加矩阵元素纵向上的距离。

❽ 单击窗口底部的**应用**按钮，完成矩阵布局的设置。此时四个文本框被划分为两行两列，并且在横向和纵向上进行了对齐，布局前后的对比效果如图 4－1－12 所示。

接着选择并对圆形进行矩阵布局，使每个文本框对应一个圆形。

❾ 首先选择内部数字为 1 的圆形。

图 4-1-10　矩阵布局窗口

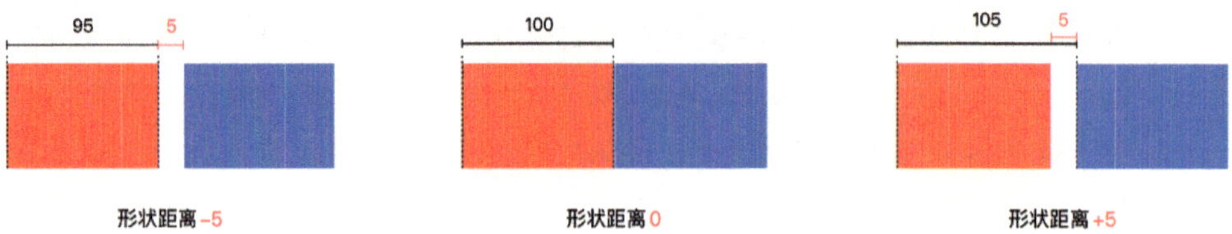

图 4-1-11　形状距离图

图 4-1-12　将四个文本框进行矩阵布局

⑩ 再次打开**矩阵布局**窗口，将矩阵的**横向数量**设置为 2，如图 4-1-13 所示。

⑪ 将**纵向数量**设置为 2。这样就产生了四个以矩阵布局的圆形。

⑫ 接着来调整它们的**横向间距**和**纵向间距**，将数值都设置为 120。

⑬ 最后修改一下四个圆形的填充颜色和内部的数字，最终效果如图 4-1-14 所示。

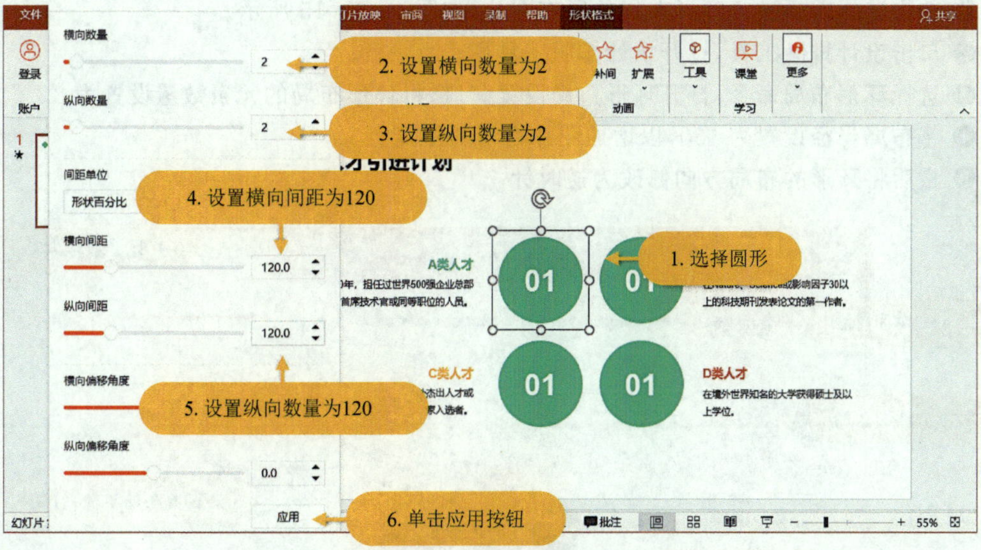

图 4-1-13　智能参考线设置窗口

图 4-1-14　对文本框和圆形矩阵布局

4.1.5 使用 iSlide 对幻灯片中的多张图片进行环形布局

在前面的章节中，我们学习了如何对多张图片进行布局。
我们将在本节使用 iSlide 对幻灯片中的多张图片进行环形布局。
环形布局同样实现两大功能：环形排列和环形复制。

❶ 首先选择需要进行环形布局的所有图片,如图 4-1-15 所示。
❷ 单击**设计排版**工具,打开设计排版工具列表。
❸ 选择**环形布局**命令,打开环形布局设置窗口,将环形布局的元素**数量**设置为 8。
❹ 将**布局半径**设置为 150,以增加图片之间的距离。
❺ 最后将环形的**布局方向**修改为逆时针。

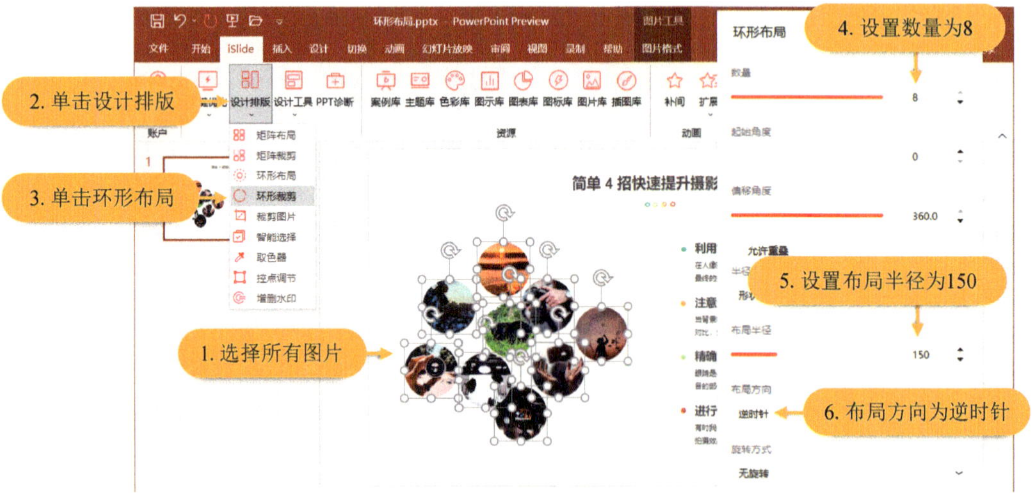

图 4-1-15　环形布局窗口

❻ 这样就快速完成了图片的环形布局,最终的效果如图 4-1-16 所示。

图 4-1-16　图片环形布局

4.1.6 使用 iSlide 的裁剪图片命令统一调整图片的尺寸

老师，幻灯片往往会用到很多的图片素材，这些图片的尺寸各异，有没有什么方法可以快速统一它们的尺寸。

使用 PowerPoint，我们需要逐张调整图片的尺寸，而 iSlide 提供了更强大的裁剪图片功能，可以快速统一插图片的尺寸。

❶ 首先选择需要进行环形布局的所有图片。

❷ 单击**设计排版**工具，打开设计排版工具列表。

❸ 选择**裁剪图片**命令，打开裁剪图片窗口，如图 4-1-17 所示。

❹ 将**裁剪尺寸**的比例设定为 1 比 1，使图片在裁剪后的宽度和高度相同。

❺ 将**裁剪单位**修改为毫米，然后将**图片宽度**修改为 65，以缩小图片的尺寸。

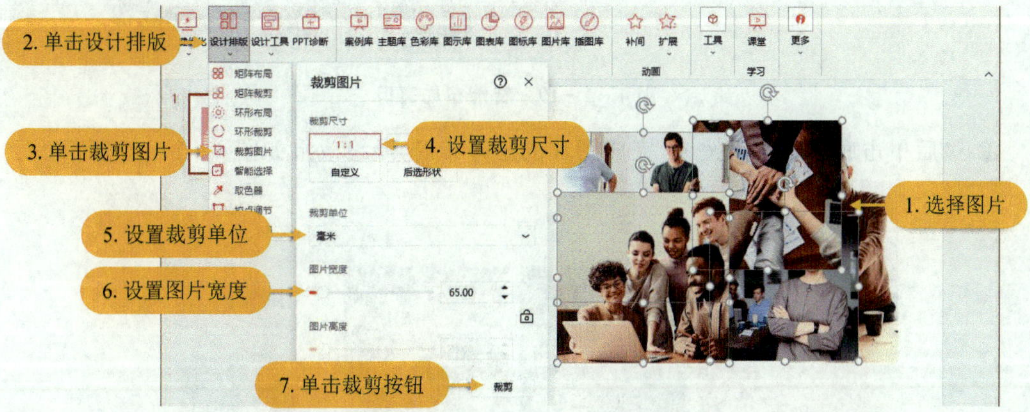

图 4-1-17 裁剪图片窗口

❻ 单击**裁剪**按钮，将不同大小的图片裁剪成统一尺寸，并保持图片不被拉伸变形，如图 4-1-18 所示。

图 4-1-18 图片被裁剪成统一尺寸

后选形状：裁剪尺寸可以将所选图片中的最后一个，作为全部图片裁剪的指定大小，只要将指定大小的图片最后一个被选中即可。

接着将图片进行矩阵布局，使裁剪后的图片可以整齐排列在幻灯片的中心位置。

❼ 单击**矩阵布局**命令，打开矩阵布局设置窗口，如图 4－1－19 所示。

❽ 设置**排列方向**为横向，并将横向数量的值设置为 2，

❾ 将**横向间距**、**纵向间距**的值设置为 70，以缩小图片在横向、纵向上的距离。

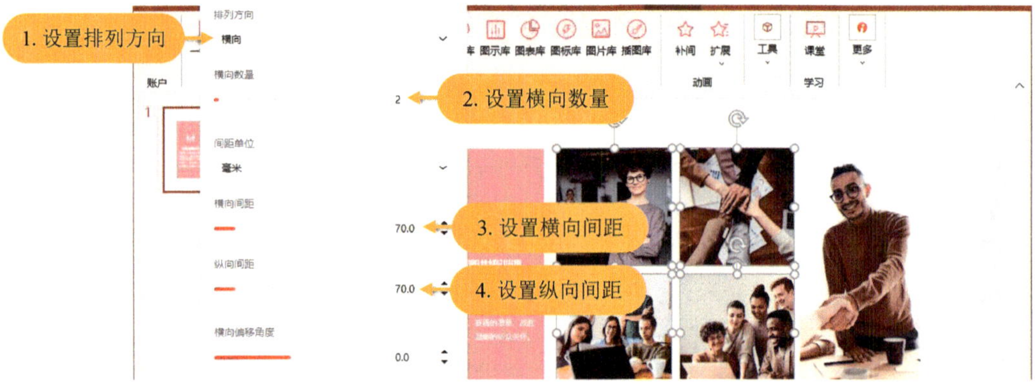

图 4－1－19　智能布局窗口

❿ 最后单击底部的**应用**按钮，完成图片的矩阵布局，最终效果如图 4－1－20 所示。

图 4－1－20　智能裁剪和矩阵排列的图片

4.1.7 使用 iSlide 的增删水印工具在同一位置添加图片

iSlide 的增删水印功能可以批量添加和删除页面水印，可将选中的任意元素（文本框，图形，图片，图标，图表，表格）批量添加到所有页面或指定的页面，并保持位置不变。

哦，这个功能和 PowerPoint 幻灯片母版很相似，都可以在所有幻灯片的同一位置放置相同的对象。

❶ 要使用增删水印功能，首先选择幻灯片右上角的图片，您将在演示文稿中的每一张幻灯片，都放置这张图片素材。

❷ 然后单击**设计排版**工具，打开设计排版工具列表。

❸ 单击**增删水印**命令，打开增删水印设置窗口，如图 4-1-21 所示。

❹ 选中**所有幻灯片**单选框，将所选水印放置在所有的幻灯片中。

❺ 单击**增加水印**按钮，给所有幻灯片添加水印。

图 4-1-21　增删水印窗口

此时每张幻灯片的右上角，都多了一张指定的水印图片，如图 4-1-22 所示。

❻ 如果需要删除所有幻灯片右上角的水印图片，可以再次打开**增删水印**设置窗口。

❼ 选择任意一个需要删除的水印图片，如图 4-1-23 所示。

❽ 打开增删水印窗口中的**删除水印**选项卡。

❾ 单击**检测水印**按钮，可以检测所有幻灯片中的水印图片。

❿ 在查找到的水印图片列表中，选中需要删除的水印图片。

⓫ 单击**删除水印**按钮，即可删除所有幻灯片中的水印图片，如图 4-1-24 所示。

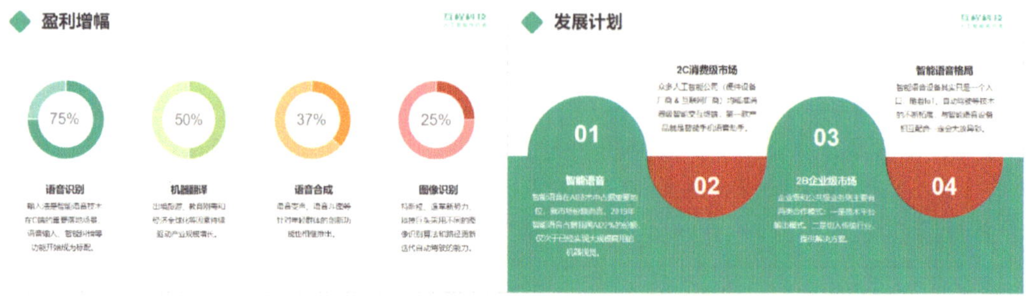

图4-1-22 所有幻灯片的右上角出现相同的图片

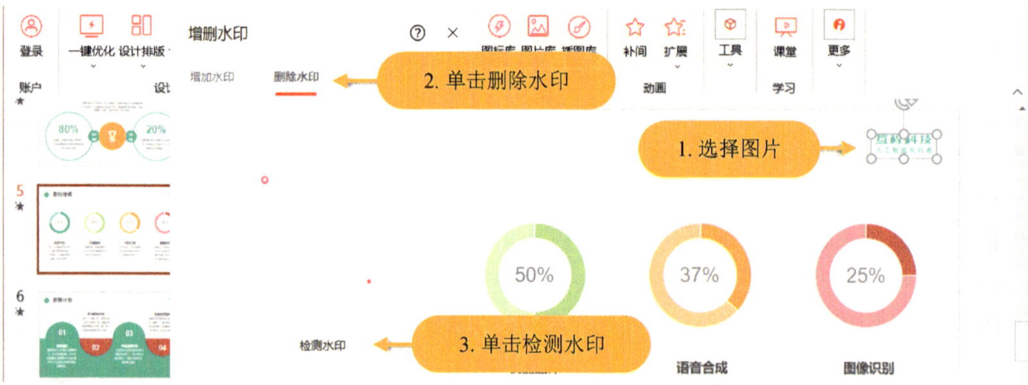

图4-1-23 删除水印窗口

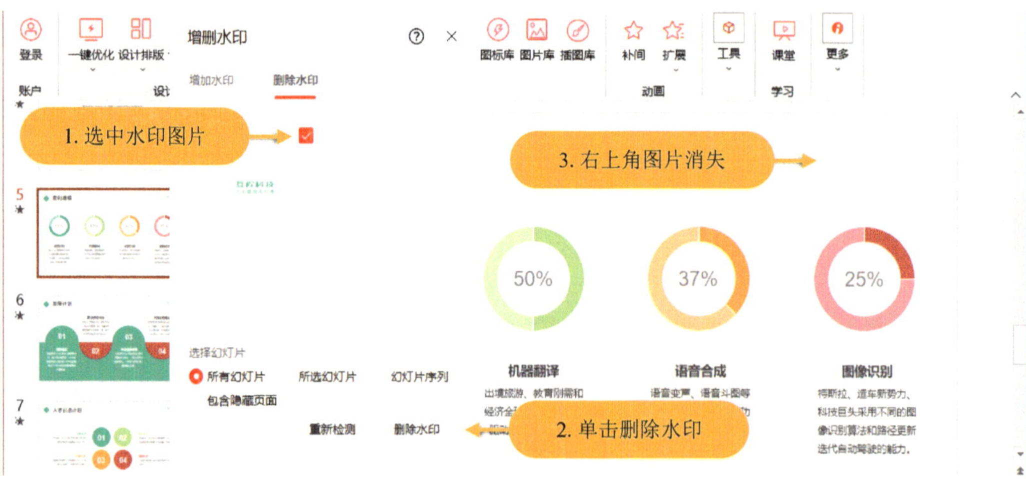

图4-1-24 所有幻灯片右上角的水印图片都被删除

4.1.8　使用 iSlide 的幻灯片诊断工具优化幻灯片中的图片

插件提供的幻灯片诊断工具非常实用，可以诊断幻灯片中的字体、色彩是否规范，以及是否存在大尺寸的图片素材，并且针对性的提出改进和优化建议。

❶ 单击 **PPT 诊断**命令，打开 PPT 诊断设置窗口，如图 4-1-25 所示。

❷ 单击底部的**一键诊断**按钮，即可诊断幻灯片在字体规范、占位符规范、参考线规范、大尺寸图片、色彩规范、冗余版式等方面可能存在的设计问题。

图 4-1-25　PPT 诊断窗口

❸ 由于当前幻灯片存在一张很大的图片素材，因此出现建议优化大尺寸图片的提示，单击**优化**按钮打开 PPT 瘦身设置窗口，如图 4-1-26 所示。

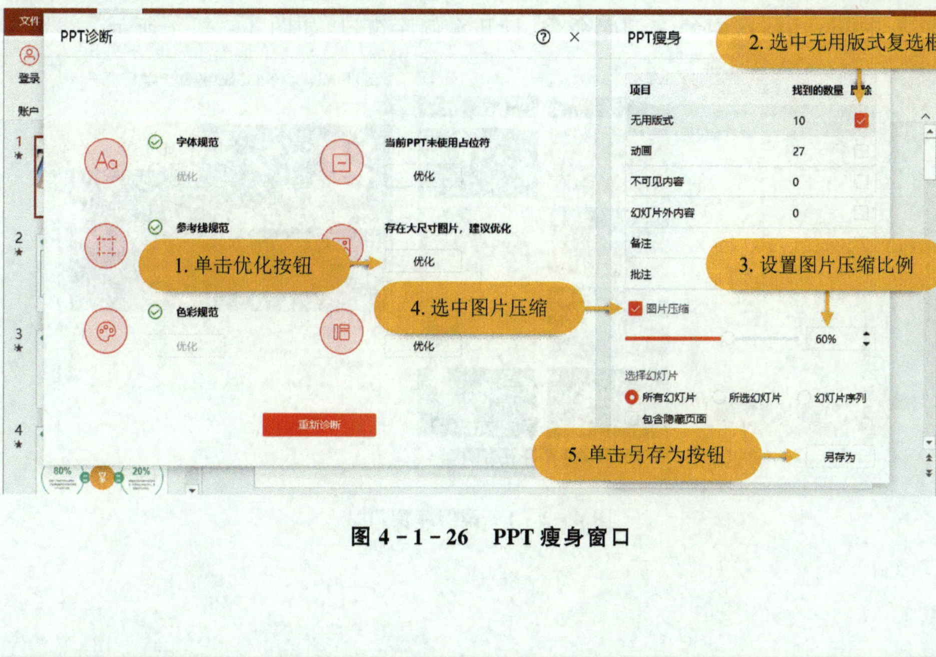

图 4-1-26　PPT 瘦身窗口

❹ 在 PPT 瘦身设置窗口中，选中**无用版式**复选框，删除演示文稿中无用的版式。
❺ 选中**图片压缩**复选框，可以压缩幻灯片中的图片素材。
❻ 将**图片压缩**程度设置为 60%，可以减小演示文稿的体积。
❼ 单击**另存为**按钮，可以将瘦身后的演示文稿另外保存一份。
这样演示文稿就得到了很好的瘦身效果，演示文稿的体积变化如图 4-1-27 所示。

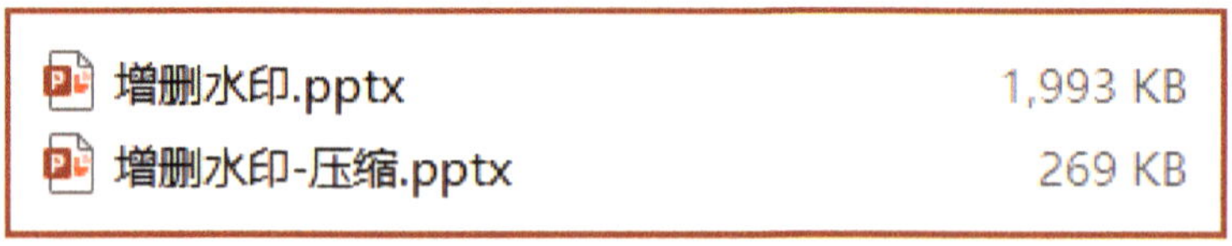

图 4-1-27　PPT 瘦身前后的体积对比

4.2　iSlide 资源库：快速创建

小王，大家选择 iSlide 的一个重要原因是 iSlide 提供了八种类型的资源库：色彩库、插图库、图示库、智能图表、图标库、主题库、图片库、案例库。使这些资源库，可以快速创建美观、专业的演示文稿。

哇哦，我大致浏览了一下这些资源库，里面的内容不仅数量大，质量也非常高，以后不用担心找不到合适的素材了！

4.2.1　使用 iSlide 的模板快速创建专业的演示文稿

❶ 单击 iSlide 功能区中的案例库命令，打开案例库窗口，如图 4-2-1 所示。

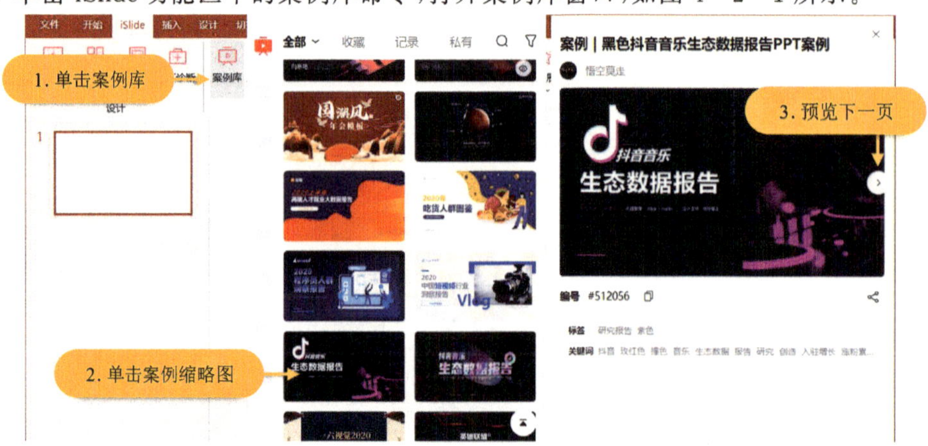

图 4-2-1　案例库窗口

❷ 当找到喜欢的案例之后，单击案例缩略图，即可预览该案例。

❸ 当鼠标滑过案例缩略图时，缩略图的上方会出现下载图标。单击下载图标，即可将该案例下载到电脑上，如图 4-2-2 所示。

图 4-2-2　单击下载图标下载该案例

这样就获得一份包含 8 张幻灯片的精美演示文稿，如图 4-2-3 所示。您可以根据业务需要，自由修改每张幻灯片中的图片、图形、文字等所有内容。

图 4-2-3　通过案例库生成的演示文稿

案例库中的资源均为独立、完整的 PPT 文件。除了设计好的模板，还有现成的逻辑大纲和框架，甚至是更有价值、可以复用的内容，这些内容涵盖演示文稿应用的各种场景！

4.2.2 使用 iSlide 的图示库创建漂亮的图文版面

为了提高演示文稿的创作效率，iSlide 提供了大量的素材库，如图 4-2-4 所示，依次为 iSlide 提供的主题库、色彩库和图示库。

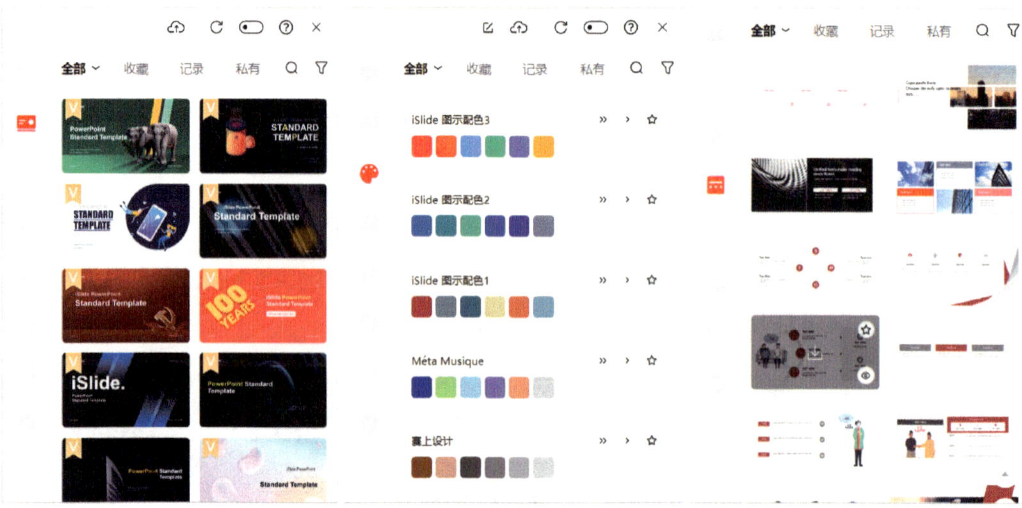

图 4-2-4 iSlide 的主题库、色彩库和图示库

幻灯片少不了图文排版，而**图示库**提供了大量的经过精美设计的图文版面。

图示是指文本图形化示意。即通过直观易懂的图形，来表达逻辑和辅助传达。通过 iSlide 提供的图示库，可以快速进行图文排版，并生成非常精美的图文版面。

❶ 首先单击 iSlide 功能区中的**图示库**命令，打开图示库窗口，如图 4-2-5 所示。

❷ 在图示库窗口中，单击一个图示缩略图，可以预览它的效果。

❸ 单击**下载**图标，可以将该图示下载到幻灯片中。

这样就快速创建了一份美观的图文版面，如图 4-2-6 所示。您可以根据具体的业务需要，自由修改图文版面的任意内容。

iSlide【图示库】中的缩略图，均为效果示意，实际下载的图示均不包含缩略图中的图片，您可以根据需求自行选中图片占位的图形，填充本地图片或使用 iSlide【图片库】填充。

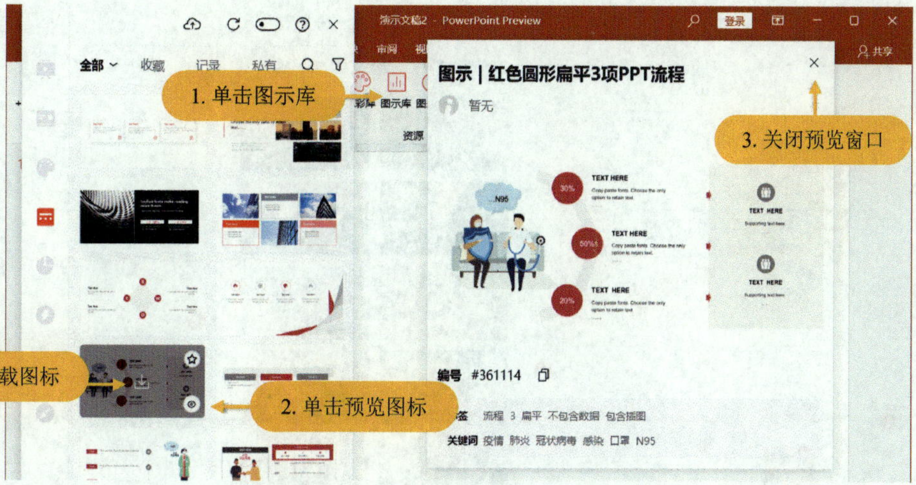

图 4－2－5 图示库窗口

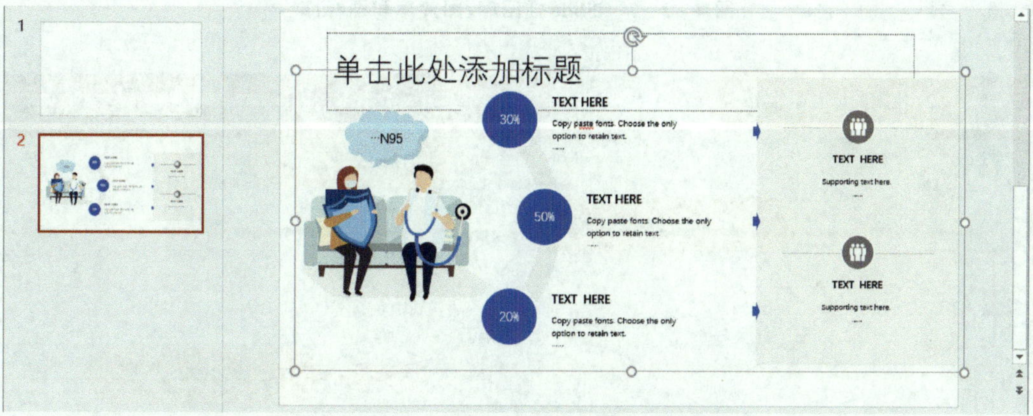

图 4－2－6 使用图示库创建的幻灯片

4.2.3 使用 iSlide 的图标库往幻灯片中插入图标

iSlide 还提供了包含大量设计精美的矢量插图库、拥有大量高清图片素材的图片库和内容丰富的图标库，你可以使用这些库丰富幻灯片的内容，如图 4－2－7 所示。

您将在本节通过插件提供的图标库，往示例幻灯片中插入图标。

❶ 首先打开**图标库**。图标库中包含大量设计精美的图标，如图 4－2－8 所示。

❷ 单击图标库底部的**显示比例**图标，可以放大图标的显示比例。

❸ 单击图标库上的**筛选**图标，可以对图标进行过滤。

❹ 在打开的高级筛选窗口中，选择商业分类，以显示商业类型的图标。

❺ 当找到所需的图标时，单击缩略图上的**下载**图标，即可将图标下载到幻灯片中，如

图 4－2－7　iSlide 插图库、图片库和图标库

图 4－2－8　iSlide 图标库

图 4－2－9 所示。

❻ 接着调整星形图标的位置、大小和填充颜色，最终效果如图 4－2－10 所示。

利用 iSlide 的图标库功能，插入一个图标，再使用 4.1.6 节讲到的环形布局功能对图标进行环形复制，可以实现非常独特的个性化设计排版。

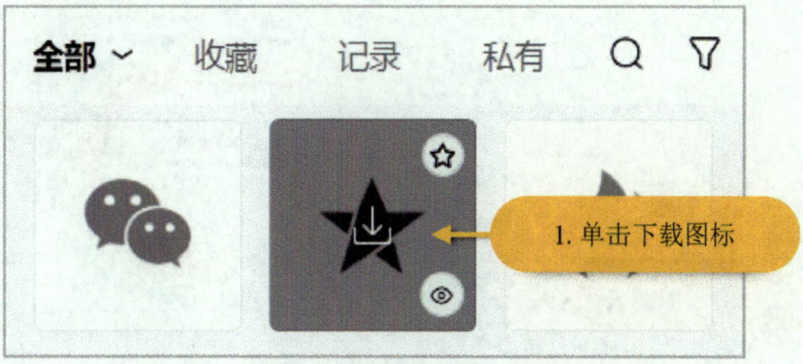

图 4-2-9　下载需要使用的星形图标

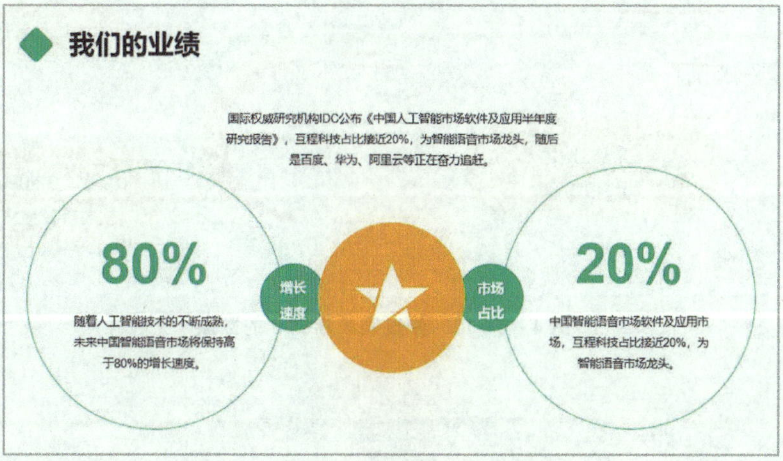

图 4-2-10　往幻灯片插入星形图标

4.2.4　使用 iSlide 的图表库往幻灯片中插入精美图表

iSlide 图表库提供更专业的条形图、柱状图、渐变图、环形图、饼图等 Excel 可编辑数据图表模板，同时还提供智能图表，通过参数调节快速实现数据和图形的精准表达。

❶ 要往幻灯片插入图表，首先单击**图表库**命令，打开图表库窗口。
❷ 然后在图表的缩略图上单击，即可将图表插入到幻灯片，如图 4-2-11 所示。
❸ 如果需要编辑数据，可以单击图表右上角的编辑图标，打开智能图表编辑器。
❹ 将系列 3 的数值从 80 修改为 50。
此时图表上的系列 3 相关的数字和图形都发生了同步变化，如图 4-2-12 所示。
❺ 将位于图表中心位置的标题修改为：四季度汽车销量增速明显。
❻ 接着修改标题下方的子标题的文字内容，最终效果如图 4-2-13 所示。

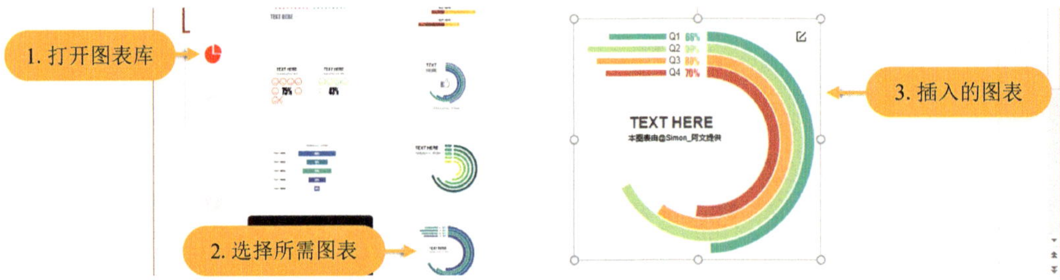

图 4-2-11　通过图表库插入漂亮的图表

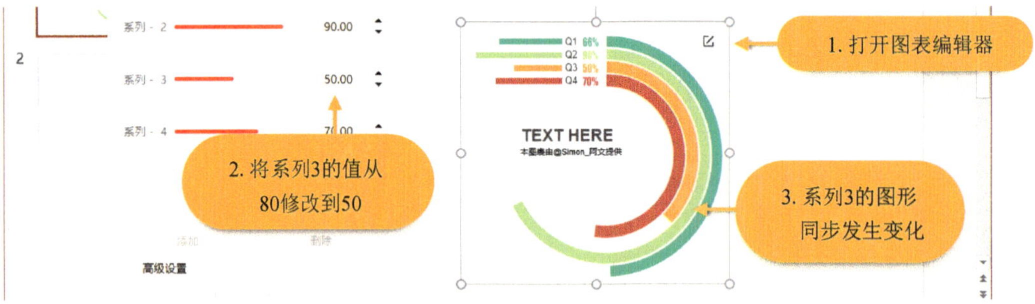

图 4-2-12　修改图表序列 3 的数据

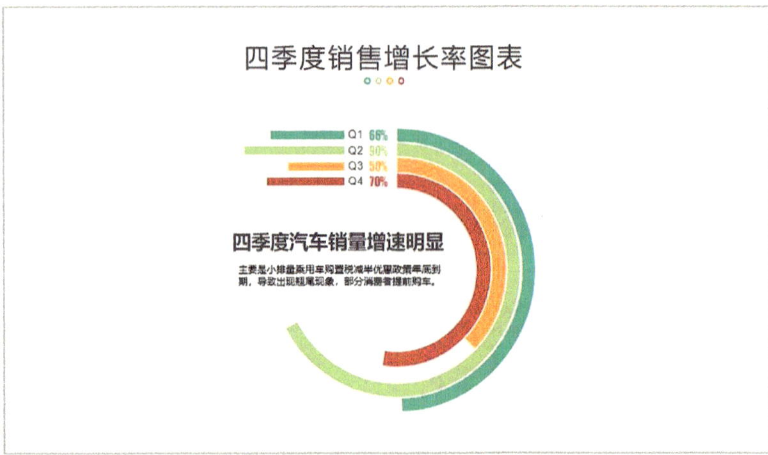

图 4-2-13　修改数据和标题后的图表

4.3　iSlide 的动画功能:创建幻灯片动画

PowerPoint 的动画功能是 PowerPoint 最吸引眼球和最核心的功能。我们经常会制作一些动画效果,来提升 PPT 的观赏性。请问 iSlide 对动画方面的支持怎么样呢?

iSlide 对动画的支持非常强大！基础动画我们使用 PowerPoint 自带的工具就能制作，而高级一些的动画则需要借助 iSlide 插件的补间、平滑过渡、时间缩放、序列化等功能来完成。

4.3.1 使用 iSlide 的补间工具实现补间动画的制作

iSlide 的补间工具，可以在两个相同形状 A、B(不同大小、格式属性)之间，按设置的数量，补充创建中间的过渡形状，同时可设置动画效果，实现 A 到 B 的动画过渡。现在来使用补间工具创建一个小的圆形到大的矩形的过渡动画。

❶ 当前演示文稿包含两张幻灯片，第一张幻灯片的中心位置有一个圆形，第二张幻灯片的中心位置也有一个圆形，如图 4-3-1 所示。

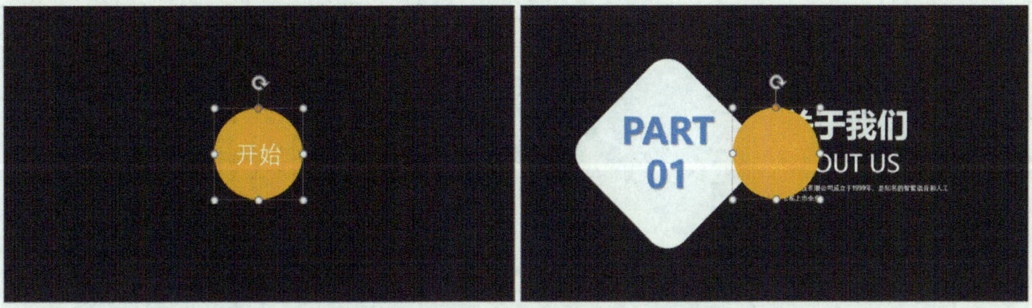

图 4-3-1　两张幻灯片各包含一个圆形

❷ 复制第二张幻灯片中的圆形，由于这个圆形是使用圆角矩形创建的，所以在黄色的小圆点上按下并向左拖动，可以将圆形修改为矩形，如图 4-3-2 所示。

图 4-3-2　将圆形修改为矩形

❸ 然后修改矩形的位置和尺寸，以将它平铺整张幻灯片。

❹ 接着将矩形的填充颜色修改为蓝色，效果如图 4-3-3 所示。

完成相关的准备工作之后，现在来生成补间动画。

❺ 首先选择第二张幻灯片中的第一个圆形。

❻ 在按下 shift 键的同时，单击蓝色矩形以同时选择小的圆形和大的矩形。

❼ 为了不遮挡幻灯片中的文字内容，打开**形状格式**选项卡，通过**下移一层**命令组中的置

图 4-3-3　撑满整张幻灯片的蓝色矩形

于底层命令，将所选图形移到文字的下方，如图 4-3-4 所示。

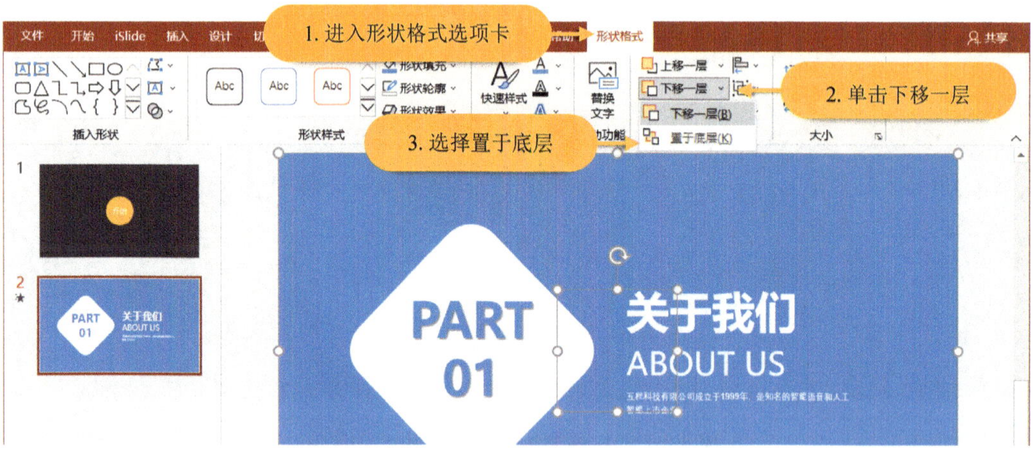

图 4-3-4　将图形移到其他元素下方

❽ 现在来生成补间动画，单击**补间工具**，打开补间设置窗口，如图 4-3-5 所示。

图 4-3-5　补间设置窗口

❾ 将**补间数量**增加到 50，以使补间动画的效果更加平滑。

❿ 单击**应用**按钮，完成补间动画的创建。

这样就完成了补间动画的制作，现在来放映幻灯片，黄色的小圆通过补间动画逐渐变成撑满整张幻灯片的蓝色矩形，最终效果如图 4-3-6 所示。

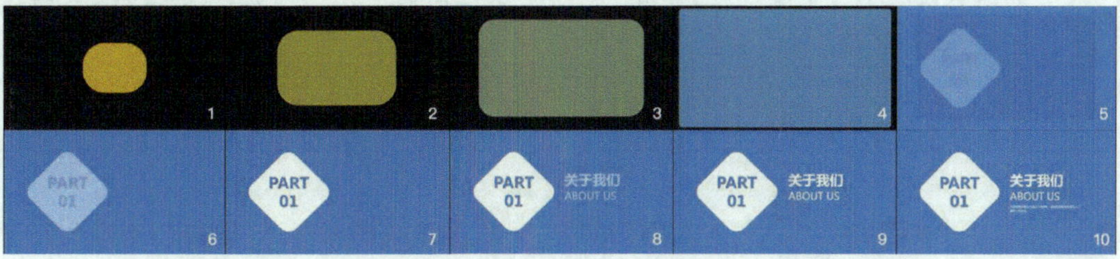

图 4-3-6　圆形到矩形的补间动画

4.3.2　使用 iSlide 创建两个形状平滑切换的动画效果

iSlide 的平滑过渡效果，类似于 PowerPoint 的平滑切换效果。不过平滑过渡工具可以创建同一张幻灯片的两个形状之间平滑切换的动画。

❶ 首先同时选择需要进行平滑切换的形状，一个是位于幻灯片左上角的矩形，一个是位于幻灯片中间位置上的圆形，如图 4-3-7 所示。

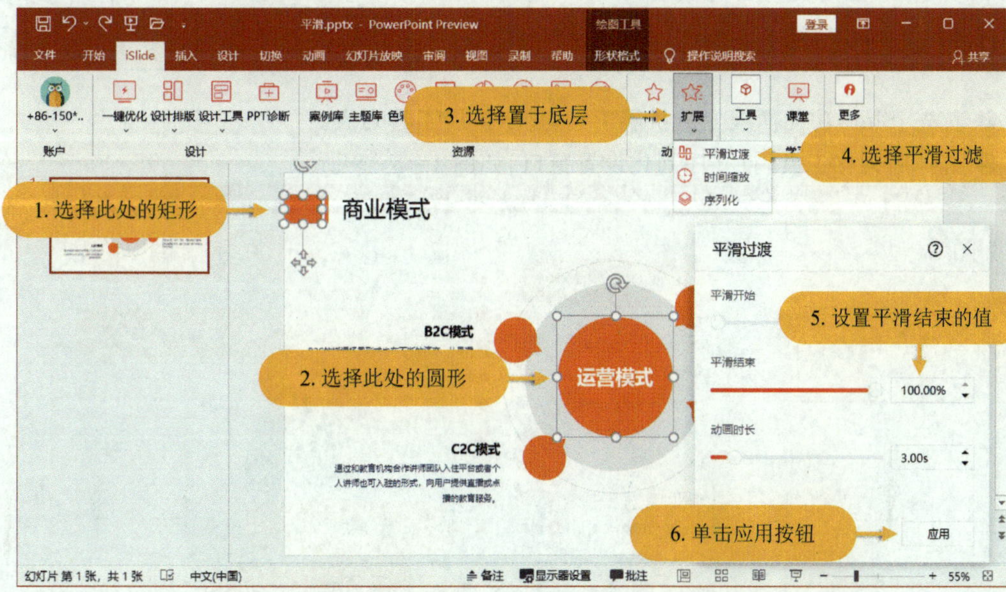

图 4-3-7　平滑过渡窗口

❷ 单击**扩展**工具，显示扩展工具列表。

❸ 选择**平滑过渡命令**,打开平滑过渡设置窗口。

❹ 将**平滑结束**的值设置为 100,这样切换动画就会缓慢结束。

❺ 接着**动画时长**设置为 3 s,单击**应用**按钮,使两个形状产生平滑切换效果。

通常情况下,【平滑过渡】常用于两个形状之间的等比例缩放、旋转过渡、颜色过渡、位置过渡。

现在来放映幻灯片,平滑过渡效果如图 4-3-8 所示。

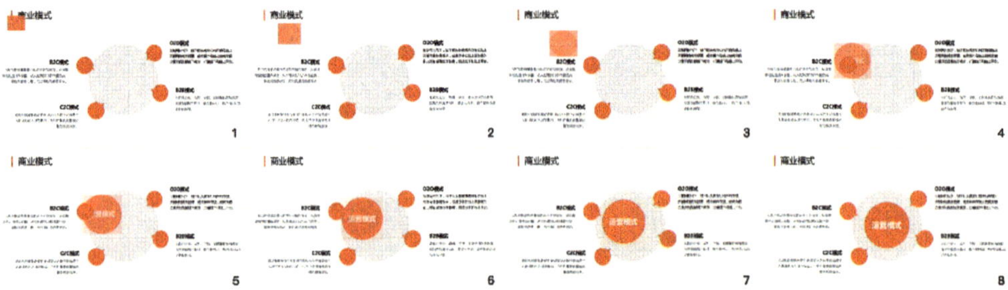

图 4-3-8　左上角矩形到中心圆形的平滑过渡

4.3.3　使用 iSlide 的序列化工具设置动画的延迟时间

iSlide 的序列化可以按一定规则,设置一组动画出现的时长或延迟,也可以设置多个元素动画的随机出现效果。
你将在本节通过序列化工具,设置动画的延迟时间。

❶ 首先 iSlide 功能面板上的**扩展**工具,显示扩展工具列表。

❷ 选择**序列化**工具,打开序列化设置窗口,如图 4-3-9 所示。

图 4-3-9　序列化窗口

❸ 单击最上方的复选框，全选要设置序列化的动画效果。

❹ 将**步长**的值设置为 0.2，使每个动画的时长依次增加 0.2 s。

❺ 单击**应用**按钮，给所有动画应用相同的设置。

这样就完成了动画序列的设置，现在来放映幻灯片。您会发现动画效果的时长逐渐增加，最后一个动画要用比较长的时间才会播放完毕，如图 4－3－10 所示。

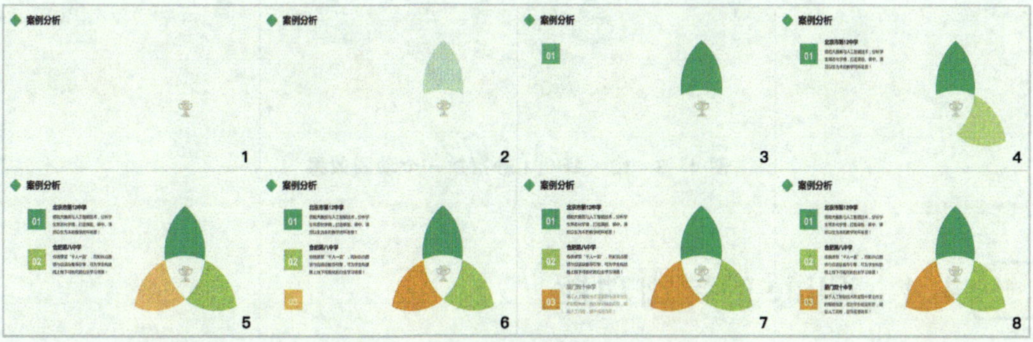

图 4－3－10　动画时长逐渐增加

接着来设置幻灯片中每个动画的延迟时间。

❻ 首先再次打开序列化设置窗口，如图 4－3－11 所示。

❼ 单击动画效果列表顶部的复选框，全选需要设置序列化的动画效果。

❽ 选中**延迟时间**单选框，以设置动画的延迟时间。

❾ 设置序列选项为**等差序列**。

❿ 将延迟时间的**步长**设置为 0.1 s，这样每个动画的延迟时间依次增加 0.1 s。

⓫ 单击**应用**按钮，给所有动画应用序列化设置。

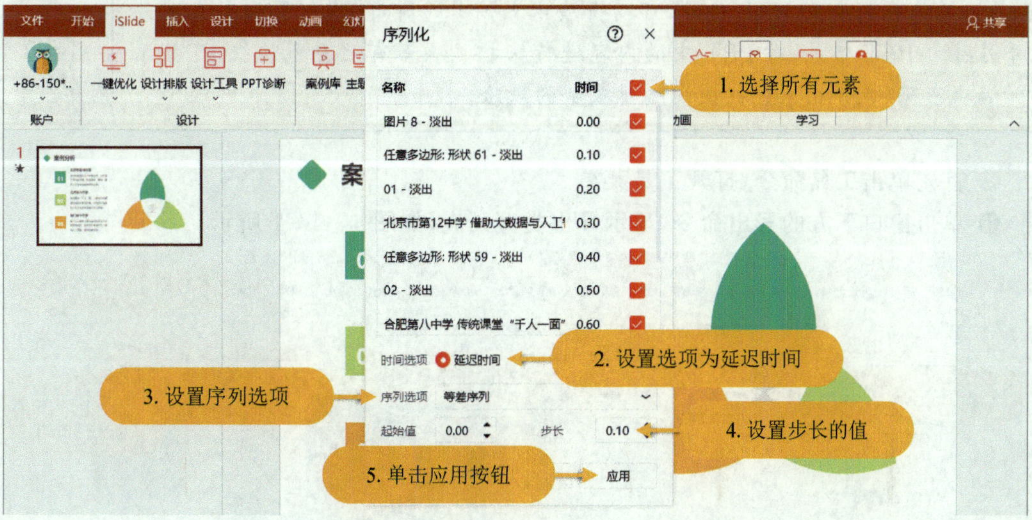

图 4－3－11　动画的序列化设置窗口

⓬ 这样就完成了动画序列的设置，现在来放映幻灯片。此时幻灯片每隔 0.1 s 以动画的方式显示一个元素，效果如图 4－3－12 所示。

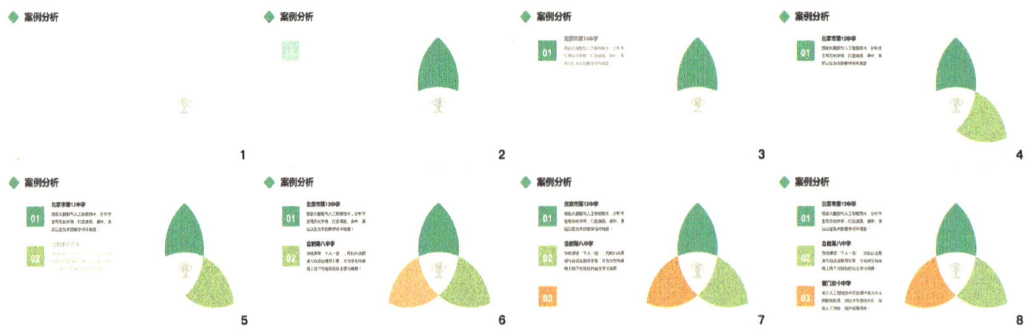

图 4-3-12 每 0.1 秒播放一个动画效果

4.4 iSlide 的导出功能

iSlide 提供了更加强大的幻灯片导出功能，包括另存为只读 PPT、导出图片、导出视频、导出字体功能，甚至可以将整个演示文稿中的所有幻灯片拼贴为一张全图 PPT。

4.4.1 使用 iSlide 的全图 PPT 命令将所有内容都转为图片

iSlide 的另存为全图 PPT 功能，可以将演示文稿中的所有 PPT 页面变成图片并另存为 PPT 格式，对 PPT 中的内容进行保护。从而有效避免传统 PPT 添加编辑密码，或导出 pdf 被反向编辑破解的风险。

❶ 首先单击**工具**命令，打开工具菜单。

❷ 单击窗口下方的**导出**命令，显示导出类型列表，如图 4-4-1 所示。

图 4-4-1 另存为全图 PPT

❸ 单击**另存为全图幻灯片**命令，将所有幻灯片中的内容都转换为图片。

❹ 选中**所有幻灯片**单选框，转换所有的幻灯片。

❺ 单击窗口右下角的**导出**按钮，导出转换后的演示文稿。

转换后的演示文稿将会自动打开。此时您会发现，每张幻灯片只包含一张图片素材，这张图片素材的内容和原始文稿中的内容完全相同，这样就起到了保护原始文稿的目的。

4.4.2　使用 iSlide 将每张幻灯片分别导出为图片

使用 iSlide 的导出图片功能，可以将指定的 PPT 页面导出为图片。你将在本节把演示文稿中的每张幻灯片，分别导出为一张图片文件。

❶ 首先单击**工具**命令，打开工具菜单，单击底部的**导出**命令，显示导出类型列表。

❷ 单击**导出图片**命令，打开导出图片设置窗口，如图 4-4-2 所示。

❸ 将**图片宽度**设置为 1 680，以增加幻灯片转换为图片后的显示质量。

❹ 选中**导出后打开文件夹**复选框，当导出图片后，立即打开图片所在的文件夹。

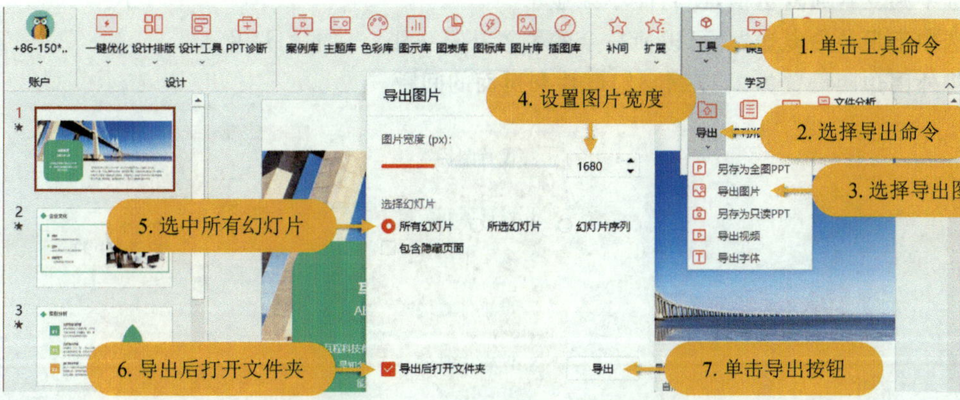

图 4-4-2　幻灯片导出图片设置窗口

❺ 单击**导出**按钮，将演示文稿中的每张幻灯片，分别导出为一张图片文件。

图片导出之后，图片所在的文件夹被立即打开，该文件夹下包含七张图片，对应于演示文稿中的七张幻灯片，如图 4-4-3 所示。

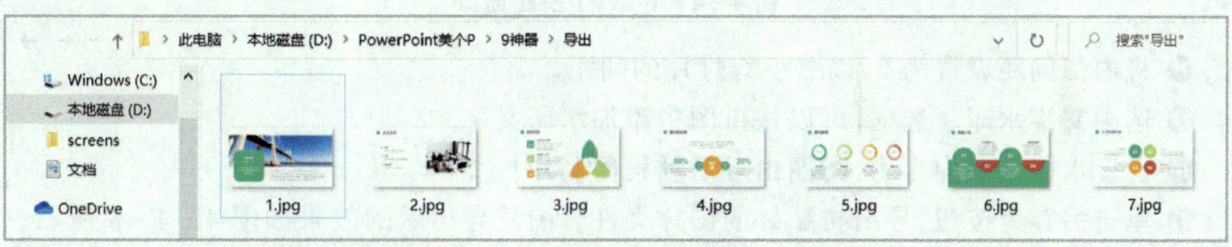

图 4-4-3　每张幻灯片导出为一张图片

图片宽度：导出的图片宽度范围在100px—5000px，宽度值越大，导出的图片清晰度越高，同时图片体积越大。通常作为屏幕和手机浏览，建议将图片跨度设置为1 024/1 280/1 440/1 680/1 920桌面分辨率宽度大小。

4.4.3 使用iSlide将所有幻灯片拼贴成一张图片

你将在本节把演示文稿中的所有幻灯片进行拼贴，并生成一张图片文件。将所有幻灯片拼贴为一张图片，可以让观众快速掌握幻灯片的大致内容。

❶ 首先单击**工具**命令，打开工具菜单。

❷ 选择PPT**拼图**命令，打开幻灯片拼图设置窗口，如图4-4-4所示。

❸ 将图片的宽度设置为**1 680**，以增加图片的质量。

❹ 将横向数量设置为**2**，使每一行包含两张幻灯片。

❺ 选中**独立封面**复选框，使封面单独显示。

❻ 选中**不足补白**复选框，可以使空余的位置补充一张空白的幻灯片。

❼ 将**外围边距**设置为**2**，以缩小幻灯片和页面的间距。

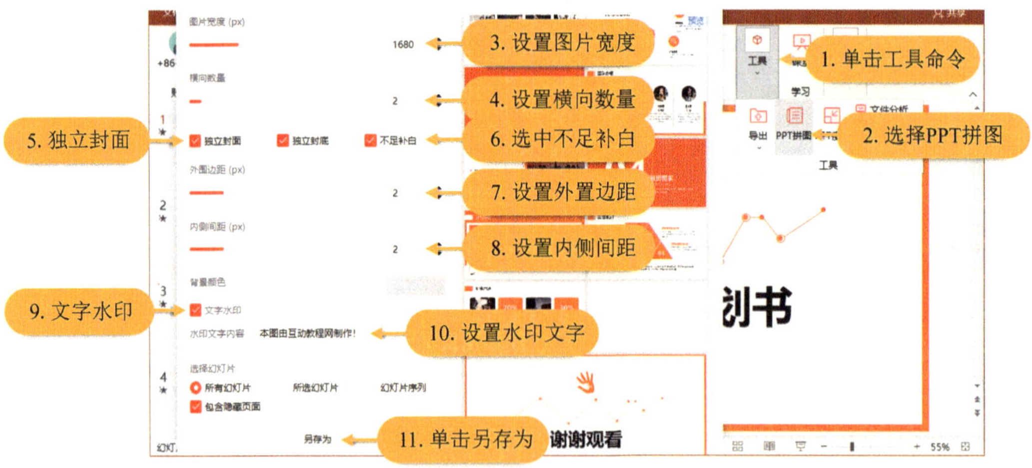

图4-4-4 PPT拼图窗口

❽ 将**内侧间距**设置为2，以缩小幻灯片的间距。

❾ 选中**文字水印**复选框，可以往拼图中添加水印文字。

❿ 设置水印文字内容为：**配图由互动教程网制作！**

⓫ **单击另存为**按钮，导出拼贴好的图片文件。图片导出后的效果如图4-4-5所示。这样就将演示文稿转换成了拼贴图片，您在很多幻灯片资源网站都可以看到这样的图片。

图 4-4-5 原图左转 90°

4.5 幻灯片的辅助设计神器

老师，我在 PPT 设计时最常见的一个问题是 PPT 背景的设计，我很难找到或制作一幅适合的背景。使用 iSlide 或其他 PowerPoint 插件，可以解决这个问题吗？

我们在设计幻灯片时，少不了使用漂亮的背景图片来烘托幻灯片的主题和气氛。iSlide 或其他插件在这方面有些力不从心。

不过我们可以借助在线工具 Ribbons 2、Silk、Gradient Wave Generator、Voxelize Image、Star Emission、Psychedelic waves、Biomes 等创建漂亮、专业的 PPT 背景图片。

4.5.1 使用 Ribbons 2 生成漂亮的随机线条背景

本小节演示如何借助在线工具 Ribbons 2，生成漂亮的随机线条背景。你不需要安装任何软件或插件，只需要打开浏览器，即可在线使用该工具。

❶ 首先打开在线工具网站 https://codepen.io/tsuhre/full/BYbjyg。

❷ 此时屏幕上会显示不停跳动的随机线条，当需要保存屏幕上的线条时，可以在屏幕上单击鼠标右键，然后选择右键菜单中的**图片另存为**命令，如图 4-5-1 所示。

接着在幻灯片中插入刚刚保存的随机线条图片，将该图片作为幻灯片的背景。

❸ 首先在 PowerPoint 软件中单击**插入**选项卡，显示插入功能面板。

❹ 执行**图片**命令组中的**此设备**命令，插入刚刚下载的图片，如图 4-5-2 所示。

❺ 调整图片的高度，使图片撑满整个幻灯片。

图 4-5-1　Ribbons 网站

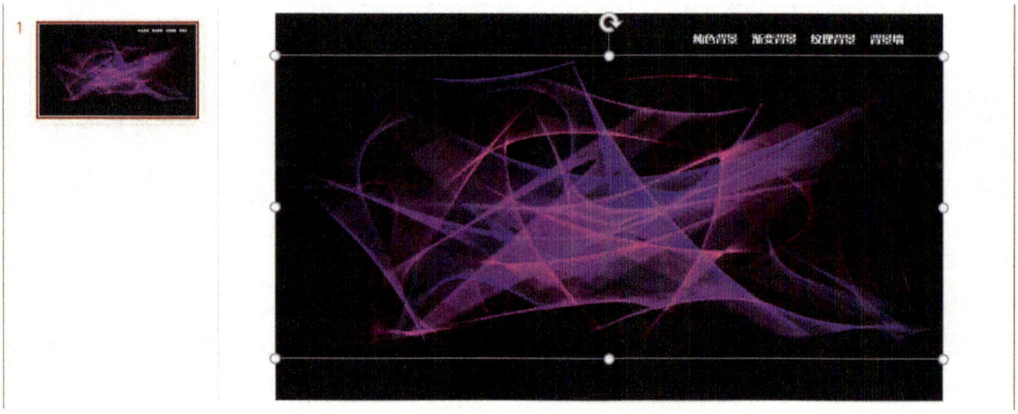

图 4-5-2　将下载的图片插入幻灯片

❻ 通过置于底层命令，将图片移到幻灯片其他元素的下方，如图 4-5-3 所示。

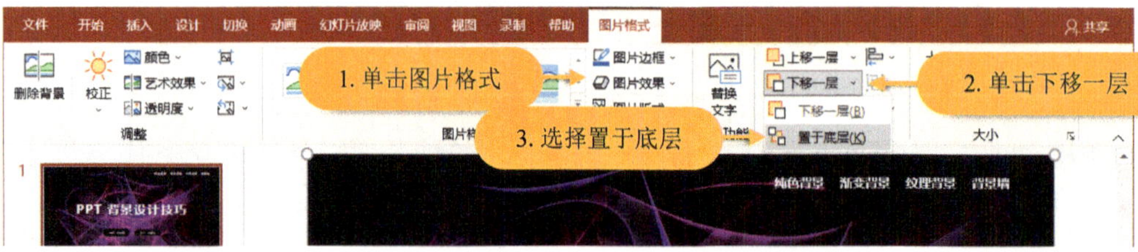

图 4-5-3　将图片移到其他元素的下方

作为背景使用的图片，不应太过于显眼，现在来给图片添加模糊效果。

❼ 打开艺术效果面板，然后选择其中的模糊效果，如图 4-5-4 所示。

这样就完成了随机线条艺术背景的下载和应用，最终效果如图 4-5-5 所示。

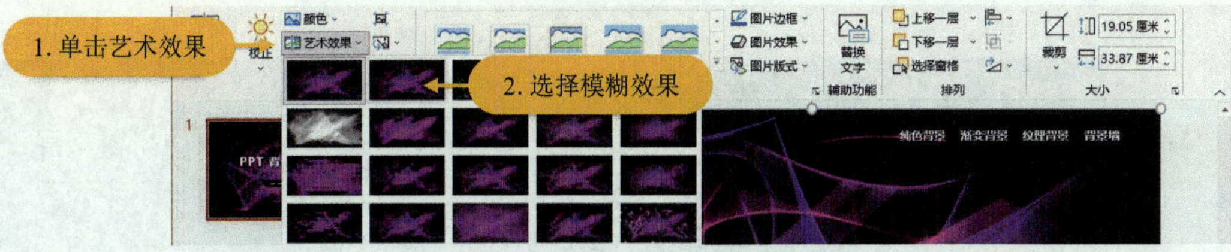

图 4－5－4　给背景图片应用模糊效果

图 4－5－5　用创建的随机线条图片作为幻灯片背景

4.5.2　使用 Silk 互动生成流光艺术图片

weavesilk.com 是互动生成艺术图片(Interactive generative art)的创意网站，你可以通过移动鼠标，绘制对称的流光效果。

❶ 首先打开在线工具网站 **http://weavesilk.com**，如图 4－5－6 所示。

❷ 单击上方的颜色图标，可以配置流光效果的颜色。

❸ 在颜色列表中，选择**蓝色**作为流光的颜色。

❹ 单击**对称模式**滑杆，以设置双重旋转对称。

❺ 打开 **Spiral towards center** 选项卡，取消向中心螺旋。

❻ 按下并向左下方拖动鼠标，以绘制对称流光效果。当鼠标向右下方拖动时，将自动生成在水平、垂直方向上对称的图形。

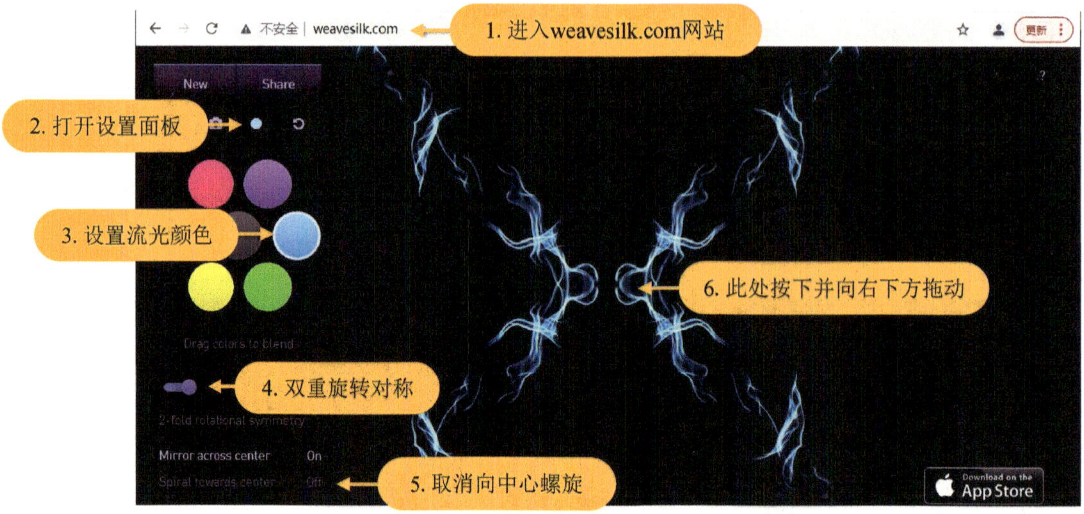

图 4-5-6　流光艺术图片生成网站

❼ 在中心按下并向右侧拖动，继续绘制左右对称的流光效果，如图 4-5-7 所示。

❽ 完成流光效果的制作之后，单击**照相机**图标，显示图片存储设置面板。

❾ 在图片的缩略图上单击鼠标右键，打开右键菜单。

❿ 选择菜单中的**图片另存为**命令，将生成的艺术图片保存到电脑中。

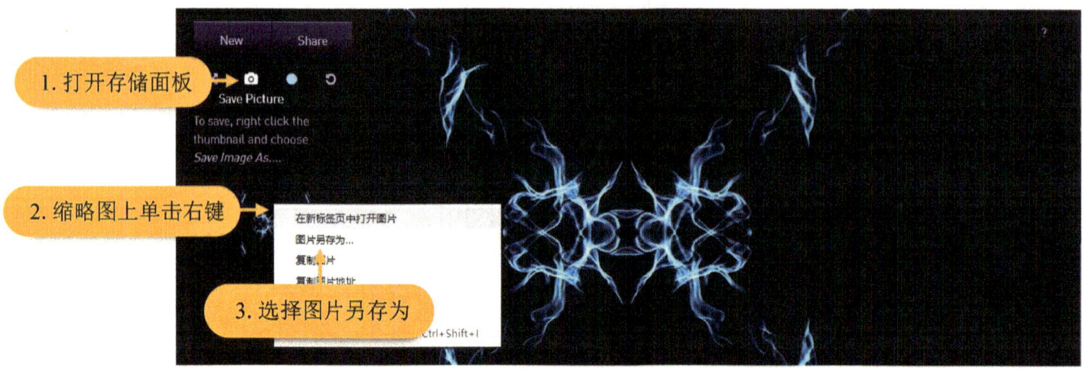

图 4-5-7　流光艺术图片生成网站。

⓫ 接着在幻灯片中插入刚刚保存的随机线条图片，将该图片作为幻灯片的背景。

⓬ 首先在 PowerPoint 软件中单击**插入**选项卡，显示插入功能面板。

⓭ 执行**图片**命令组中的**此设备**命令，找到并插入刚刚下载的图片。

⓮ 使用**置于底层**命令，将图片移到其他文字的下方，作为幻灯片的背景。

这样就完成了对称流光艺术图片的制作和应用，最终效果如图 4-5-8 所示。

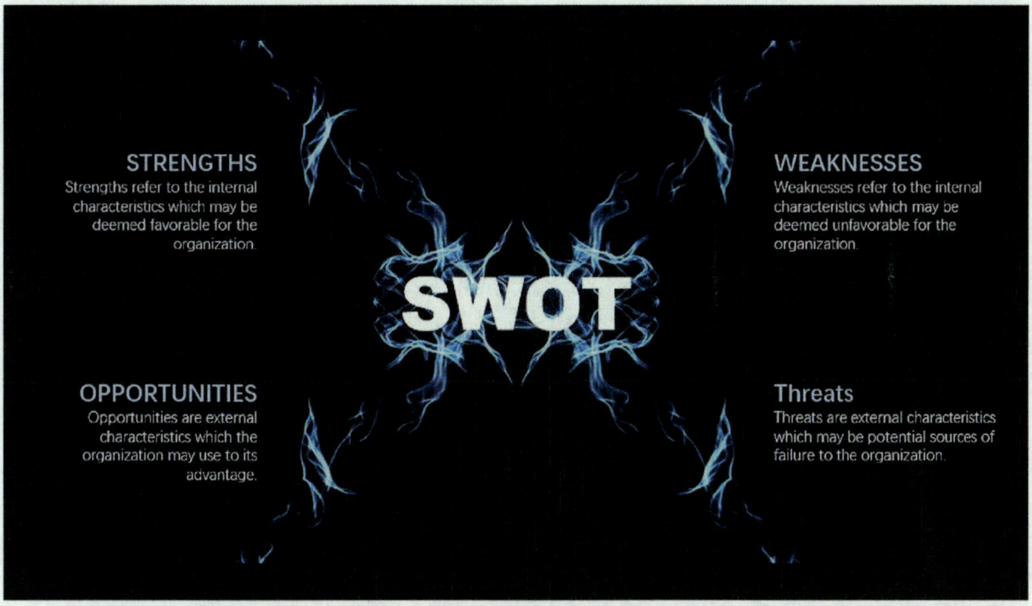

图 4－5－8 使用对称流光艺术图作为幻灯片的背景

4.5.3 使用 Gradient Wave Generator 创建漂亮的渐变波浪

SVG Gradient Wave Generator 网站是一个渐变波浪生成器，它提供了很多的参数，让您可以创建漂亮的渐变波浪背景图片，如图 4－5－9 所示。

❶ 首先打开在线工具网站 **https://codepen.io/pissang/full/geajpX**。

❷ 在 **lines** 滑块上按下并向右侧拖动，可以增加波浪的数量。

❸ 在 **amplitudeX** 滑块上按下并向右侧拖动，可以增加水平方向上的振幅。

❹ 在 **amplitudeY** 滑杆上单击，增加垂直方向上的振幅。

❺ 在 **offsetX** 滑杆上单击，可以增加水平方向上的偏移距离。

❻ 在 **smoothness** 滑杆上单击，以降低波浪的平滑度。

❼ 在 **hueStartColor** 滑杆上单击，可以调整渐变的开始颜色。

❽ 在 **hueEndColor** 滑杆上单击，可以调整渐变的结束颜色。

❾ 当实在没有灵感时，可以单击下方的 **randomize** 按钮。

❿ 当生成所需的渐变波浪艺术图片时，单击底部的 **download** 钮即可下载该图片，如图 4－5－10 所示。

接着在幻灯片中插入刚刚保存的随机波浪图片，将该图片作为幻灯片的背景。

⓫ 首先在 PowerPoint 软件中单击**插入**选项卡，显示插入功能面板。

⓬ 执行**图片**命令组中的**此设备**命令，找到并插入刚刚下载的图片。

⓭ 使用**置于底层**命令，将图片移到其他文字的下方，作为幻灯片的背景。

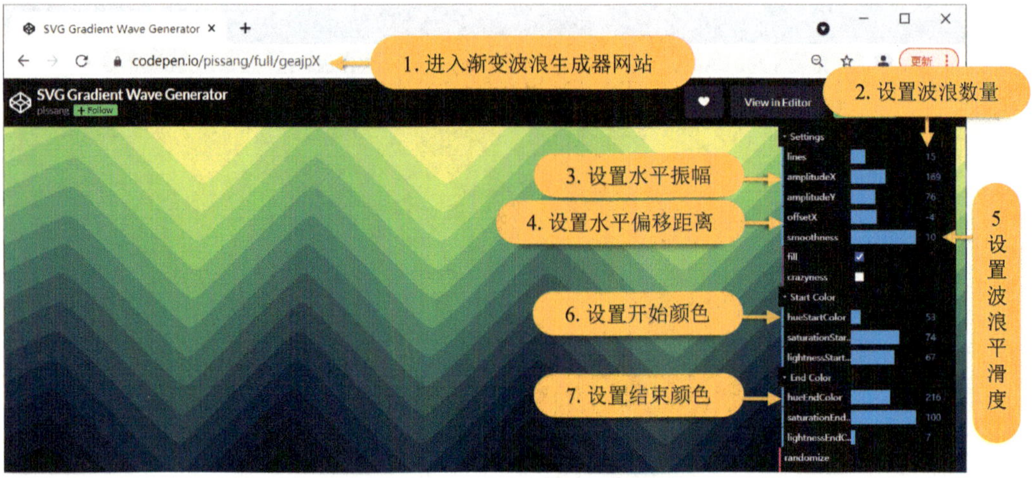

图 4-5-9　渐变波浪生成器网站

图 4-5-10　下载波浪图片

这样就完成了对称流光艺术图片的制作和应用，最终效果如图 4-5-11 所示。

图 4-5-11　随机波浪图片作为幻灯片的背景

4.5.4 使用 Voxelize Image 制作体素化图像

Voxelize Image 网站可以制作体素化图像，也就是立体加像素风格的艺术图像。

❶ 打开 Voxelize Image 网站 **https://pissang.github.io/voxelize-image/**。

❷ 单击底部的 **click to upload** 按钮，选择一张图片，来控制体素化图像的样式，如图 4－5－12 所示。

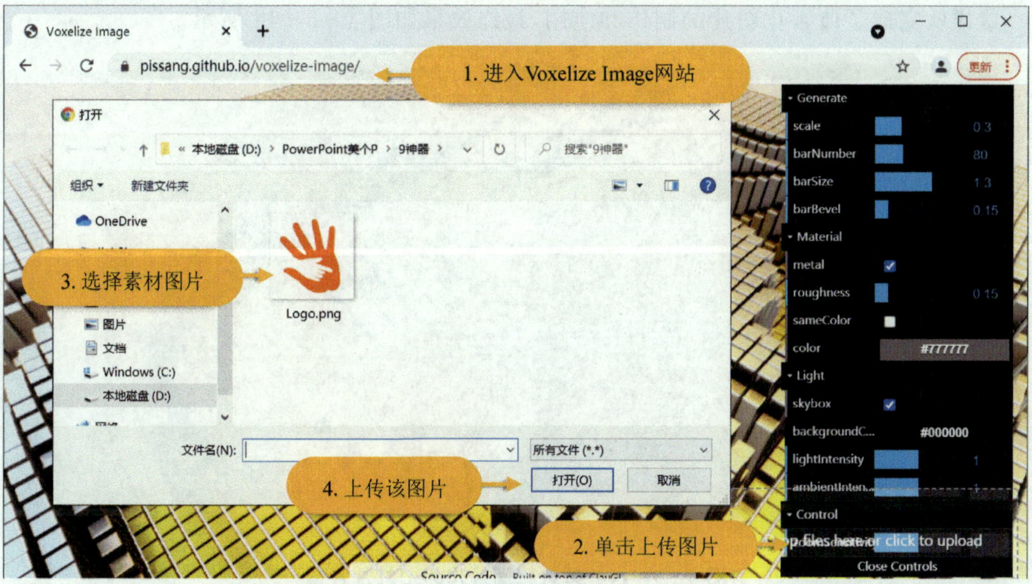

图 4－5－12　体素化图像创作网站

上传的图像中的透明像素将会产生凹陷的像素，图像中的不透明像素可以产生凸起的像素。因此需要上传包含透明度的图片，这样才可以生成更加具有立体化风格的体素化图片。

这样就根据上传的素材图片，生成了一份体素化的图片，如图 4－5－13 所示。

❸ 在 **Scale** 滑块上按下并向左侧拖动，降低像素的高度。

❹ 在 **barNumber** 滑杆上单击，可以设置像素立柱的数量。

❺ 在 **barBevel** 滑杆上单击，增加立柱的斜角尺寸。

❻ 完成体素化图像的创建之后，在图像的上方单击鼠标右键，打开右键菜单。

❼ 然后选择**图片另存为**命令，保存这张图像。

❽ 单击执行**图片**命令组中的**此设备**命令，找到并插入刚刚下载的图片。

图 4－5－13　编辑体素化图片的样式

❾ 使用**置于底层**命令,将图片移到其他内容的下方,作为幻灯片的背景。这样就完成了体素化图片的制作和应用,最终效果如图 4－5－14 所示。

图 4－5－14　体素化图片作为幻灯片背景

4.5.5　使用 Paper Cut Art Generator 创建剪纸艺术图像

Paper Cut Art Generator 网站可以创建漂亮的剪纸艺术图像,包含众多的参数,通过这些参数可以自定义剪纸的样式。

❶ 打开浏览器并进入该网站 https://pissang.github.io/papercut-box-art/,如图 4－5－15 所示。

❷ 修改 **Levels** 参数,可以调整剪纸层级的数量。

❸ 修改 **Gap** 参数,可以调整沟隙的高度。

❹ 修改 **Tiling** 参数,可以调整沟隙的平铺数量。

❺ 单击 **GENERATE** 按钮,可以生成随机的剪纸艺术图像。

❻ 单击 **Layer Colors** 标签，可以显示图层颜色设置面板。

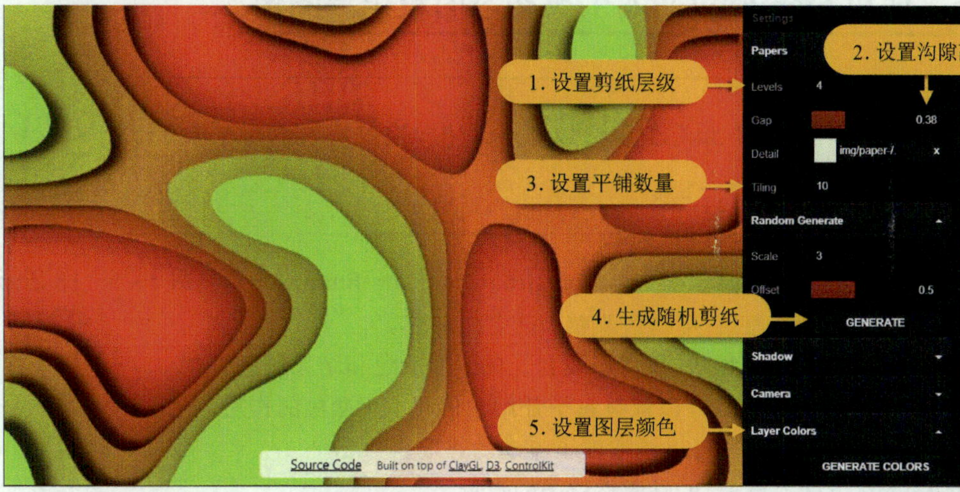

图 4-5-15　剪纸艺术图像生成网站

❼ 您可以单击 **GENERATE COLORS** 按钮，为各层生成随机的颜色。

❽ 当生成所需的剪纸艺术图像之后，在图像的上方单击鼠标右键，打开右键菜单。

❾ 选择**图片另存为**命令，保存这张图像，如图 4-5-16 所示。

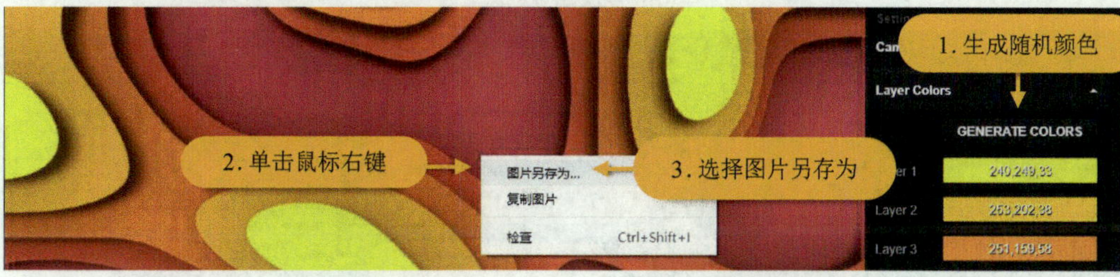

图 4-5-16　下载完成的剪纸艺术图像

接着在幻灯片中插入刚刚保存的剪纸风格的图片，将该图片作为幻灯片的背景。操作步骤和前面相同，在此不再赘述，最终效果如图 4-5-17 所示。

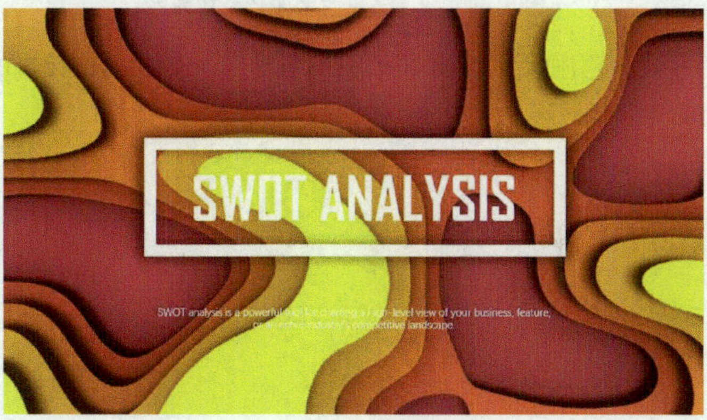

图 4-5-17　剪纸艺术图像幻灯片背景

4.5.6 使用 Star Emission 生成动态的粒子流图像

Star Emission 是一个粒子生成器，它可以从屏幕中心向四周不停生成动态的粒子流。

❶ 首先进入该网站 **https://wangyasai.github.io/Stars-Emmision/**，如图 4-5-18 所示。
❷ 单击 **Background** 色块，可以修改粒子的背景颜色。
❸ 单击 **Color1**、**Color2** 色块，可以修改粒子的开始颜色和结束颜色。
❹ 在 **Range** 滑杆上单击，可以调整粒子开始颜色和结束颜色的作用范围。
❺ 在 **Speed** 滑杆上单击，可以调整粒子流动的速度。
❻ 在 **Counts** 滑杆上单击，可以调整粒子的数量。
❼ 在 **Size** 滑杆上单击，可以调整粒子的直径大小。
❽ 单击 **Random** 按钮，可以生成随机效果的粒子流。
❾ 当获得所需的粒子流效果之后，单击 **Save** 按钮可以下载该图片。

图 4-5-18　流光艺术图片生成网站

接着在幻灯片中插入刚刚保存的粒子流图片，并将它放置在其他元素的下方，作为幻灯片的背景，最终效果如图 4-5-19 所示。

图 4-5-19　粒子流图像作为幻灯片背景

4.5.7　使用 Psychedelic Waves 生成梦幻般的波纹图像

Psychedelic Waves 网站是一个迷幻波生成器，它可以生成梦幻般的彩色波纹。

❶ 首先打开浏览器并进入该网站 **https://codepen.io/Yakudoo/full/rJjOJx**，如图 4-5-20 所示。

❷ 由于波纹是不停变化的，当它变幻到所需的样式后，在图像的上方单击鼠标右键，打开右键菜单。选择**图片另存为**命令，保存这张图像。

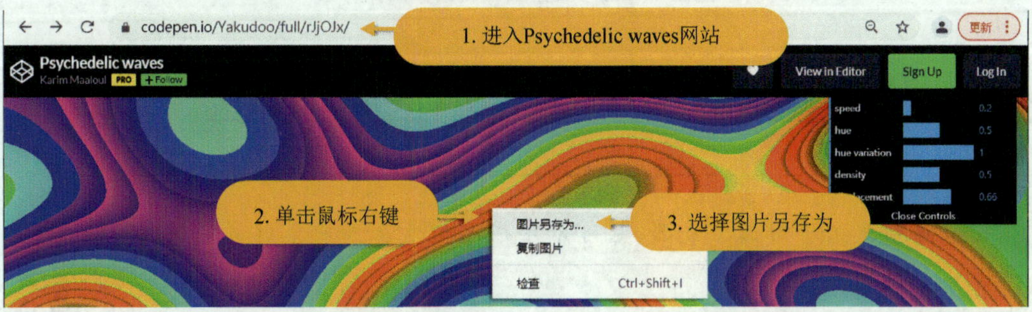

图 4-5-20　流光艺术图片生成网站

❸ 接着在幻灯片中插入刚刚保存的迷幻波图片，并将它放置在其他元素的下方，如图 4-5-21 所示。

由于背景图片色彩艳丽，影响了主体内容的展示，所以给图像添加一些艺术效果。

❹ 在背景图像处于选中的状态下，单击 PowerPoint 的**图片格式**选项卡。

图 4-5-21　迷幻波图像作为幻灯片背景

❺ 单击**艺术效果**命令,在打开的艺术效果菜单中,选择**画图刷**效果。

这样就完成了迷幻波艺术图像的设计和应用,最终效果如图 4-5-22 所示。

图 4-5-22　应用画图刷效果后的背景

4.5.8　使用 Biomes 生成类似于生物群落的艺术图像

Biomes 网站是生物群落生成器,它可以生成类似于生物群落样式的艺术图像。

❶ 首先打开浏览器并进入该网站 **https://demo.marpi.pl/biomes/**,如图 4-5-23 所示。

❷ 它有两种不同的波浪组成,在 **Wave 1 width** 滑杆上单击,调整波浪 1 的宽度。

❸ 在 **Wave 1 depth** 滑杆上单击,可以调整波浪 1 的深度。

❹ 在 **Wave 2 width** 滑杆上单击,可以调整波浪 2 的宽度。

❺ 在 **Height** 滑杆上单击,可以调整生物群落的高度。

❻ 当您缺乏灵感时，可以单击底部的 **Randomize** 随机化按钮。

❼ 当完成生物群落的设置之后，单击 **Download** 按钮下载图片。

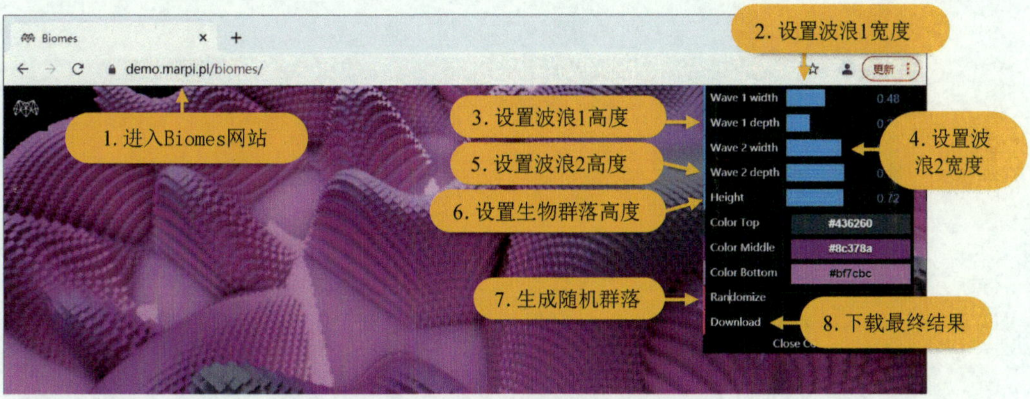

图 4－5－23　Biomes 网站

接着在幻灯片中插入刚刚下载的生物群落图片，并将它放置在其他元素的下方，作为幻灯片的背景，效果如图 4－5－24 所示。

图 4－5－24　使用生物群落图片作为幻灯片的背景